부부 교사가 쓴
슬기로운 중학교 생활

부부 교사가 쓴

슬기로운 중학교 생활

초판 1쇄 인쇄 | 2023년 2월 2일
초판 1쇄 발행 | 2023년 2월 9일

지은이 | 정구복 · 진은영
펴낸이 | 박영욱
펴낸곳 | 깊은나무

경영지원 | 서정희
편　집 | 고은경 · 조진주
마 케 팅 | 최석진
디 자 인 | 민영선 · 임진형
SNS마케팅 | 박현빈 · 박가빈

주　소 | 서울시 마포구 월드컵로 14길 62 북오션빌딩
이메일 | bookocean@naver.com
네이버포스트 | post.naver.com/bookocean
페이스북 | facebook.com/bookocean.book
인스타그램 | instagram.com/bookocean777
전　화 | 편집문의: 02-325-9172　　영업문의: 02-322-6709
팩　스 | 02-3143-3964

출판신고번호 | 제2013-000006호

ISBN 979-11-91979-29-9 (43370)

탄탄한 중학교 생활을 위한 똑똑한 길잡이

부부 교사가 쓴 슬기로운 중학교 생활

학부모와 자녀가 함께 읽는 중학교 생활 가이드북

정구복 · 진은영 지음

깊은나무

Prologue

학부모와 자녀가 함께 읽는 중학 생활 입문서

공부에 왕도(王道)는 없다고 한다. 미래의 주인공인 청소년을 그렇게 존대하는 것 같지도 않다. 공부하는 기계로, 돈벌이의 대상으로 전락해도 심각성을 인식하고 있는 어른도 별로 없다. 내 아이만 잘되면 그만이고 자녀의 성공을 부모의 노고와 자랑거리로 삼는 세상이다. 세상은 급변하고 아이들이 필요로 하는 것은 많아지는데 우리 사회와 기성세대는 구태에 얽매여 구습을 답습하고 있는 듯하다. 나 또한 그중의 한 사람은 아닌지 반성한다.

중학교와 고등학교에서 학생을 가르치고 하루가 다르게 일을 만들어내는 아이들을 대하다 보면 주변을 돌아볼 겨를 없이 하루를 보내고 1년을 마감한다. 그렇게 30년 이상을 지냈다. 내 자녀는 대학에 진학했으나 어떻게 그 과정을 헤쳐 나갔는지 잘 알지 못한다. 주변에서 자녀 교육의 방법을 물어도 특별히 알려줄 비법은 없다. 학부모 상담을 해도 일반적인 이야기를 하게 된다. 교사로서 지금 맡은 일에 최선을 다하려는 자세가 오히려 교육 현실과 학부모의 기대를 둔감하게 만든 것은 아닌지 돌아본다.

식자우환(識字憂患)이라는 말이 있다. 교육과 입시를 아는 만큼 근심도 덩달아 커진다. 걱정을 해소하려니 또 다른 정보를 찾게 되고, 아는 것이 병이 되는 지경에 이르기도 한다. 그리고 그 병은 가정의 불화와 사회의 바이러스가 되어 사라지지 않는 질환이 된다. 전국에 유명한 입시전문가나 컨설턴트의 자녀라고 명문대를 다니는 것은 아니다. 입시정보가 좋은 대학으로 직결되는 것은 아니라는 말이다. 결국은 자녀가 해낼 일이고 학교의 책무성이 강화되어야 할 문제다. 이제 교육의 중심을 학교와 학생에게로 돌려주자. 교육의 본질과 기본을 생각하자.

이 책은 『슬기로운 고교생활』의 후속편이다. 『슬기로운 고교생활』은 자녀가 중학교에서 고등학교로 진학하는 시기에 학부모의 걱정을 덜어주기 위해 쓴 책이다. 학부모가 교육의 당당한 주체로서 자녀의 고교생활과 대입에서 중심을 잡기를 바라는 마음이었다. 나름의 성과와 주변의 격려를 얻고 이 책을 기획했다. 중학교에서 교무부장, 연구부장, 1학년 부장을 하면서 중학생을 지도했던 아내와 고등학교에서 교무부장, 입학홍보부장, 3학년 부장을 하면서 특목고 입시와 대입을 담당했던 남편이 지혜를 모았다. 초등학

교 고학년과 중학생 그리고 이들의 학부모가 중학교 생활을 이해하고 고등학교를 선택하는 데 도움을 주고자 했다.

Chapter 1에서는 초등학생을 위해 중학교 입학 전에 준비하면 좋을 것들을 적었다. 중학생이 되면 달라지는 것과 학습관리, 생활 습관 들이기 그리고 청소년기 중학생의 특성을 알아보았다.

Chapter 2에서는 중학교 교육과정을 통해 중학교 생활의 전반적인 모습을 살펴보았다. 학교 규정과 자유학년제의 실제 운영 사례를 알아보았고 학생부 관리와 고교학점제를 설명하였다.

Chapter 3에서는 중학생이 되어 교과 공부를 어떻게 해야 하는지 알아보았다. 국어, 수학, 영어, 사회, 과학 교과의 교육 목적과 중학교 내용 체계 그리고 구체적인 학습 방법을 제시하였다.

Chapter 4에서는 고등학교의 유형과 학교를 선택할 때 고려할 사항을 알아보았다. 일반고, 특성화고, 마이스터고, 국제고, 외국어고, 영재고, 과학고, 자율형사립고의 분포상황과 특성을 구체적으로 설명하였다.

Chapter 5에서는 특목고 선발 전형의 특징과 합격의 요건을 알아보았다. 자기주도학습전형에서 요구하는 자기소개서와 면접을 어떻게 대비할 것인지를 제시하여 특목고를 준비하는 수험생들에게 실질적인 도움이 되도록 내용을 구성하였다.

카르페 디엠(Carpe diem)! 현재를 잡아라(Seize the day)! 고등학교와 대학교 입시라는 미래에 저당 잡혀 중학교 생활의 즐거움을 포기하고 사는 학생들을 생각한다. 우리 학생들이 자신의 인생을 즐기고 오늘에 충실하길 소망한다. 우리 사회가 행복할 권리를 지닌 중학생들에게 이 순간의 의미와 소중함을 일깨워주고 그들의 발걸음에 지지와 격려의 시선을 돌리길 부탁한다. 부디 『부부 교사가 쓴 슬기로운 중학교 생활』이 이들의 걸음에 굳건한 디딤돌이 되길 간절히 소망한다.

특별히 이 책은 자녀가 잘되기만을 바라고 염원하시는 이 땅의 모든 어머니께 바친다.

2023. 2. 유난히 추운 날에
저자 정구복, 진은영 올림

Contents

초등학교 고학년은 어린이에서 청소년으로 진입하는 초기이다. 중학교 입학 전후의 자녀가 있는 학부모는 자녀의 불확실한 미래로 인해 걱정이 늘어간다. 중학교라는 새로운 환경이 주는 호기심보다는 걱정이 앞선다.

슬기로운 중학교 생활을 위해, 중학생이 되면 달라지는 것들과 변화에 대비하여 자녀가 미리 준비하면 좋을 것들을 차례대로 알아보자.

Chapter 1

중학생이 되기 전에 준비할 것들

01 중학생이 되면 달라지는 것

배우는 교과와 학습량이 늘어나 학습 부담이 커진다

중학생이 되면 달라지는 것이 많지만 가장 신경 쓰이는 것은 역시 학업 관련 사항이다. 중학교 수업 시간은 45분으로 초등학교 때보다 5분 늘어난다. 중학교에서 배우는 과목도 늘어서 국어, 사회, 역사, 도덕, 수학, 과학, 기술·가정, 정보, 체육, 음악, 미술, 영어, 선택과목까지 있다. 선택과목은 학교마다 차이가 있고 초등학교 때의 사회 과목이 중학교에서는 사회와 역사로 나뉜다. 과목 수만 늘어나는 것이 아니라 학습량이 많아지고 학습 방법이 다양해지며 평가로 인한 스트레스가 생긴다.

학교와 학년에 따라 배우는 교과가 다르고 교과서도 제각각이다. 민간에서 개발하여 교육부 장관이 승인한 검정교과서와 시도교육감이 승인한 인정교과서를 사용한다. 과목은 같아도 교과서의 출판사가 다르기에 부교재(참고서, 문제집 등)도 정확하게 확인하고 구매해야 한다. 학교 근처 서점이나 문구점에서는 인근 학교의 교과 정보와 시험 정보를 잘 알고 있다.

만나는 교사가 많아지고 전달 사항과 과제를 스스로 챙겨야 한다

과목이 많은 만큼 과목 담당 교사도 많다. 같은 학년에도 지도 교사가 다를 수 있고 같은 과목을 복수의 교사가 지도하기도 한다. 과목의 특성이 있고 지도 교사의 교수 방법과 가치관이 달라 학기 초에는 교사에 적응하는 시간이 필요하다. 담임교사 이외에 교과 지도 교사, 거기에 창의적 체험활동 지도 교사와 강사까지 포함하면 10명 이상의 교사로부터 지도를 받는다.

모든 교사가 학생의 입맛에 맞을 수 없다. 그렇지만 교사와 좋은 관계를 유지하는 것은 학생의 학습 동기와 성취 욕구가 커지는 데 도움이 된다. 예를 들면 청소년기의 특성상 중학교 1학년 때 영어 교사가 너무 좋다면 영어에 흥미가 커진다. 반대로 특정 교과의 교사가 싫어지면 그 과목의 학습 의욕은 감소할 가능성이 크다. 초등학교 때는 담임선생님의 지도를 잘 따르고 필요사항을 해결했다면 중학교에서는 만나는 교사에 맞게 유대감을 형성하면서 교과적 전문성을 키워갈 필요가 있다.

만나는 교사가 많은 만큼 선생님에 따라 전달 사항과 과제가 늘어난다. 초등학교와 같은 알림장이 없다. 담임교사가 일관성 있게 알림장을 활용하지도 않고 대부분 교과 수업 시간에 알림 내용이 있으니, 학생이 잘 정리하고 실행하면서 자기관리 능력을 키워야 한다. 선생님 말씀을 대충 듣거나 친구의 도움을 받아 문제를 해결하지 않고 일정한 공책이나 플래너 등에 기록하고 스스로 챙기는 습관을 들이는 것이 좋다.

지필평가의 부담이 생기고 수행평가에 적극적으로 참여해야 한다

초등학교와는 달리 중학교에서는 중간고사와 기말고사 같은 지필평가가 있고 수행평가가 많아져서 학습 부담은 커진다. 지필평가는 OMR카드를 사용하며 서답형은 별도 답지가 있다. 중학교 1학년 적당한 시기에 OMR카드를 작성하는 요령을 안내한다. 중학교 1학년 자유학년제에서 지필고사가 없어도 다양하게 평가한 결과를 학생부에 기술한다. 최근에 일부 지역에서는 자유학년제를 자유학기제로 변경하고 시험을 보는 방향으로 움직이고 있다.

중학교 지필평가는 절대평가이다. 절대평가는 어떤 절대적인 기준에 의해 학생의 성적을 평가하는 것이고, 상대평가는 다른 학생과 비교하여 성적의 위치를 부여하는 방식이다. 예를 들어 어떤 학생이 90점을 맞았다고 가정해 보자. 절대평가에서 90점 이상은 'A'를 부여한다면, 90점 이상의 학생이 1명이든 100명이든 90점이라는 절대적인 기준을 통과했기에 모두 A라고 평가한다. 그렇지만 고등학교에 가면 상대평가가 있다는 것도 생각해야 한다. 만약 고등학교 시험에서 90점을 받았는데, 전체 응시자 100명 중에 40등을 했다면 상대적으로 좋은 성적이라고 할 수 없다. 상대평가 백분위로 표시하면 40등/ 100명으로 40%라는 평가를 받는 것이다. 절대평가는 학생이 절대적인 기준에 얼마나 도달하였는지 알 수 있다. 학교 내신은 학생이 받은 점수를 기준으로 성취도 5단계 또는 3단계로 평가한다. 예술, 체육 교과를 제외한 기본 교과는 5단계 평가로 'A, B, C, D, E'로 평가하고, 그 결과는 학기별로 원점수와 과목 평균, 성취도로 학생부에 기록한다.

정기 지필고사 이외에 각 교과 평가 계획에 따라 수행평가를 실시한다. 지필고사에 비해 난도가 높지는 않은 편이지만, 학기별 성적 산출에 반영되고 교과별 세부 특기사항을 기록하는 근거가 되기에 적극적으로 참여해야 한다.

수행평가는 교과별로 사전에 평가 계획을 공지하고 수업 중에 과정 중심으로 학습 참여, 과제해결, 과업 성취 등을 수시로 평가해서 성적에 반영한다. 중간고사를 치르지 않고 수행평가 비중을 늘리는 교과도 있고 교과수업 시간에 수행 과제를 부여한 후 결과물을 평가하는 등 평가 방법이 교과마다 다양하다. 성적 산출에 들어간다고 해서 수행평가를 학원에서 준비하거나 학부모가 도와주는 것은 장기적으로 볼 때 학생에게 도움이 되지 않는다. 최근에는 집에서 해오고 결과물만 제출하는 수행평가는 사라지고 있다. 학생 스스로 자신의 학습과 생활을 관리하고 협업 능력을 키우며 성실하게 참여하는 자세를 배우는 것이 바람직하다.

학교 규정에 따라 자기 행동을 책임지는 일이 늘어난다

모든 학교에는 규정이 있다. 초등학교 때는 정해놓은 규칙이 있어도 어리다는 이유로 학생의 책임보다는 학부모나 학교의 책임을 묻는 경우가 많다. 그렇지만 중학생이 되면 학교의 규정에 따라 자기 행동에 대해 책임지는 법을 배워야 한다. 학교 규정은 학생생활과 관련한 제반 사항들을 정해서 학생들이 공동체 속에서 바람직한 역할과 책임 의식을 갖고 생활하게 하는 것을 목적으로 한다. 학생들이 지켜야 할 규범의 내용이나 성격, 의미 등을 정해놓은 것으로 자세한 내용은 이 책의 2장에서 다룰 것이다.

중학생이 되면 용의 복장과 같은 생활 규정이 있다. 대부분의 학교에서는 교복이나 생활복을 입고 체육 시간에는 체육복을 입는다. 등교와 하교 시간이 정해져 있고 출결과 관련한 규정이 있다. 학교에서 허용하는 용모가 있어서 인권과 관련하여 논란이 있기도 하고 학교는 학생 지도로 애를 먹기도 한다. 청소년기에는 각종 일탈행위에 관심이 커지고 친구나 선후배 간의 다툼으로 학부모의 속을 태우는 일도 발생한다.

중학생이 되면 복장 규정에 따라 입학 전에 교복을 맞춰야 한다. 지역교육청에 따라 차이가 있으나 보통 1월 중순부터 2월 초 정도에 중학교 배정 결과가 나온다. 학생들은 재학했던 초등학교에서 배정 결과를 확인하고 배정통지서를 받아 해당 중학교에 제출하고 입학 등록을 한다. 배정받은 중학교에서 신입생을 임시 소집하여 중학교 생활과 입학 전에 준비해야 할 사항을 자세하게 안내한다. 이때 중학교에서 학생의 교복 치수를 측정하고 업체에서 제작하여 찾아가는 날을 정해주는 학교도 있고, 매장을 지정하여 학생이 개별적으로 교복을 구매하는 방식으로 진행하는 학교도 있다. 3년간 입는 교복이고 신체의 변화를 감안하여 치수에 여유를 두는 것을 권장하지만, 학생들은 당장 몸에 맞는 교복을 원하는 경우가 많다.

02 중학생에게 맞는 학습 관리가 필요하다

자녀가 스스로 공부하기를 원하는 것은 부모의 욕심이고, 학원에서 공부할 기회를 주었으니 성적이 점점 올라갈 것이라는 것도 학부모의 과한 기대이다. 중학생은 알아서 공부하는 방법을 잘 모르고 성적이 상승하는 데는 다양한 요인이 복합적으로 작용한다. 자녀가 공부를 잘하기를 바라는 것은 부모의 공통된 마음이겠으나 학습 방법에 왕도나 절대 법칙은 없다. 자녀가 잘되기를 바라는 마음에 귀는 얇아지고 경쟁이 심한 사회에서 살아남기 위해서는 공부를 열심히 해야만 될 것 같아 조바심이 생긴다. 내버려 둬도 잘하는 아이가 있을 것 같지만 그냥 잘하는 아이는 없고 다 그 나름의 이유가 있다.

학습 자세가 좋으면 시간이 흐를수록 위력을 발휘한다

학습의 기본은 수업 시간을 충실하게 보내는 것이다. 중학교 시작부터 수업 시간에 집중하는 것을 확실하게 배우자. 좋은 학습 자세를 유지하면 자연스럽게 학습 성과는 쌓여간다. 기본이 안 된 상태에서 다른 것을 강조해도 효과를 거두기는 어렵다. 학습은 듣고(Listening), 질문하고(Asking), 이해하고(Understanding), 답변하는(Answering) 네 개의 과정이 있다. 수업 시간에 교사의 설명에 귀 기울여 들었는지, 질문을 했는지, 이해했는지, 친구들에게 설명해 줄 수 있는 수준으로 공부했는지를 과목마다 체크해 보자. 바른 자세는 수업의 기본이다. 의자에 앉을 때는 깊숙이 앉되 양발은 바닥에 붙이고 다리를 꼬거나 앞으로 쭉욱 내밀면 안 된다. 양손은 책상 위에 있어야 하며 손을 꼬거나 잡지 말고 턱을 고이지 않은 반듯한 자세로 한 손에는 필기구를 쥐고 수업 내용을 정리하며 들어야 한다. 허리, 손, 발, 시선이 제 자리를 잡게 된다면 그 자체로 절반 이상의 성공이다.

공부에 많은 시간을 투자하고도 성과를 보지 못하는 대표적인 사례는 나중에 하겠다고 미루는 태도이다. 수업 시간에 이해하지 못한 것을 학원이나 개인 학습으로 보완할 수 있다고 생각하면서, 수업 시간에 집중하지 않는 태도이다. 평소에 부족했던 것은 시험 기간에 집중하면 된다는 것도 같은 유형이다. 교사의 수업을 대충 듣고 흘려보내면 학습을 한 것이 아니다. 배울 학(學)은 있지만 익힐 습(習)은 없으니 짧은 시간이 지나면 바로 망각한다. 이런 학습 자세를 갖는다면 학원에서 공부해도 비슷한 상황이 반복된다.

사람의 기억은 단시간에만 저장되고 사라지는 단기기억과 오랜 기간 지속되는 장기기억으로 나눌 수 있다. 학습의 과정은 배운 지식을 오랫동안

기억하며 필요에 따라 자유롭게 꺼내어 쓸 수 있는 상태로 만드는 것이다. 배운 지식과 정보를 얼마나 장기기억에 잘 담아 두는가가 학습의 성과를 좌우한다. 아무리 많은 정보가 들어와도 그것이 장기기억에 저장되지 않으면 시험 상황에서 쓸 수 없다. 따라서 배운 내용을 장기기억에 저장하는 시간, 즉 스스로 정리하고 복습하는 시간을 반드시 확보해야 한다. 선생님으로부터 배우는 내용을 겸손한 자세로 받아들이고 자신의 것으로 익히는 과정을 착실하게 쌓아가야 학업적 성과를 기대할 수 있다.

공부의 의미를 찾아가는 것이 진정한 공부이다

공부는 자신과 사회를 알아 가고 세상을 살아갈 힘을 키우는 것이다. 공부는 자기 자신을 알아 가는 과정이고 평생을 살아갈 지적 자산을 쌓는 일이다. 여기서 '자기'란 타인과 구별되는 개인의 고유한 특성이나 능력, 즉 자아정체성(ego-identity)을 의미한다. 자아정체성은 인간관계를 맺으며 가지게 되는 '나는 누구인가?'에 대한 해답이다. 자아정체성은 자아라는 개념이 발달하면서 자기 스스로 자신의 독특성을 자각한 상태를 말한다. 타인이 바라보는 자신에 대한 표현이 아니라 자신에 대해 스스로 알고 표현한 자신의 특성이다. 그래서 더더욱 자기 주도적으로 학습 경험을 쌓아야 한다. 타율적인 학습, 강요된 공부가 아니라 자발적인 탐구력과 문제 해결력을 갖춘 학생으로 성장해야 한다.

'질문을 통해 문제를 해결하는가, 개념을 이해하기 위해 다른 자료를 찾아보는가, 학습 목표를 기반으로 확산시키는 공부를 하는가, 다양한 문제를 풀며 핵심을 분석하는가, 예습과 복습을 철저히 하며 학습하는가, 니만의 질문 노트나 오답 노트는 어떤 식으로 정리하고 해결하는가…' 이러한 질문에 그렇다고 대답할 수 있는 학생이라면 분명 다양한 학업 성취를 경험할 것이고 상황에 맞는 학습 방법을 숙지하고 효율적인 학습을 전개할 수 있을 것이다.

공부를 학교에서 배우는 것으로 한정하지 말고, 삶 자체가 공부이며 자기 삶에 대한 예의라는 것을 체득해 가야 한다.

공부해야 하는 이유를 찾아야 공부하는 동력이 커진다

"왜 공부해야 하는가?"라고 묻는다면 학생들은 '학생이기 때문에 공부해야 한다. 공부하지 않으면 망한다. 부모의 기대를 저버릴 수 없다. 사회적으로 성공한 사람이 되고 싶다. 돈을 많이 벌고 싶다. 좋은 배우자를 만나야 한다. 원하는 고등학교와 좋은 대학에 진학할 수 있다. 친구들 모두 공부한다. 공부 못하면 놀림을 받고 창피하다.' 등 다양한 답을 할 것이다. 공부해야 하는 이유는 많다. 딱히 그 나이에 공부보다 더 중요하게 뭔가를 할 것도 없다.

인생과 사회를 배워야 할 시기에 공부해야 하는 이유를 찾으면 공부하는 동력이 생긴다. 공부가 게임처럼 시간과 노력을 투자해 레벨-업(up)을 확인할 수 있다면 좋겠지만, 공부는 노력한 만큼 성과가 바로 나오지 않는다. 그리고 공부는 오랜 시간 공을 들여야 하는 힘든 일로 생각되니 공부하기는 싫다. 인생을 어느 정도 살아본 어른들은 '인생에 공짜는 없고 어려운 과정을 거치지 않고 얻어낸 것은 쉽게 잃는다는 것'을 알지만, 학생들은 아직 그런 세상을 알지 못한다. 자녀와 자연스럽게 대화하면서 공부하는 의미를 발견할 수 있도록 돕는다면 학습 동기는 강화될 것이다.

그렇다면 공부해야 하는 일반적인 이유를 간단하게 알아보자. 공부하면 생각이 깊어지고 자기 생각을 가질 수 있다. 우물 안의 개구리는 그 세계만을 안다. 공부를 통해 세상을 알아 가면 그만큼 세상의 폭이 넓어지는 것이다. 동시에 공부하면 할수록 그 분야의 지식과 생각이 깊어져 상상력이 생길 수 있다. 학문적 호기심과 상상력은 창의성을 만들어 낸다. 미래는 창의성의 시대이다. 내 생각을 가져야 창의적인 삶을 살고 경쟁력 있는 사람이 될 수 있다. 글로벌 사회에서 우리는 모두 무한 경쟁 속에 살아간다. 그 경쟁에서 어느 정도 유리한 자리를 선점하려면 학교와 직업을 잘 선택해야 한다. 고등학교 나아가 대학교 선택 그리고 원하는 직업을 구하기 위해서는 공부해야 한다. 고등학교를 잘 선택해야 하는 이유는 고입이 대입과 연결되어 있기 때문이고 대학 진학은 취업과 연결되기 때문이다. 공부를 잘하면 자기 뜻대로 고교와 대학을 선택을 할 수 있고 취업에도 절대적으로 유리한 것이 현실이다.

공부해야 세상을 살아가는 힘이 길러진다. 공부하면 최소 6개월 이상 보통은 10개월은 지나야 학습 성과가 나타난다고 한다. 그만큼 어려운 일이고 중장기적인 계획을 세워서 꾸준하게 노력해야 하는 고된 일이다. 중간에 지쳐서 포기하고 싶은 일도 많이 생길 것이다. 따라서 공부한다는 것은 인내력과 강한 의지를 키우는 일이 된다. 학창 시절의 공부는 학생의 성실성을 반영하는 것이다. 성실하지 않고 게으름을 피우면서 세상을 잘살고 싶다는 것은 욕심이다. 모든 사람은 잠재력을 지니고 있다. 잠재된 상태를 그대로 두는지, 능력을 키우고 잠재력을 발휘하여 자아실현을 할 수 있는지는 공부에 달려있다.

공부에도 전략이 필요하고 효율적인 학습 방법이 있다

공부도 일종의 전쟁이다. 전쟁에서 이기려면 전략이 필요하다. 전략이란 전쟁을 승리로 이끌어가는 방법이나 책략이다. 공부에도 어떤 목표에 도달하기 위한 최적의 학습 전략을 세워야 한다. 최상의 전략을 세우기 위해서는 마음가짐을 다잡아야 하고 자신에게 적합한 방법을 구사해야 한다.

먼저 할 수 있다는 자신감, 마음가짐이 중요하다. '할 수 있다'라고 자신을 믿고 목표를 세운다. 가시적이고 구체적인 목표를 세우는 것이 좋다. 학급에서 몇 등, 이번 중간고사에서 몇 점, 수학은 어디까지 등 해낼 결심을 하는 것이 출발이다. 목표를 명확히 한 후 가장 중요한 것을 우선순위로 정하여 실행 계획을 수립한다. 목표가 쉽게 노출되도록 책상이나 휴대폰 등에 시각화한다. 자신의 상황과 수준에 맞는 목표와 일정을 고려해야 한다. 과욕은 목표에 도달하기 전에 지치게 한다. 공부는 비법이 아니라 실천임을 명심해야 한다. 공부를 잘하고 못하고의 차이는 노력에 달려있다는 것이 평범한 진리이다. 효율적인 학습 방법은 노력하면서 만들어 가는 것이다.

목표가 정해졌다면 학습 방법과 계획을 짜야 한다. 시간을 중심으로 막연하게 계획을 세우면 시간만 보내고 공부가 힘들어진다. 예를 들어 귀가 후 숙제, 저녁 전에 영어, 밥 먹고 수학, 자기 전에 국어 등 이런 식으로 계획을 짜면 지루하고 집중력이 떨어진다. 초등학교 때 누군가에게 보여주기 위한 일일 계획표 같은 느낌이다. 학습 내용을 중심으로 계획을 세우는 것이 좋다. 시간에 얽매이지 않고 내용 중심으로 구체적인 학습 계획이 있어야 시간 내에 최선을 다해 목표치를 완수하며 성취감을 경험한다. 계획된 학습을 마치면 자유시간이 생기므로 시간을 효과적으로 활용하는 습관이 생긴다. '몇 시간 공부했나'보다 '어디까지 공부했나'를 점검하고 학습 계획을 평가하며 새로운 학습 계획을 세우게 된다. 일주일 단위로 학습 계획을 세워서 실행하고 일일점검을 하며 부족했던 부분은 주말을 이용해 보완한다. 같은 요령으로 월 단위 목표를 세우고 중·장기적인 목표를 상기하면서, 할 수 있다는 자기암시를 반복하는 것이 좋다.

많은 학생이 공부했는데도 성적이 나오지 않는다고 고민과 불평을 늘어놓는다. 세상이 불공평하다고도 말한다. 그런데 실상은 그 학생이 공부를 적게 하고 시험을 앞두고 공부했으니 성적이 잘 나오지 않는 것이다. 좋은 성적을 거두고 싶은 학생이라면 누구나 시험 기간에는 공부를 한다. 그런데 다른 친구들도 그 기간에는 공부한다. 결국 평소에 얼마나 착실하게 공부했는지, 수업 시간에 충실했는지, 남들보다 더 노력했는지 등에 따라 성적 차이가 나는 것이다. 또한 시험 기간에는 학교 시험공부를 하지만 거기에 머물지 않고, 고교 진학 후 더 잘하기 위해 학습 계획을 세우고 내실 있게 자기 주도적으로 공부하는 것이 필요하다.

시험을 잘 보기 위해서는 연습과 준비가 필요하다

학습 결과를 평가하는 시험은 누구나 피하고 싶다. 초등학교와는 다른 형태의 중학교 시험에서 학생들은 크고 작은 실패의 경험을 하면서 성장한다. 시험을 잘 보기 위해서 언제쯤 시험공부를 시작할지, 어떻게 시험을 대비하는지, 시험 결과를 어떻게 활용하는지, 성적 향상을 위한 방법은 없는지 등 많은 고민이 있을 것이다. 정답은 없다. 아주 단순하게 학교 수업이 기본이고 평소처럼 공부해야 하고 벼락치기 공부의 한계가 있으며 학원에 의존하는 공부는 위험하다 등 많은 이야기가 있겠지만 중요한 것은 학생에게 맞는 고민과 상담을 해야 한다는 것이다. 여기서는 아주 일반적인 교과서적인 이야기만 한다. 실제 문제가 생기면 학교에서 담임교사나 교과 지도 교사와 상담하고 그 결과를 활용하여 장기적인 관점에서 길게 보고 천천히 그러나 꾸준히 노력해 주면 좋겠다.

시험공부를 할 때 제일 먼저 할 일은 교과서를 확실하게 공부하는 것이다. 교과서 내용을 확실하게 알지 못했으면 참고서와 문제집을 보면 안 된다. 참고서를 몇 번 보는 것보다 교과서를 완전하게 이해하는 것이 성적 향상에 좋다. 교과서가 시험 출제의 기준이기 때문에 평소 수업을 잘 듣고 중요한 내용을 기록해 두라고 한 것이다. 친구들이 문제집을 몇 번 풀었다는 말에 불안할 필요는 없다.

교과서 공부가 잘됐다고 생각하면 참고서로 보충한다. 교과서를 공부할 때 이해가 가지 않는 부분을 보충해 주고 심화하는 것이 참고서의 기능이다. 참고서 내용은 교과서 공부를 잘 기억할 수 있도록 시각화되어 있어서 지식을 구조화하고 암기하는 데 도움이 된다. 교과서 이외의 내용을 너무 깊게 설명하고 있는 참고서의 내용은 공부할 필요가 없다.

교과서를 확실하게 공부한 다음, 자기 실력의 확인 단계에서 문제집을 보아야 한다. 학습 내용을 충분히 잘 이해했을 때 문제집으로 실전 연습을 한다. 여러 종류의 문제집은 오히려 독이 된다. 학교 시험용으로는 과목당 한 권의 문제집이면 충분하다. 많은 문제를 풀기보다는 핵심 문제를 풀어서 자신이 알고 있는 교과 내용을 확인하는 것이 좋다. 아는 문제는 풀고 넘어가고 모르거나 틀린 문제는 표시하고 다시 공부한다. 헷갈리는 문제는 교과서에서 연관된 내용을 찾아내어 정확하게 알아둔다. 틀린 문제도 교과서에 연관된 내용을 찾아내고 참고서를 활용하여 확실하게 공부한다. 오답 노트나 모르는 내용을 요약하여 정리하면서 시험을 대비한다.

시험을 보기 위해서는 3회 정도 반복해서 공부할 수 있는 일정 관리가 필요한데 여기서는 처음 시험을 대하는 초등학생용으로 서답형과 선다형 문제를 푸는 요령만 아래에 인용한다.

◈ 선다형(주로 5개 중에서 선택) 문제 푸는 요령

- 문제를 꼼꼼하게 읽는다.
- 질문이 부정(아닌 것, 틀린 것)인지 확인한다.
- 질문의 요지나 핵심 단어에 밑줄을 긋거나 기타 별도의 표시를 해둔다.
- 질문이 보기 중에 한 개 또는 여러 개를 고르는 것인지 확인한다.
- 법칙, 공식 등의 문제와 관련된 사항을 여백에 써 둔다.
- 정확히 잘 고를 수 없다면 분명하게 틀린 답부터 지워나간다.
- 너무 쉽다고 생각되는 문제는 주의하고 출제 의도를 파악해 본다.
- 너무 어려운 문제는 억지로 풀면서 시간을 소비하지 말고 표시 후 맨 나중에 푼다.
- 긴 예문을 읽고 답하는 경우 먼저 문제부터 읽고 예문에서 무엇을 읽어야 하는지 찾아본다.
- 보기를 문제에 직접 대입해 본다.
- 정답이 분명하더라도 보기 예문을 끝까지 읽는다.
- 답안지에 정답을 제대로 표시했는지 확인하고 검토한다.

◈ 서답형(논술형) 문제 푸는 요령

- 질문을 잘 읽고 질문의 의도나 핵심을 찾아본다.
- 핵심 단어에 밑줄을 긋거나 표시를 해둔다.
- 질문의 요지를 여백에 간결하게 적는다.
- 답안의 글씨를 깨끗하게 적는다.
- 빠져서는 안 될 핵심 단어를 여백에 적어 두고 답안을 쓰기 시작한다.
- 핵심 단어를 어떻게 연결할지 구상한다.
- 모호하고 일반적인 것보다는 구체적이고 명확한 답안을 작성한다.
- 자기 생각을 설득력 있게 분명히 주장한다.

03 좋은 생활 습관이 청소년기를 좌우한다

"사라질 것에 집착 말고 미래 교육 변화를 학습하라!"라는 말이 있다. 성장의 동력이 되는 자기력을 기르고(자기력), 기계에 맞설 인간으로서 저력을 키우며(인간력), 새로운 가치를 만드는 사고와 습관을 기르고(창의 융합력), 다름을 도움으로 만드는 역량을 길러야 하며(협업력), 배움을 지속 가능하게 하는 힘(평생 배움력)을 학습해야 한다. 단순하게 학교 시험 성적을 잘 받고 좋은 고등학교와 대학교에 진학하는 것만을 목표로 삼을 수는 없다. 그렇다고 중학교에 입학하면서 수행해야 할 과제들을 소홀히 할 수도 없는 일이다. 시대의 변화와 함께 더 복잡하고 많은 것을 우리 아이들이 배우고 익혀야 한다. 그 어려운 일들을 내 자녀가 어떻게 해낼 수 있을까?

좋은 습관은 자기관리 능력으로 이어져 성공을 만든다

중학생이 되면 교복을 입고 정해진 시간에 학교에 가서 많은 수업을 듣고 과제를 수행해야 하며 방과후 활동과 학원 공부까지 할 일이 많아진다. 친구와 어울리고 싶고 관심거리도 생기지만 좋아하는 것을 즐길 시간과 여유가 없다. 평가로 인한 스트레스와 고입의 부담도 은연중에 계속된다. 엊그제 어린이였던 아이가 무거운 가방을 들고 학교 가는 것을 보면 학부모의 마음은 대견하기도 하지만 뭔가 짠한 감정도 생긴다. 부모 곁에 붙어서 재잘거리던 아이가 제법 컸다는 듯이 부모의 관심을 부담으로 느끼며 혼자 있는 것을 좋아할 때 서운한 감정도 생긴다.

자녀가 중학교에 입학하는 시점은 학생과 학부모 모두 새로운 출발과 과제를 부여받는 시기이다. 학부모는 본격적으로 자녀의 진로와 학습에 성과를 만들어 내고 싶어지고 자녀는 스스로 학습하는 힘을 기르고 미래를 탐색하는 과제를 수행해야 한다. 초등학교에 비하면 갑자기 할 일이 많아졌다. 중학생으로서 그 많은 일들을 해내기 위해서라도 좋은 생활 습관을 들여야 한다. 규칙적인 생활은 자기관리 능력으로 이어진다. 규칙적인 생활은 중학교 생활과 학습 활동의 기초가 된다. 생활에 안정감이 있어야 허둥대지 않고 당면 과제를 잘 수행할 수 있으며 집중력을 발휘할 수 있다.

규칙적인 생활의 기본은 규칙적인 수면에 있다. 잠을 잘 자야 피곤이 풀리고 뇌가 휴식을 취한다. 잠자고 일어나는 시간이 일정해야 한다. '늦어도 12시에는 잠자기', '아침 7시에는 일어나기' 등 자녀의 생활 습관부터 잡아줘야 한다. 자녀가 스스로 제시간에 일어나 하루를 시작한다면 부모의 하루도 힘겹지 않다. 늦게 일어나는 자녀를 보고 싶지 않다면 늦잠의 원인을 파악하는 것이 필요하다. 문제는 단기 처방으로 해결되지 않을 것이며 장기적인 노력과 인내가 필요하다는 것을 숙지해야 한다. 늦은 밤에 잠을 자는 것이 원인이라면 잠자는 시간을 정해야 할 것이다. 스마트폰, 게임, 채팅, 공상 등 늦은 시간까지 무엇을 하는지 파악하고 정해진 시간에 잠자리에 들도록 시간 약속을 할 필요가 있다. 유독 체력이 약하다면 체력 증강을 위한 보약을 먹여야 하고 특정한 신체 부위가 약하다면 의약적 도움을 받아야 한다. 학원이 너무 늦게 끝난다거나 과제가 너무 많다면 적정한 수준에서 조정할 필요가 있다. 아침에 일어나지 못하는 것은 자녀의 단순한 습관이고 대부분 의지가 부족한 탓이다. 반복되는 일상과 재미없는 학교생활이 원인이 되기도 하니 관심을 갖고 자녀의 상황에 맞는 도움을 줘야 한다.

건강한 육체와 정신에서 스스로 공부하는 습관이 생긴다

앞에서 살펴봤듯이 중학교는 교과목이 늘어나고 보건, 컴퓨터, 제2외국어, 환경 등 배워야 할 과목이 많아진다. 많은 과목을 효과적으로 학습하려면 스스로 공부하는 습관을 길러야 한다. 학교에서는 과목 담당 교사의 지도를 잘 따라가면 되지만, 방과 후 시간은 자기 주도적으로 관리하며 학습해야 한다. 자녀가 공부해야 하는 공간과 시간을 일정하게 확보해 주는 것이 좋다. 학원이나 과외 아니면 도서관 등 정해진 시간만큼 일정한 학습 공간에서 공부할 수 있도록 하고 지켜보며 관리하는 것이 좋다. 그렇지만 부모가 지켜보고 관리하는 것은 한계가 있다.

자녀가 스스로 자신의 꿈과 목표를 생각하고 추진하는 원동력은 건강한 육체와 정신이다. 건강한 육체와 정신을 지녀야 활력을 유지하고 끈기 있게 공부할 수 있다. 육체나 정신이 아프면 공부를 할 수 없다. 건강해야 각종 스트레스를 극복하고 스트레스를 긍정의 에너지로 변환할 수 있다. 건강하기 위해서는 스트레스를 해소하는 방법도 찾아야 한다. 운동과 취미 활동, 친구들과의 수다와 놀이, 부모와의 대화 등 스트레스를 잘 해소해야 학업에 정진할 수 있다. 공부를 지속하려면 적당한 휴식도 필요하다. 휴식은 시간 낭비가 아니라 재창조의 시간이고 집중력을 유지시켜 주는 도구이다. 시간을 잘 안배하는 것이 어렵고도 중요하다.

독서는 창의력의 원천이고 가장 좋은 선행학습이다

초등학교에서 독서 습관이 잘 잡힌 아이들은 정서적 안정감과 학업성취도가 높다. 교과서의 내용을 잘 이해하고 교사의 지도에 집중을 잘한다. 문장의 의미를 잘 파악하고 교사가 말하는 것을 잘 이해하기에 똑똑하고 공부를 잘하는 아이로 인정받는다. 중학교에 들어가면 긴 글과 어려운 제시문을 접하게 되고 사회와 과학 교과에서는 너비와 깊이가 있는 배경지식이 필요하다. 독서를 통해 폭넓은 배경지식을 쌓고 교과서 지문을 잘 이해하고 사고력을 키우며 지식과 정보를 융합하는 창의성이 커지면 고등학교 공부도 미리 대비하는 셈이다. 사실상 깊이 있는 독서는 선행학습이다.

어린 시절 또는 초등학교에서 독서 습관이 형성되면 좋았겠지만 그렇지 않다면 중학교 때라도 독서 습관을 들여야 한다. 책을 읽으면 지적 능력이 커지고 인성 순화에도 도움이 되며 상식이 풍부하여 누구와도 자연스럽게 의사소통할 수 있는 밑천이 생긴다. 교과 공부를 하다가 배운 지식을 심화하기 위해서 책을 읽는다. 관심 분야가 생겼다면 그 분야와 관련한 책을 많이 읽어둬야 고등학교 공부와 진로 선택에 큰 도움이 된다. 좋은 독서 습관이 형성된 학생들은 학교에서 쉬는 시간이나 틈을 내서 책을 읽으며 학교생활을 즐긴다. 책을 읽고 다양한 생각을 하는 것 자체를 즐기기에 고등학문을 할수록 흥미를 보이고, 어려운 문제를 해결하기 위해 다시 책을 읽으며 학습을 촉진한다.

가정에서 가족이 책을 읽는 것은 두말할 나위 없이 좋은 것이고 학교에서 도서관을 휴식 공간처럼 이용하고 지역 사회 도서관에서 진행하는 독서 프로그램에 참여하는 것도 권장할 일이다. 시험을 마치거나 방학 중에는 친구들과 서점에 들러서 책을 보고 문화생활을 하는 것은 장기적으로 볼 때 삶을 풍요롭게 만드는 데 큰 도움이 될 것이다.

좋은 인간관계는 삶의 의미를 부여하는 인생의 자산이다

그 사람을 알려면 그 사람이 만나는 사람을 보면 된다는 말이 있다. 그만큼 인간은 사회적 존재이며 만남을 통해 상호 영향을 받는다는 것이다. 초등학교 때의 자기 중심성을 벗어나 사회성을 키우는 데 교우 관계는 매우 중요하다. 공부할 것이 많아지고 고민을 나눌 일도 많아지기에 좋은 친구를 사귀면 낯선 중학 생활도 자연스럽게 적응해 간다. 혼자 힘으로 오랜 시간 공부하는 것이 어려운 시기이기에, 친구들과 함께 공부할 수 있도록 스터디그룹을 만들어 활동하는 것도 좋다. 공부와 놀이를 조화시키고 시간과 생활을 관리하면서 중학 생활에 연착륙할 수 있도록 돕는 것이 좋다. 학급이나 동아리 활동을 하면서 선후배와 친구를 만나고 인간관계를 확대하며 협업 능력을 키우고 좋은 인성을 형성한다. 학교생활과 입시에서 인성의 개념은 개인의 특성에서 사회성의 의미로 확대하여 강조하는 추세이다.

학원이나 과외 등 학교에서 벗어나 만나는 인간관계도 중요하다. 중학생이 되면 자기 주도적으로 공부하라는 말을 자주 듣게 된다. 특목고 입시에서는 사교육에 의존하지 않고 자기 주도적으로 공부했다고 강조하는 학생들도 있다. 뭔가 처음 배울 때는 잘 가르쳐주는 사람을 만나야 그만큼 성과를 만들어 낼 수 있다. 중학생이 되자마자 자기 주도적으로 뭔가를 해나가는 것은 어렵다. 학교에서 만나는 교사와 친구 이외에도 학습에 도움을 주는 사람을 만나는 것은 중요한 일이다. 중학교 공부가 어려울 때, 학교에서 친구와의 갈등이 생길 때, 가정에서 부모의 기대가 부담스러울 때, 이유 없이 불안감이 커질 때 등 학생이 겪는 복잡한 감정을 들어주는 사람이 있다면 좋은 일이다. 그런 면에서 학원 선생님이나 과외 교사를 기능적으로만 바라보지 말고 학생의 좋은 조력자로 접근하면 좋겠다. 좋은 사람을 만나면 인생이 행복해진다.

스마트폰 중독에서 벗어나 디지털 문해력을 키워야 한다

자녀가 공부는 안 하고 스마트폰만 보고 있으면 부모 속은 터진다. 밥 먹을 때도 손에 쥐고 있고 방에서 나오지 않고 스마트폰을 만지고 있으면, 당장 스마트폰을 빼앗아 집어 던지고 싶은 마음이 들 때가 있을 것이다. 요즘 학생들과 스마트폰은 이미 한 몸이 된 듯하다. 과거 TV 앞에 있던 아이들이 지금은 손에 스마트폰을 들고 생활하는 것이 자연스러운 문화가 되었다. 자녀가 손에서 스마트폰을 놓지 않는 문제를 어떻게 봐야 할지 고민일 것이다.

자녀가 스마트폰 중독이라면 문제를 해결할 방법을 찾아야 한다. 스마트폰이 없을 때 불안감을 느끼고 시도 때도 없이 스마트폰을 손에서 놓지 않는다면 중독이라고 할 수 있다. 스마트폰을 장시간 사용하는 것은 건강에도 좋지 않다. 잠자기 전에 스마트폰을 하다가 수면 시간이 줄어들면 수면장애로 힘들어지며, 눈의 피로도가 높아지고 시력 저하와 안구건조증이 심해질 수 있다. 스마트폰 사용을 금지하면 안절부절못하고 짜증이 심해져서 언성을 높이는 일이 발생한다. 스마트폰을 볼수록 빠르고 강하며 자극적인 것을 선호하여 일상생활에서 갑갑함을 느끼고 언어와 문장에 대한 이해력이 떨어질 수 있다.

스마트폰 중독이 위험하기에 예방이 중요하다. 스마트폰 사용 시간을 자녀와 협의해서 정하는 것이 좋다. 정해진 시간에 잘 사용하는 습관을 지닌다면 아무 문제도 없다. 보호자가 먼저 스마트폰을 자제하는 모습을 보여준다면 자녀들도 지켜보면서 무의식적으로 따라 하는 거울 효과를 기대할 수 있다. 대부분의 학교에서는 등교와 동시에 스마트폰을 일정한 장소에 두고 하교할 때 찾아간다. 학원에서도 비슷할 것이다. 자녀가 집에서 할 일이 없어 스마트폰을 붙들고 있는 것이라면 자녀가 해야 할 일에 대한 계획을 세우고 이를 실천하는 습관을 들이게 함으로써 문제를 해결해 나가는 게 좋다.

스마트폰으로 정보를 찾아보고 학습에 도움을 받을 수 있다. 친구들과 소통하고 인적 네트워크를 형성하며 영화, 게임, 음악 등을 즐기는 재미를 찾을 수 있다. 나아가 스마트폰으로 디지털 문해력을 키울 수 있다. 디지털 문해력은 디지털 플랫폼의 다양한 미디어를 접하면서 명확한 정보를 찾고, 평가하고, 조합하는 개인의 능력을 뜻한다. 모바일 기기의 출현과 소셜 미디어의 확장으로 단순히 기기를 사용하는 방법만이 아니라 정보를 다루고 가공하는 일까지 범위가 확장되었다. 이제는 스마트폰으로 다양한 학문 정보의 탐색, 분석, 평가, 활용, 관리, 소통, 추상화, 생산 및 프로그래밍을 할 수 있다. 우리는 스마트폰을 사용하면서 정보와 데이터를 다루는 기술, 정보에 대한 비판적 접근과 활용, 안전과 윤리적 태도를 배워야 하는 시대에 살고 있다.

04 청소년기 자녀에 대한 배려가 우선이다

청소년기는 아동기에서 성인기에 이르는 과도기이며 많은 변화와 성장이 이루어지는 시기이다. 일반적으로 초등학교 고학년에서부터 시작하여 사회적으로 독립하는 시기까지를 청소년기로 본다. 청소년기에는 감수성이 예민하고, 주변 환경의 영향을 많이 받는다. 청소년은 우리 사회의 미래이고 희망이라는 말과 함께 일탈행동과 비행 등으로 사회적 우려의 대상이 되기도 한다. 성년은 청소년기를 겪고 지났음에도 불구하고 청소년의 특성을 이해하기보다는 문제 행동으로 보고 걱정하는 경향이 강하다. 청소년이 바르고 건전하게 성장하기를 기대한다면 청소년기의 특성을 이해하고 그들의 행동을 인정해 주는 것도 필요하다. 여기서는 청소년기에 나타나는 일반적인 특성 몇 가지를 알아보려 한다. 이를 통해 가정과 학교에서 청소년의 행동을 좀 더 잘 이해하고 존중하는 모습이 많아지면 좋겠다.

신체적 변화로 2차 성징(性徵)이 나타나면서 외모에 관심이 많아진다

2차 성징은 성호르몬의 분비가 증가하면서 남성 또는 여성으로서 신체적 특징이 나타나는 것을 말한다. 남성은 변성기가 오고 어깨가 넓어지며 근육이 발달한다. 여성은 초경을 시작하고 골반이 넓어지며 피하 지방이 증가한다. 신체의 변화로 이성에 대한 호기심이 많아지고 열등감과 우월감에 빠지기도 한다. 남들보다 외모가 돋보이고 싶어서 거울을 많이 보고 멋을 부린다. 교복을 예쁘게 변형하고자 하고 화장과 액세서리에 관심을 보인다. 아름다워지고 싶은 것은 인간의 자연스러운 욕망이며 개성을 표현하려는 노력은 자아의식의 성장이라고 볼 수 있다.

정서적 불안 속에서 자아정체성이 성장한다

청소년기는 질풍노도의 시기라고 한다. 질풍노도란 강한 바람과 성난 파도를 말한다. 중2병이라는 말이 있듯이 좌절과 불만이 잠재하여 극단적인 사고와 과격한 감정을 표현하고 정서적으로 동요가 심하다. 부모의 보호에서 벗어나고 싶지만, 아직 독립할 수 있는 기반이 없다. 자신의 권리와 의무를 행사하지 못하고 마음대로 하고 싶은 욕구만 커진다. 이상과 현실 사이에서 오는 괴리감과 주변 환경과의 조화를 이루지 못해 자신을 객관적으로 인식하지 못하고 돌출행동을 하기도 한다.

청소년은 자기 정체성에 대하여 혼란을 느끼는 경우가 많고 정서적으로 불안정한 시기이다. 자아정체성은 자아를 찾으려는 노력과 자신이 속한 사회의 다양한 요인과의 상호작용을 통해 형성되고 변화한다. 청소년기는 자아정체성이 형성되는 중요한 시기이지만 자아 탐색의 기회가 적고 입시의 부담과 부모에게 의존하는 경향이 강하게 나타나면서 정체성 형성을 미루는 유예 현상이 늘고 있다. 건전한 자아를 형성하기 위하여 자아를 존중하고 자신을 주체적으로 인식하며 삶의 목표를 탐구하고 현재를 점검함으로써 미래를 준비하는 노력이 필요하다.

주변인으로서 방황하고 소외 의식이 나타난다

청소년은 어린아이 집단에 속하지 못하고, 어른 집단에도 속하지 못하는 사람으로 주변인이라고 불린다. 어린아이같이 유치하게 놀고 어른의 행동을 모방해도 어느 쪽에도 들지 못하는 경계선에서 소외 의식이 강해진다. 비슷한 처지와 입장에 놓인 또래 집단에서는 강한 소속감과 유대감을 느낀다.

어린아이와 어른 역할의 불확실성으로 인해 갈등과 불만이 내재하여 방황하게 된다. 주변을 빙빙 도는 존재이지만 다른 한편으로는 중심부에서 활동해야 할 책임성이 적기 때문에 자유롭게 생각하고 학습할 수 있는 특권이 주어지기도 한다. 부모의 보호와 도움 속에 있으면서도 합리적으로 생각할 수 있는 능력이 향상되면서 부모의 관심을 간섭으로 생각하고 독립하려는 경향이 강하게 나타난다.

자아중심성이 나타나고 이를 극복하며 도덕적으로 성장한다

청소년기에는 자신의 외모, 행동, 신념, 가치관 등에 지나치게 몰두하여 자신과 타인을 객관적으로 구분하지 못하는 자아중심성(자기중심성)이 나타난다. 이는 자신의 존재에 특별한 관심을 기울이며, 이에 따라 자신의 모든 것을 특별하게 여기는 특성이다. 이러한 사고 형태는 11~12세부터 나타나서 15~16세에 절정을 이른다. 청소년기 자아중심성의 특징은 '상상적 관중'과 '개인적 우화'로 나타난다고 한다. '상상적 관중'이란 자신이 무대 위의 주인공이며, 다른 사람은 자신을 구경하는 관중이라고 생각하는 것이다. 주인공이기에 관중을 위해 과장된 행동을 하기도 하고 일반적인 구어체가 아닌 다른 말투를 쓰기도 한다. '개인적 우화'란 자신의 존재 및 감정과 사고는 타인과 매우 다르며 특별하다고 여기는 것이다. 이에 따라 비행, 중독 등의 감각 추구 행동으로 나타나는 부정적 영향을 주고, 그것이 지나치면 자살 상념 및 우울증과 관련된다.

청소년기의 자아중심성은 발달 과정상에서 나타나는 자연스러운 현상이다. 청소년은 자아를 탐색하고 역할 행동을 수행해 가면서, 자아중심성을 극복하고 다른 사람의 입장과 생각을 이해하게 되며 도덕성도 점차 발달한다. 다만 시간이 흐른다고 모두 자연적으로 발달하는 것은 아니며 학생과 학부모의 노력이 필요하다.

MEMO

중학교 교육과정은 중학교 운영의 기본 설계도와 같다. 학교 교육과정은 교육목표를 달성하기 위한 학교의 계획이다. 다양한 교육활동의 기준을 체계적으로 선정하고 조직하여 실행하는 일련의 계획이다. 따라서 교육과정을 알면 그 학교의 운영을 잘 이해할 수 있다.

교육과정의 좁은 의미는 학생이 이수할 교과목들의 목록이다. 나아가 교육목표를 달성하는 데 필요한 계획–실행–평가–개선에 이르는 '교육의 과정(過程)'이다. 2장에서는 중학교 교육과정에 따라 학교가 어떻게 운영되는지 실제 모습을 알아보고자 한다.

Chapter 2

중학교에 잘 적응하려면

01 중학교 교육과정 이해가 기본이다

초등학교 1학년부터 중학교 3학년까지는 공통 교육과정이고 고등학교는 선택 중심 교육과정으로 운영한다. 초등학교와 중학교에서는 학생이 교과를 선택하지 않고 고등학교에서는 학생이 교과를 선택할 수 있다는 의미이다. 고등학교에서는 학생들의 기초 영역 학습을 강화하고 진로 및 적성에 맞는 학습이 가능하도록 4개의 교과 영역으로 구분하고 교과(군)별 필수 이수 단위를 제시한다. 고등학교 교과는 보통 교과와 전문 교과로 구분하며, 학생들의 기초 소양 함양과 기본 학력을 보장하기 위하여 보통 교과에 공통 과목을 개설하여 모든 학생이 이수하도록 한다.

중학교 교육과정을 좀 더 알아보면 다음과 같다. 학생과 학부모 입장에서는 중학교 교육과정이 어떻게 운영되는지 간략하게만 살펴보면 된다. 중학교 교육과정은 교과(군)와 창의적 체험활동으로 편성하며 시간 배당은 아래 표와 같다. 창의적 체험활동은 학생의 소질과 잠재력을 계발하고 공동체 의식을 기르는 데에 중점을 둔다. 창의적 체험활동은 자율활동, 동아리 활동, 봉사활동, 진로활동으로 한다. 이 표에서 1시간 수업은 45분을 원칙으로 하되, 기후 및 계절, 학생의 발달 정도, 학습 내용의 성격, 학교 실정 등을 고려하여 탄력적으로 운영할 수 있다. 학년군 및 교과(군)별 시간 배당은 연간 34주를 기준으로 한 3년간의 기준 수업 시수를 나타낸 것이다.

구분		1~3학년
교과(군)	국어	442
	사회(역사 포함)/ 도덕	510
	수학	374
	과학/ 기술·가정/ 정보	680
	체육	272
	예술(음악/ 미술)	272
	영어	340
	선택	170
	소계	3,060
창의적 체험활동		306
총 수업 시간 수		3,366

학교는 3년간 이수해야 할 교과목을 학년별, 학기별로 편성하여 학생과 학부모에게 안내한다. 교과(군)의 이수 시기와 그에 따른 수업 시수는 학교가 자율적으로 결정할 수 있다. 학교는 학교의 특성, 학생·교사·학부모

의 요구 및 필요에 따라 자율적으로 교과(군)별 20% 범위 내에서 시수를 증감하여 편성·운영할 수 있다. 단, 체육, 예술(음악/ 미술) 교과는 기준 수업 시수를 감축하여 편성·운영할 수 없다. 학교는 학습 부담을 적정화하고 의미 있는 학습 활동이 이루어질 수 있도록 학기당 이수 교과목 수를 8개 이내로 편성한다. 단, 체육, 예술(음악/ 미술) 교과는 이수 교과목 수 제한에서 제외하여 편성할 수 있다. 전입 학생이 특정 교과목을 이수하지 못할 경우, 교육청과 학교에서는 보충 학습 과정 등을 통해 학습 결손이 발생하지 않도록 한다.

학교는 창의적 체험활동의 영역을 학생들의 발달 수준, 학교의 여건 등을 고려하여 자율적으로 편성·운영한다. 창의적 체험활동은 학교스포츠클럽 활동 및 자유학기에 이루어지는 다양한 활동들과 연계하여 운영할 수 있다.

자유학기에는 진로 탐색 활동, 주제 선택 활동, 동아리 활동, 예술·체육 활동 등 다양한 체험 중심의 자유학기 활동을 운영하고 협동 학습, 토의·토론 학습, 프로젝트 학습 등 학생 참여형 수업을 강화한다. 자유학기에는 중간·기말고사 등 일제식 지필평가는 실시하지 않으며, 학생의 학습과 성장을 지원하는 과정 중심의 평가를 실시한다.

학교스포츠클럽 활동은 창의적 체험활동의 동아리 활동으로 편성한다. 학교스포츠클럽 활동은 학년별 연간 34~68시간(총 136시간) 운영하며, 매 학기 편성하도록 한다. 학교 여건에 따라 연간 68시간 운영하는 학년에서는 34시간 범위 내에서 학교스포츠클럽 활동을 체육으로 대체할 수 있다. 학교스포츠클럽 활동의 시간은 교과(군)별 시수의 20% 범위 내에서 감축하거나, 창의적 체험활동 시수를 순증하여 확보한다. 학교스포츠클럽 활동의 종목과 내용은 학생들의 희망을 반영하여 학교가 정하되, 다양한 종목을 개설함으로써 학생들의 선택권이 보장되도록 한다.

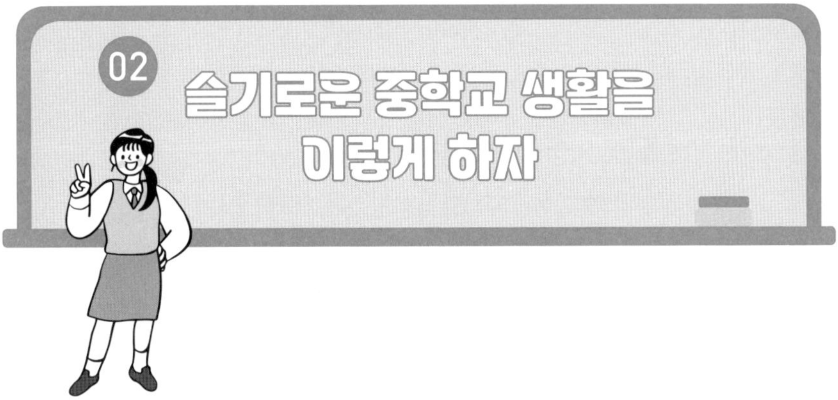

가. 학교 규정 이해하기

초등학교 생활의 상당 부분은 학급에서 담임이 돕고 가정에서 학부모가 학생을 돌보며 부족한 점을 채워줄 수 있다. 그런데 중학생이 되면 점점 학생이 감당해야 할 것들이 늘어나고 공동체의 한 구성원으로서 지켜야 할 규범이 강조된다. 그중에서 중학교 신입생이 되면 학교 규정에 대한 안내를 받게 된다. 지역이나 학교마다 규정은 차이가 있다. 아래 내용은 중학교에서 일반적으로 적용하고 있는 규정을 예시로 제시한 것이다. 아직도 변화와 개정이 필요한 규정이 있고 학교마다 차이가 있음을 감안하여 참고만 하면 된다. 중학교 홈페이지나 담임교사에게 요청하면 정확한 규정을 안내받을 수 있다.

영역	규정 예시
용의	• 학교생활에 방해가 되는 물품 소지를 금한다. • 눈썹 및 입술 등 성인 화장을 금지한다. • 긴 손톱 (매니큐어), 피어싱 등의 장식을 금한다.
복장	• 계절에 따라 학교에서 지정한 동복, 춘추복, 하복을 입는다. • 여름철에는 학교에서 지정한 생활복을, 겨울철에는 외투를 입을 수 있다. • 교복을 개인의 취향대로 임의로 수선하여 입지 않는다.
신발	• 체육 수업이 가능한 학생용 운동화를 신고 성인용 구두 및 고가의 신발은 금한다. • 실내에서는 장식이 없는 흰색 실내화를 신는다.
가방	• 등에 메는 학생용 가방 및 실내화 가방을 소지한다. • 쇼핑백이나 성인용 가방 및 고가의 가방을 금한다.
소지품	• 스마트폰은 등교 후 제출하고 하교 시 받아 간다. • 학생에게 불필요한 소지품은 가지고 다니지 않는다. • 도난 및 분실 예방을 위해 소지품(교복, 체육복 포함)에는 이름을 기록한다.
이성 교제	• 이성 간 예절을 지키며, 책임 있게 행동한다. • 스토킹이나 성희롱에 대한 확실한 거부 의사를 표현하고 학교에 도움을 요청한다. • 남녀 학생 단 둘의 만남은 항상 개방된 장소를 이용한다. • 생명의 존엄성과 책임 의식을 일깨우는 성교육을 이수하여야 한다.
생활 예절	• 등교 시간을 꼭 지킨다. • 등교 후 교문 밖 외출은 하지 않고 필요시 외출증을 소지하고 나간다. • 다른 학급에 특별한 경우를 제외하고는 출입하지 않는다. • 실내에서 뛰지 않고 장난을 치지 않는다. • 급식 시간을 지켜 급식실로 이동하여 지도교사의 지도에 따라 착석한다. • 서로 신체를 접촉하는 놀이는 삼간다. • 교실 TV, 컴퓨터는 학습 활동과 관련한 경우에만 사용한다. • 학교의 기물 및 시설을 훼손하지 않으며 소중히 관리한다. • 욕설을 하지 않고 고운 말을 사용한다.

수업 예절	• 수업 시작종이 울리면 자기 자리에 앉는다. • 수업과 관련 없는 교재, 도구 등을 사용하거나 꺼내놓지 않는다. • 수업 시작종이 울리고 나서 물을 먹으러 가거나 화장실에 가지 않는다. • 선생님이 교실에 들어오시면 반갑게 인사한다. • 선생님께서 하시는 말씀을 경청하고 의미를 파악한 후 대답한다. • 수업 중 친구들과 개인적인 대화는 나누지 않는다. • 수업 중 선생님의 정당한 지시를 반드시 따른다.
개별 지도	• 자신이 잘못한 것을 인정하고 선생님과 솔직하게 대화한다. • 선생님을 바라보는 시선에 진지함을 담는다. • 선생님 말씀이 끝나기 전에 대답하지 않는다. • 선생님 앞에서는 바른 자세와 표정으로 공손하게 대답한다.
교무실 예절	• 교무실에 들어오기 전 노크하고 조용히 인사하면서 들어온다. • 교무실에 용무가 있는 선생님께 다가가 조용히 말씀드린다. • 교무실에 용무가 있는 선생님이 안 계실 때는 밖에서 조용히 기다린다. • 교무실에서는 친구들과 잡담하지 않는다.

나. 학부모 서비스 신청하기

학부모 서비스는 학부모가 학교를 직접 찾아가지 않아도 학교 정보와 자녀의 출결, 성적, 학교생활기록부 등 자녀의 학교생활을 인터넷으로 열람할 수 있는 학부모 전용 서비스이다. 학부모 서비스를 신청하는 방법은 교육행정정보시스템(http://www.neis.go.kr)에 접속하여 학부모 이름, 주민번호 입력 후 인증 버튼을 클릭한다. 공인인증서 선택 후 암호를 입력하고 '학부모서비스 신청' 메뉴에서 학부모와 학생 정보 입력 후 신청하면 된다. 이후 학교에서 2~3일 정도 후에 신원을 확인하고 승인을 처리하면 자녀의 정보를 조회하여 아래와 같은 서비스를 이용할 수 있다.

구분	서비스 내역
학교 정보	• 학교기본 정보 • 교육과정: 과목 및 담당 교사, 반별 시간표 • 학사일정: 연간학사일정, 월간학사일정 • 급식식단표: 월간식단, 주간식단 • 가정통신문
학생 정보	• 학교생활기록부 • 학습안내: 교외학습자료, 교내학습자료 • 성적: 고사별정·오답표, 성적통지표, 표준점수분석표, 성적변화표, 학업성취도, 개인별맞춤학습 • 학생생활: 월출결통계, 출결사항, 자치활동, 적응활동, 행사활동, 계발활동, 봉사활동 조회 • 건강기록부 • 방과후학교: 방과후학교 강좌신청현황, 방과후학교 출결상황 조회 • 진로/ 상담자료 • 심리검사
학부모 상담 관리	• 상담공지사항 • 상담신청 및 조회: 선생님과의 상담, 상담내역조회
자녀 교육 활용 정보	• 학업지도: 내 자녀 학업지도, 전출입절차 및 방법, 학업지도 관련 사이트 • 인성지도: 내 자녀 이해하기, 사이버공간 이용방법, 인성지도상담 • 진학지도: 중학교 입학정보 • 진로지도: 내 자녀 진로지도, 진로검사 및 진로정보 • 특수아지도: 영재아지도, 장애아지도, 학습부진아지도 • PAPS콘텐츠: 학습도움자료 조회, 운동콘텐츠, 건강콘텐츠, PAPS콘텐츠, 주요 콘텐츠, 용어사전 • 내 자녀 건강알리미

다. 출결 사항 이해하기

자녀가 알아서 학교를 잘 가주면 좋겠지만 이런저런 사유로 출결에 대한 궁금증이 생기기에 출결과 체험학습에 대한 사항을 정리하면 아래와 같다. 단, 학교마다 기준이 다를 수 있다.

1) 출석으로 인정하는 결석

- 지진, 폭우, 폭설, 폭풍, 해일 등의 천재지변 또는 법정 전염병 등으로 출석하지 못한 경우
- 학교장의 허가를 받은 "학교를 대표한 경기, 경연대회 참가, 훈련 참가, 교환학습, 현장(체험) 학습 등"으로 출석하지 못한 경우
- 학교 내의 봉사, 사회 봉사, 특별교육 이수 기간 등의 징계를 받은 경우
- 학교폭력 피해학생에 대한 일시보호, 치료를 위한 요양 및 그 밖의 피해학생의 보호를 위하여 필요한 조치에 따른 결석으로 학교의 장이 인정하는 경우, 가해학생의 학교에서의 봉사, 사회봉사, 학내외 전문가에 의한 특별교육 이수 또는 심리치료에 따른 결석
- 가정 폭력 피해학생에 대한 임시보호 기간
- 학습부진 등에 대한 교육으로 상담, 진로 프로그램 등 숙려제 참여 인정 기간
- 여학생 중 생리통이 극심해 수업 출석이 어려운 경우
- 기타 부득이한 사유로 학교장의 허가를 받아 결석하는 경우
- 다음 경조사로 인하여 출석하지 못한 경우

구분	대상	일수
결혼	• 형제, 자매, 부, 모	1
입양	• 본인	20
사망	• 부모, 조부모, 외조부모	5
	• 증조부모, 외증조부모 • 형제·자매 및 그의 배우자	3
	• 부모의 형제·자매 및 그의 배우자	1

※ 토요일 및 공휴일은 경조사 일수에 합산하지 않음.

• 체험학습으로 출석을 인정받는 경우

- 1년간 이용할 수 있는 체험학습 일수는 지역, 학년에 따라 차이가 있다. 적게는 7일에서 많으면 30일 정도이다. 그리고 학년에 따라 체험학습 일수도 다를 수 있다. 일반적으로 1학년보다는 3학년 때 체험학습 일수가 많다.
- 가족 동반 체험학습 추진 절차는 다음과 같다.

  학부모의 현장 체험학습 신청서 접수 → 학교장 심사 후 허가·통보 → 체험학습 실시 → 체험학습 보고서 제출 → 출석 인정 및 보고서 결과 활용
- 체험학습 유의 사항

  체험학습 계획서 및 보고서, 학부모 동의서는 반드시 볼펜으로 작성하고 체험학습 신청은 최소 실시 5일 이전에 한다. 학교 시험이나 평가가 시행되는 기간에는 원칙적으로 체험학습을 허용하지 않으나 불가피한 경우 불이익을 감수한다. 학교 홈페이지에 탑재되어 있는 양식을 활용한다.

2) 질병으로 인한 결석

- 3일 이상 연속으로 결석한 경우 결석한 날부터 5일 이내에 의사의 진단서 또는 의견서(의사소견서, 진료확인서 등으로 병명, 진료기간 등이 기록된 증빙서류)를 첨부하여 결석계를 제출한 경우
- 상습적이지 않은 2일 이하의 단기 결석으로 질병 결석임을 증명할 수 있는 자료(처방전, 담임교사 확인서 등)가 첨부된 결석계를 5일 이내에 제출하여 학교장의 승인을 받은 경우

※ 일부 제출서류와 기간이 학교마다 차이가 있을 수 있고 질병으로 인한 결석은 고입 전형에서 감점 사유가 되지 않음.

3) 미인정 결석

- 태만, 가출, 고의적 출석 거부, 범법행위로 관련 기관 연행·도피 등으로 결석한 경우
- 학생의 징계로 인한 출석정지 및 가정학습 기간

※ 미인정 결석은 고등학교 입학을 위한 내신 성적 산출 시 감점으로 불이익이 따름.

4) 기타 결석

- 부모 및 가족 봉양, 가사 조력, 간병 등 부득이한 개인 사정에 의한 결석임을 학교장이 인정하는 경우
- 기타 합당한 사유에 의한 결석임을 학교장이 인정하는 경우

5) 지각

- 1교시까지 등교하지 않은 경우
- 1교시란 일반적으로 09:00까지이나, 1교시 수업 시간이 변경될 경우

는 변경된 시간을 적용

※ 병원에서 내진을 받고 등교시간 이후에 온 학생은 '질병 지각'으로 처리
※ 지각은 사유에 따라 '질병 지각', '미인정 지각', '기타 지각'으로 구분하여 기록

6) 조퇴

- 학교장이 정한 하교 시각 이전에 하교하는 경우
- 1교시 전에 등교하여 1교시 수업 전 하교하는 경우도 조퇴로 처리

※ 조퇴는 사유에 따라 '질병 조퇴', '미인정 조퇴', '기타 조퇴'로 구분하여 기록

7) 결과

- 해당 수업 시간에 참여하지 않은 경우
- 교육활동을 고의로 방해한 경우 '미인정 결과'로 처리

※ 결과는 사유에 따라 '질병 결과', '미인정 결과', '기타 결과'로 구분하여 기록
※ 법정 전염병이 의심되어 학교로부터 병원진료를 허가받은 경우, 지각, 조퇴, 결과처리를 하지 않음.

라. 학교폭력 이해하기

학교폭력이란, 학교 내외에서 학생을 대상으로 발생한 상해, 폭행, 감금, 협박, 약취·유인, 명예훼손·모욕, 강도, 공갈, 사기, 도박, 절도, 손괴, 강요·강제적인 심부름 및 성폭력, 집단따돌림, 사이버 따돌림, 정보통신망을 이용한 음란·폭력 정보 등에 의하여 신체·정신 또는 재산상의 피해를 수반하는 범죄행위를 말하며 학폭이라고 줄여서 부르기도 한다. 법에서 규정한 학교폭력의 정의를 원칙적으로 따르면 피해자가 학생이라면 장소가 학

교 밖이거나 가해자가 성인이어도 학교폭력에 해당한다.

학교 내외에서 일어나는 사소해 보이는 사안도 학교폭력에 해당하는 사유가 되고 인터넷이나 SNS상에서 학교폭력이 자주 발생하여 학생과 학부모 모두 주의가 필요한 사항이다. 학생 간에 발생하는 장난 또는 사소한 행위와 무심코 한 행동도 피해학생이 고통을 호소한다면 학교폭력에 해당한다. 학교폭력의 유형은 아래와 같다.

유형	예시 상황
신체 폭력	• 약취: 강제(폭행, 협박)로 일정한 장소로 데리고 가는 행위 • 유인: 상대방을 속이거나 유혹해서 일정한 장소로 데리고 가는 행위 ➔ 장난을 빙자해서 꼬집기, 때리기, 힘껏 밀치는 행동 등도 상대학생이 폭력 행위로 인식한다면 이는 학교폭력에 해당
언어 폭력	• 명예훼손: 공공연히 특정인의 성격, 능력, 배경 등 사회적 가치 내지 평가를 훼손하는 사실 내용을 전파하는 행위 • 모욕: 찌질이, 바보 등 사람의 사회적 평가를 저하시킬 만한 추상적 판단이 경멸적 감정을 표현하는 행위
금품 갈취	• 공갈: 의사결정 또는 실행의 자유를 제한하거나 방해할 정도의 말이나 행동으로 겁을 주어 재물을 요구하고 응하지 않을 때는 해를 끼칠 것처럼 하는 행위 ➔ 돌려줄 생각이 없으면서 힘을 과시하여 돈을 요구하는 행위 ➔ 겁을 주어 옷, 문구류 등을 빌린 후 돌려주지 않는 행위
강요	• 강제적 심부름: 폭행, 협박으로 원치 않는 일을 하게 하는 행위 ➔ 속칭 빵 셔틀, 와이파이 셔틀, 과제 대행, 게임 대행 등 • 강요: 폭행 또는 협박으로 상대방의 권리행사를 방해하거나 해야 할 의무가 없는 일을 하게 하는 행위
따돌림	• 따돌림: 2명 이상의 학생들이 특정인이나 특정 집단의 학생들을 대상으로 지속적이거나 반복적으로 신체적 또는 심리적 공격을 가하여 고통을 느끼도록 하는 일체의 행위 ➔ 바보 취급 등 놀리기, 빈정거림, 면박주기, 골탕 먹이기, 비웃기, 다른 학생들과 어울리지 못하도록 막기 등

성폭력	• 성범죄: 강간, 준강간, 강제추행, 준강제추행, 위계, 위력에 의한 간음, 청소년 성 매수, 성매매 강요, 권유, 유인, 대가 약속, 요구, 추행, 성매매 장소 제공, 알선, 고용, 청소년 이용 음란물 제작, 배포, 전시, 상영 • 성희롱: 성적인 말과 행동으로 성적 굴욕감, 수치감을 주는 행위
사이버 폭력	• 사이버 따돌림: 인터넷, 휴대전화 등 정보통신기기를 이용하여 지속적, 반복적으로 심리적 공격을 가하거나, 개인정보 또는 허위 사실을 유포하여 상대방이 고통을 느끼도록 하는 일체의 행위 ➔ 특정인에 대한 허위 글이나 개인의 사생활에 관한 사실을 인터넷, SNS 등을 통해 불특정 다수에 공개하는 행위 • 정보통신망을 통해 성적 수치심을 주거나, 위협하는 내용, 조롱하는 글, 그림, 동영상 등을 유포하는 행위

학생 자신이나 친구에게 학교폭력이 발생할 경우는 반드시 담임교사나 안전생활부나 해당 교사에게 신고해야 한다. 학교폭력의 경우 가해학생에 대한 조치사항이 학교생활기록부에 입력된다. 가해학생에 대한 조치는 피해학생에 대한 서면사과, 피해학생 및 신고·고발 학생에 대한 접촉, 협박 및 보복행위의 금지, 학교에서의 봉사, 사회봉사, 학내외 전문가에 의한 특별 교육이수 또는 심리치료, 학급교체, 전학이 있다.

마. 봉사활동 이해하기

봉사활동의 기준은 지역마다 다르다. 여기서는 일반적인 내용을 예시하니 참고하기 바란다. 봉사활동은 '학교 교육과정에 의한 봉사활동'과 '학교 교육과정 이외의 봉사활동'으로 구분하여 실시한다. 학교 교육과정에 의한 봉사활동은 학교에 따라 다르나 대략적으로 특별활동 시간 중 10시간을 반영하며 개인 계획에 의한 봉사활동을 포함하여 연간 20시간 이상을 이수한다. 봉사활동 시간과 봉사상은 가산점으로 고입 전형에 반영된다. 학생들의 봉사활동 인정 기간은 2월 학기가 끝나는 날까지로 하지만 학생부 반영과 학교 일정을 고려하여 겨울방학까지 마무리하는 것을 권장하기도 한다.

개인계획에 의한 봉사시간은 평일 2시간을 넘지 못하고 휴업일에는 8시간 이내로 한다. 개인별 계획에 의한 봉사활동은 아래의 그림과 같이 개인적으로 봉사활동 실시 계획을 세워 봉사활동을 실시한 후 확인서를 담임선생님께 제출한다.

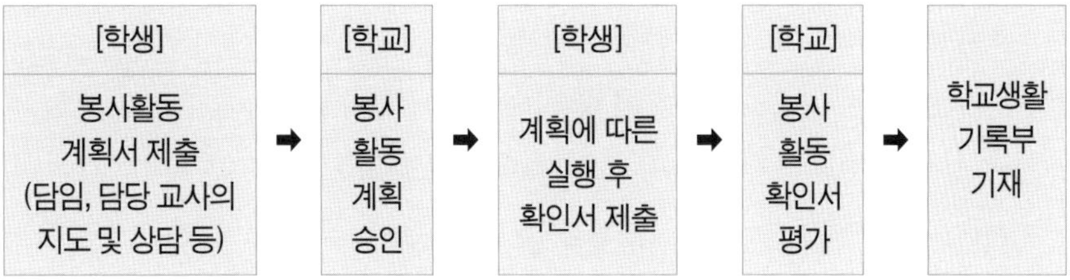

자원봉사포털(www.1365.go.kr)을 이용하면 학교에 별도의 제출서류가 없고 학생이 봉사활동을 하면 활동 기록이 직접 나이스(NEIS)에 연계 전송되어 담임이 확인하고 학생부에 반영한다. 최근에는 개인 계획에 의한 봉사활동보다는 학교 계획에 의한 봉사활동이 많고 아래 예시와 같이 학교 계획에 의한 소집단 봉사활동이 있으니 이를 활용하는 것이 좋다.

활동영역	활동 내용
학습멘토	학급 내 학습 도우미, 멘토-멘티 활동
학급정보도우미	학급 멀티키, 리모콘 관리, 전원관리, 멀티장(교탁 위) 청결유지
휴대폰도우미	휴대폰 수거 및 배부 관리
학급도우미	문단속 및 전등, 온풍기 등 교실관리 출석부 및 유인물 관리
도서도우미	도서 관리 및 도서관 행사
급식도우미	우선급식 후 식탁정리 및 잔반처리
환경도우미	특별구역 청소 및 교내외 환경정화 활동
환경지킴이	분리수거, 교실 환기 및 기타 교실 환경 정리
분리수거도우미	분리수거장 도우미 활동
학년홍보	학년 유인물 관리
또래상담멘토	학급 내 또래상담활동(동아리 조직 시)
학년정보도우미	정보도우미 총괄 관리, 특별실 PC관리
과학동아리활동	교내 과학체험마당 운영 준비
수학체험도우미	수학체험전 도우미
특수학생도우미	특수학급학생 도우미
교과학습도우미	교과부장(타교과부장을 겸임할 수 없으며 학기당 2시간 부여)
시간표도우미	시간표 변경 안내
학교방송활동	각종 행사 방송활동 및 방송실 뒷정리
진로도우미	진로캠프 및 진로행사 보조
스포츠리그도우미	교내 스포츠리그전 운영
안전도우미	학생 안전 사고 예방 및 학교폭력 예방 활동 등하교 질서 및 교통 안전지도 신입생 학교홍보 및 멘토링, 급식시간 질서유지

바. 학교 시설 이용하기

중학생이 되면 신체적·정신적 성장과 변화를 겪으며 학업 부담과 스트레스가 증가한다. 초등학교처럼 학급에서 주로 생활하고 담임교사가 모든 것을 살피고 도움을 주는 것도 어려워진다. 따라서 학생이 스스로 자신의 문제나 필요사항이 생기면 학교 시설을 이용하면서 도움을 받는 것도 좋다. 초등학교보다는 전문적인 활동으로 학생에게 도움을 주는 학교 시설을 안내하면 아래와 같다.

1) 보건실

보건실은 학교에서 갑자기 몸이 불편하거나 소소한 안전사고가 발생하면 이용할 수 있다. 위급한 경우를 제외하고 몸이 좋지 않으면 쉬는 시간을 이용하여 다음 시간 수업 담당 교사에게 허가를 받는데, 급하게 보건실을 이용할 경우에는 친구에게 대신 허가를 받아달라고 부탁하고 담임교사에게 알리는 것이 좋다. 휴식이나 가벼운 처방이 필요하다고 판단하면 보건교사가 이에 상응하는 조치를 하여 입실 확인증에 서명하고 휴식을 준다. 간혹 수업을 듣지 않으려는 수단으로 보건실을 이용하거나 친구끼리 보건실을 습관적으로 이용하려는 경우는 보건교사나 담임교사가 학생을 지도하기도 한다.

2) 위클래스(Wee Class)

위클래스는 학생이 자신의 고민과 걱정을 털어놓고 이야기할 수 있는 상담 공간으로 비밀이 보장되고 판단, 비판, 훈계하지 않으며 위로와 공감이 이루어지는 곳이다. 등교부터 하교까지 쉬는 시간, 점심시간, 방과후 시간 등에 이용할 수 있다. 특별한 경우, 위클래스 상담교사와 시간 약속을 정하여 교과교사의 허락을 받아 수업 시간에도 상담받을 수 있다.

청소년의 일상적인 고민 상담부터 가출, 학업중단, 인터넷 중독 등 각종 어려움이 생기면 전화 1388을 이용할 수 있다. 청소년상담사, 청소년지도사, 사회복지사 등 국가자격을 소지하거나 일정 기간 청소년상담복지 관련 실무경력을 갖춘 전문상담교사가 전국 청소년상담복지센터에서 근무하고 있으며 365일 24시간 운영한다.

3) 진로상담실

진로상담실은 학생의 진로와 진학에 대한 고민을 상담하고 의논하는 곳이다. 진로 진학 정보를 제공하고 고등학교 입시, 진로 탐색, 직업 체험, 직업 정보, 미래의 직업 세계 등 진로 이야기와 가정통신문을 발송하고 학생들의 진로 진학에 대한 고민을 상담해준다.

진로진학교사가 자아 탐색 프로그램과 검사를 하여 학생의 적성과 흥미에 맞는 진로를 상담하고 고교진학과 직업에 대한 정보를 제공한다. 개인상담 이외에도 집단상담 프로그램을 통해 참가자들의 자기 이해, 자존감 향상, 진로 탐색을 실시한다. 적성, 흥미, 가치관, 학습방법, 성격 등 심리검사를 하고 개인적인 고민까지 상담할 수 있다. 특목고 입시와 대학 입시에 관심이 많은 학생이라면 진로상담실을 자주 이용하는 것도 나쁘지 않을 것이다.

4) 도서관

학교 도서관을 친구들과 자주 이용하는 것을 권장한다. 도서관은 책을 읽고 빌리는 곳으로 한정되지 않는다. 학생 문화와 휴식의 공간으로도 훌

륭한 장소이다. 도서관에는 사서 교사나 담당 교사가 있어서 좋은 책을 추천받을 수 있고 독서를 통한 학습 방법뿐만 아니라 학교생활을 하는 데 유용한 정보를 많이 얻을 수 있다.

도서관에서는 책과 관련한 다양한 행사를 진행하고 책을 많이 빌린 학생들을 시상하기도 한다. 또한 전자도서관을 구축한 학교가 많아서 스마트폰, PC 등을 활용하여 정보를 얻고 활용하며 프로젝트를 수행하는 등 다양한 능력을 키울 수 있다. 학교마다 차이가 있겠으나 학창 시절에 도서관을 자주 이용하는 것은 이후 성장 과정에서 긍정적인 요인으로 작용할 것이다.

5) 급식실

급식실은 학생들이 가장 좋아하는 공간이기도 하고 때로는 학생 간의 갈등이 싹트는 곳이기도 하다. 급식을 먼저 먹으려 하고 맛있는 음식을 더 먹고 싶은 욕구가 충돌의 원인이 되기도 하여 학교마다 질서를 지도하는 교사와 급식을 돕는 도우미 학생들이 있다. 급식 이용 순서가 있어서 3학년, 2학년, 1학년으로 급식하거나, 일정한 주기를 두고 공평하게 순번을 정해서 운영하기도 한다.

학생들에게 인기가 있는 메뉴가 나오면 급식 시간이 길어지기도 하고 정해진 순서를 지키지 않거나 급식 마감 시간이 지나서 급식을 요청하는 등 다양한 학생들을 볼 수 있다. 더 먹고 싶은 경우에는 자신의 식판을 들고 다시 배식대로 가서 음식을 더 받을 수 있고 배식받은 음식은 최대한 남김 없이 먹고, 남긴 음식은 국그릇에 모아 담으며, 자신이 앉았던 자리 주변에 흘린 음식은 잔반 그릇에 담아 자리를 정돈하는 등 다양한 배움이 있는 곳이기도 하다. 메뉴가 마음에 들지 않아 급식을 거르거나 식탐으로 많은 음식을 받아서 원하는 음식만을 먹고 편식하는 학생 등은 관심이 필요하다.

03

자유학년제 똑똑하게 활용하기

자유학년제는 중학교 1학년 동안 지식·경쟁 중심에서 벗어나 학생 참여형 수업을 하고 학생의 소질과 적성을 키울 수 있는 체험활동을 중심으로 교육과정을 운영하는 제도이다. 학생들이 1년 동안 시험의 부담 없이 꿈과 끼를 찾을 수 있도록 돕고, 교육과정을 유연하게 운영하여 참여형 수업과 체험활동이 가능하게 만드는 목적이 있다. 중학교 1학년 때는 중간고사와 기말고사를 보지 않고 토론과 실습 위주의 참여형 수업과 직장 체험활동 같은 진로 탐색 교육을 한다. 기존의 '자유학기제'를 확대한 것으로, 중학교 입학과 동시에 중학교 생활에 적응을 돕는다는 의미가 있었으나, 2025년에 자유학년제를 폐지하고 다시 자유학기제를 시행할 것이라 예고되어 학부모의 혼란은 커지고 있다. 일부 지역은 당장 2023년에 중학교 1학년부터 시험을 볼 것이라고 발표하고 있다.

자유학기제는 중학교에서 한 학기 동안에 학생 참여형 방식의 수업으로 자유롭게 활동할 수 있는 환경을 만들어 놓는 것이다. 자유학기제가 시행되는 학기에는 주로 오전에는 교과 수업을 진행하고 오후에는 자유학기활동을 한다. 자유학년제는 자유학기제와 마찬가지로 학생이 자율성을 갖고 학업에 임하는데 중학교 1학년 동안에 진행하는 것이 일반적이지만 모든 중학교가 같은 방식으로 운영하지는 않는다. 지역이나 교육청, 학교마다 각기 다른 운영 계획을 세워 시행한다.

자유학년제는 '교과'와 '자유학년 활동'으로 구성된다. 교과 수업은 국어, 사회, 수학, 과학, 기술가정, 정보, 체육, 음악, 영어, 보건 등으로 운영한다. 자유학년 활동은 주제선택, 예술·체육, 동아리, 진로 탐색 4가지 영역으로 운영의 개요는 아래와 같다.

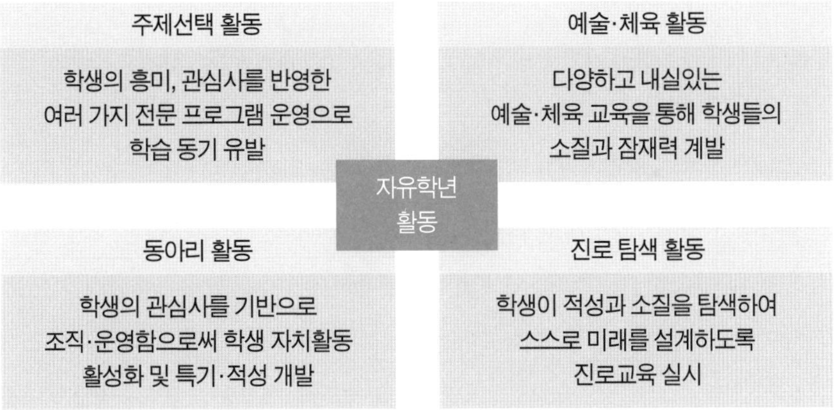

자유학년제에서는 총괄식 지필평가는 실시하지 않고 교수-학습 과정 중에 아래 보기와 같은 평가를 실시하여 학교생활기록부에 서술식으로 기록한다.

평가방향	평가유형
• 관찰, 토론, 협동학습, 체험 등 수업 개선 에따른 과정 중심 평가 • 진로직업 탐색 관련 다양한 교과 통합적 인 평가 *교과협의회, 학업성적관리위원회 심의	• 자기성찰, 소감문 평가 • 관찰, 토의, 토론 평가 • 조사 보고서 평가 • 면접, 질문지 평가 • 과제, 작품, 포트폴리오, UCC 제작 평가

자유학년제에 대한 이해를 돕기 위해 학교에서 1학기 동안 운영한 프로그램을 아래와 같이 제시해 본다. 아래 표는 자유학년제를 이해하기 위한 용도이고 실제 계획과 운영은 다르다.

◈ 운영시간표 예시

<table>
<tr><th>요일
시간</th><th>월</th><th>화</th><th>수</th><th>목</th><th>금</th></tr>
<tr><td>1교시</td><td colspan="5" rowspan="4">★ 교과활동(28시간)
국어(4시간), 사회(3시간), 수학(3시간), 과학(3시간), 기술·가정(3시간),
정보(1시간), 체육(2시간), 음악(2시간), 영어(3시간)</td></tr>
<tr><td>2교시</td></tr>
<tr><td>3교시</td></tr>
<tr><td>4교시</td></tr>
<tr><td>5교시</td><td rowspan="2">주제선택
(2시간)</td><td rowspan="2">진로 탐색
(2시간)</td><td>교과활동</td><td rowspan="2">교과활동</td><td rowspan="2">예술·체육
(2시간)</td></tr>
<tr><td>6교시</td><td rowspan="2">동아리
(2시간)</td></tr>
<tr><td>7교시</td><td></td><td></td><td></td><td></td></tr>
<tr><td colspan="6">*자유학기 활동(8시간) : 주제선택(2시간), 예술·체육(2시간), 진로 탐색(2시간), 동아리(2시간)</td></tr>
</table>

◈ 주제선택 프로그램 예시

프로그램명		시간	활동 내용	주요 활동
1	개념완성 국어문법	17	중학교 수준의 국어문법을 체계적이고 심층적으로 학습하기	포트폴리오
2	문집 만들기	17	독서 및 매체 활용을 통한 자기 탐색을 바탕으로 자신의 특성 및 진로 등에 대해 창의적으로 문집에 표현하는 활동	포트폴리오
3	영국영어 미국영어	17	새로운 지문이나 상황에서 접한 표현을 통해 영국식 영어와 미국식 영어의 특징을 비교해보기	포트폴리오
4	정답을 넘어서는 토론·논술	17	다양한 과학 문제에 대해 토론, 논술을 통해 문제를 해결하면서 과학에 대한 흥미를 높임.	토론·논술
5	펀펀(fun fun)한 과학	17	과학 탐구 및 체험 활동을 통해 학생들의 과학적 사고력, 문제해결력, 과학적 태도를 기름.	과학 체험
6	엑셀-수학	17	엑셀 프로그램을 활용하여 자료의 평균을 구하고 자료의 분포 상태를 차트로 만들기	포트폴리오
7	실생활 통계	17	실생활에 퍼져있는 통계자료를 분석하고 엑셀을 이용하여 직접 통계작품을 만들기	포트폴리오
8	주거 공간 구성	17	구상한 주거 공간을 설계도로 표현하고 입체 모형 만들기	작품 제작
9	중국과 친해지기	17	일상생활과 관련된 중국 문화를 이해하고 다양한 활동을 통해 중국 문화를 체험함.	포트폴리오
10	예술컴퓨팅	17	구리테이프, LED, 빛 센서 등 피지컬 컴퓨팅 도구를 프로그래밍을 통해 제어하여 빛나는 헬리콥터, 자동차, 팝업카드 등 다양한 예술 작품 제작	작품 제작
11	문서 작성의 신	17	문제 해결에 필요한 문서를 효과적으로 작성하기	포트폴리오

◈ 진로선택 프로그램 예시

프로그램명		시간	활동 내용	주요 활동
1	진로독서활동	17	사회변화에 대한 도서를 읽고 사회변화에 대응하기 위한 자세, 준비에 대해 토의·토론하기 롤 모델을 정하고, 진로 선택과정 및 직업 생활에 대한 정보를 탐색하여 발표하기	토론·발표
	진로진학경로 탐색	17	잠정적인 진로 목표와 관련된 다양한 교육, 진로 경로를 계획하고 자신이 원하는 진로와 진학 탐색하기	포트폴리오

◈ 예술·체육 프로그램 예시

프로그램명		시간	활동 내용	주요 활동
1	뉴스포츠	17	뉴스포츠(티볼, 스포츠스태킹) 활동에 필요한 경기 기능과 방법을 탐색하고 참여하여 체력 단련하기	실기
	발야구 및 뉴스포츠	17	창작댄스 활동의 의미를 정확하게 이해하고 안무를 구사하기, 스포츠스태킹을 정확한 동작으로 수행하기	실기
2	종합체육	17	스포츠 이론의 이해, 스포츠 경기별 기능, 규칙, 전술을 이해하고 움직임 기반 신체 활동으로 인한 건강한 체력 만들기	실기

◈ 동아리 프로그램 예시

프로그램명		시간	활동 내용	주요 활동
1	보석십자수	17	도안에 따라 보석십자수를 꼼꼼하게 완성하기	작품 제작
2	하이킹사진반	17	자연을 감상하고 풍경과 인물을 사진 촬영하며 자연을 사랑하는 마음 기르기	포트폴리오
3	애니메이션의 과학	17	애니메이션 속에 존재하는 과학의 모습을 직접 확인하고, 토론을 통해 과학적 사실과 삶에 대하여 알아보기	토론·논술
4	캐릭터 창작반	17	캐릭터에 관하여 탐구하고 흥미 있는 분야를 탐색하기	포트폴리오
5	프랑스자수	17	프랑스자수 기본 스티치 기법을 활용하여 자신의 자수 작품 만들기	작품 제작
6	세계의 건축물	17	세계의 유명 건축물을 주제에 맞게 제작하기	작품 제작
7	IT다	17	온라인 플랫폼의 기능을 익히고 문제 해결에 효과적으로 활용하기	포트폴리오
8	토탈 공예	17	다양한 재료를 활용하여 미니어처 작품을 구상하여 작품 제작하기	작품 제작
9	명화 그리기	17	미술 작품을 감상하고 명화 그리기	작품 제작
10	바리스타	17	바리스타 직업에 관해 알아보고, 다양한 도구를 이용하여 커피 추출 및 커피 메뉴 제작, 그에 어울리는 디저트 만들기	작품 제작
11	쇼콜라티에	17	다양한 종류의 초콜릿에 대해 알아보고, 직접 초콜릿이 들어간 디저트 만들기	작품 제작
12	놀이문화 체험	17	점 잇기와 보드게임과 같은 건전한 놀이문화 체험하기	포트폴리오

자유학년제는 지식 전달 위주의 교육에서 학생의 활동과 체험을 중시하고 과정 중심 평가 시스템으로의 전환을 시도한 의미 있는 교육정책이다. 그러나 중학교 1년간 빈부격차로 인한 교육 양극화의 심화와 학업 적응 능력을 떨어뜨린다는 비판 속에 정책의 변화가 예고되었다. 또한 학부모의 학창 시절 교육 경험과는 다른 학사운영과 사교육 유발 요인은 학부모의 불안을 증대시킨다.

그렇다면 자유학년제는 어떻게 변화할 것이고 학부모는 어떻게 대응해야 할까? 결론부터 말하면 학부모는 자유학년제가 어떻게 변화할지 신경쓰지 말고 자녀의 중학교 생활 적응과 자기 주도적 학업 능력을 신장시키기 위한 계획을 세우고 실행하라고 말하고 싶다. 자유학년제는 프로그램을 진행하기 전에 학교에서 설명을 잘해준다. 정책의 변화와 내실 있는 운영은 학교의 몫이다. 학생과 학부모는 중학교 학습에서 필요한 교과 지식을 익히면서 중·장기 학업 계획을 세워서 학습 의지를 키우고 학습 방법을 찾아 자신에게 적합한 학습 전략을 실행해 나가야 한다.

자유학년제는 중학교 생활 적응, 즐거운 학교생활 경험, 활동 중심 능력 배양, 다양한 체험과 진로 탐색을 하면서 개인 맞춤식 학업 능력 신장 프로그램을 진행하면 좋다. 고등학교에서의 학업 부담과 대입 경쟁에서 성공하려면 중학교 1학년은 진로 진학을 결정하는 중요한 시점이다. 국, 영, 수 기초 교과에 대한 선행과 심화 학습을 하면서 폭넓은 독서로 미래의 꿈을 설계하는 시간으로 활용할 필요가 있다. 자유학년제의 의미는 좋지만, 중학교에서 수학과 영어 학습에 더욱 신경을 써서 기초를 탄탄하게 다져야 하는 것이 현실이다. 물론 교과 공부가 다는 아니다. 더 중요한 것은 자신의 진로에 맞는 다양한 체험활동과 관심 분야의 능력을 배양하는 일일 것이다. 중학교 생활에서 자기관리와 학업 능력을 키우면서 꿈과 끼, 흥미와 재능을 발견하고, 도전하는 진취성과 자기 주도성을 키우는 시간이면 좋겠다.

자유학기제는 중학교 6학기 중 한 한기, 자유학년제는 중학교 1학년을 자율활동 방식으로 교육과정을 운영하는 것이다. 학생이 자유롭게 진로를 탐색하며 이에 맞는 능력을 키우는 교육 과정이지만, 학업에 대한 공백이 커져서 학부모는 더 불안해한다. 결국 2025년에는 자유학년제 폐지가 예고되었고 일부 교육청에서는 발 빠르게 변화에 대응하고 있다. 고등학교에서 시행하고 있는 고교학점제도 이와 비슷한 상황에 놓여 있다.

이론적으로는 교육정책의 변화에 능동적으로 대응하는 것이 좋다고 한다. 그러나 이런 논리는 결국 교육정책의 변화를 반영해서 우리 사교육 기관이 준비한 프로그램이 있으니 지금이라도 참여하는 것이 좋다는 권고 정도로 들린다. 자유학기제와 자유학년제의 변화를 주목하기보다는 중학교에서 학업의 기초를 탄탄히 하고 자기주도적학습 습관을 형성해야 학년이 올라갈수록 학습 효과가 나타난다는 평범한 진리를 생각하는 것이 낫다. 오히려 정책의 변화와 단기적인 평가 결과에 연연하지 말고 장기적 안목을 갖고 성실하게 학교생활에 충실할 것을 권하고 싶다.

04

학교생활기록부 150%로 관리하는 법

학교생활기록부는 학생의 학교생활을 기록한 공적인 문서이다. 학교에서 같은 교육과정을 이수했어도 개개인의 학교생활기록부는 분명한 차이가 있다. 1학년 때의 기록을 2학년 때 수정할 수 없기에 매 학년 학교생활에 충실해야 하고, 그때그때 필요한 사항을 잘 챙겨야 한다. 학생부가 좋다는 것은 그만큼 학교생활에 충실했다는 것을 의미한다. 특목고 진학을 고려한다면 학교생활을 더 내실 있게 해야 하고 그러한 활동이 학생부에 기록되도록 신경을 써야 한다.

학생부는 교과영역과 비교과영역으로 나뉜다. 교과영역은 3년 동안 배운 교과목의 성적을 보여준다. 그리고 수업 시간의 활동과 특이사항을 교과 지도교사가 교과별 세부 특기사항에 기록한다. 학생부에서 교과성적보다 중요한 것은 없다. 특히 특목고를 진학할 학생은 고입전형에서 반영하는 교과성적은 절대적으로 반드시 챙겨야 한다. 예를 들어 국제고와 외고로 진학한다면 영어 교과성적 관리는 필수적인 사항이다. 학생부 비교과 영역은 출결, 창의적 체험활동과 행동특성 및 종합의견이 중심이다. 창의적 체험활동은 자율활동, 동아리 활동, 봉사활동, 진로활동으로 구분한다. 창의적 체험활동에서 학생의 진로 역량과 자기 주도성이 잘 드러나기에 전체 학생과 똑같은 기록이 아니라 자신만의 특별한 활동을 기록하기 위해 노력해야 한다. 매 학년이 중요하겠지만 1학년 때는 국, 영, 수의 기초를 탄탄히 하면서 심화 학습을 진행하고 2학년 때는 내신 관리와 진로와 관련이 있는 비교과 활동도 신경을 써야 한다. 학교에서 유사 진로를 희망하는 학생들과 협력하며 프로젝트를 수행하고, 동아리 활동을 통해 진로와 관련된 교과를 심화 탐구하는 것이 좋다.

학교생활기록부는 학생이 학교생활을 어떻게 했는지에 대해 기록한 문서이다. 학생이 학교생활을 어떻게 하느냐, 학교생활기록부의 내용이 어떻게 펼쳐지느냐에 따라 고입 결과가 달라진다. 나아가 졸업 이후 50년 동안 보관하는 장부이기에 졸업 이후 성인이 되어 활용될 여지가 남아 있다.

학교생활기록부에는 어떠한 내용이 있는지 주요 사항을 정리하면 아래와 같다.

인적사항과 생년월일

중학교에 배정되면 출신 초등학교에서 학생의 인적사항 자료를 중학교로 보낸다. 간혹 동명이인이 있거나 자동 입력을 하면서 오류가 생길 수도 있으니 1학년 초기에 담임교사가 인적사항을 보여줄 때 본인의 신상정보를 확인만 하면 된다.

출결사항

학교에 출석하는 수업일수는 매년 190일 이상이고 등교하지 않으면 결석이다. 결석은 미인정, 질병, 기타 사유가 있는데 미인정인 경우는 '무단'과 같은 의미이다. 아프거나 사유가 있다면 담임선생님과 상의하고 필요한 서류를 제출하면 된다. 중간에 집에 가는 조퇴, 늦게 등교하는 지각, 수업을 듣지 못하면 결과도 마찬가지로 질병, 미인정, 기타로 나뉜다. 대부분 학생은 미인정 결석은 하지 않으려 한다. 질병으로 개근하지 못하거나 특별한 사유가 있다면 증빙서류를 제출하면 된다. 출석 인정의 대표적인 경우는 경조사, 법정 전염병, 교외 체험학습이고 증빙서류가 필요하다.

3학년 때 고입 원서를 작성할 때도 미인정인 경우만 감점이 된다. 예를 들어 1, 2, 3학년의 출결 상황을 합산 처리하여 미인정(무단)에 대한 감점이 생기는 것만 주의하면 된다. 지각, 조퇴, 결과가 3회이면 1일 결석으로 계산한다.

결석 일수	출석 성적	결석 일수	출석 성적
0	21점	5~6일	18점
1~2일	20점	...	...
3~4일	19점	21일 이상	10점

수상경력

재능과 능력을 보여주는 곳이다. 학업의 우수성(교과우수상), 인성(봉사상, 모범상, 선행상 등), 다양한 소질과 적성(대회 수상)의 기록으로 채워진다. 교내수상만 기록이 되는데 이 또한 고등학교 진학에 제공되지 않거나, 학기당 1개 즉 최대 6개 상만을 사용할 수 있다. 대회에 참가했다거나 대외상 수상실적은 학생부의 그 어디에도 기록되지 않는다. 상을 받기 위해 많은 대회에 참가하면서 시간 낭비할 필요는 없다. 그러나 진로와 관련이 있는 관심 분야이고 진로를 확장하는 데 도움이 된다면 즐겁게 참여하는 것도 권장할 일이다. 1학년 자유학년제 때 대회에 참가하면서 입상을 위해 노력하는 과정에서도 성장하고 진로를 탐색하는 데 도움이 될 것이다.

수상경력은 고입 내신성적 산출에 큰 영향을 미치는 영역이기도 하다. 내신성적으로 고등학교를 진학하는 지역에서는 내신성적 산출 항목으로 교과성적 이외에 출결사항과 창의적 체험활동의 각 영역을 점수화하여 반영하는데 각종 교내대회에서 수상한 경우에는 자율활동 영역에서, 모범상, 선행상, 효행상 등을 수상한 경우에는 행동발달 영역에서, 봉사상을 수상한 경우에는 봉사활동 영역에서, 진로 탐색과 관련된 대회에서 수상한 경우에는 진로활동 영역에서 학년별 기본 점수에 등급, 횟수와 관계없이 수상한 학년에 가산점 1점을 부여받게 된다. 이는 고등학교 진학을 위한 내신성적 산출에 큰 영향을 미치므로 교과성적을 위해 충실히 관리할 필요가 있다.

자율활동

자율활동은 학교와 학급에서 이루어지는 활동이다. 학교 교육 계획에 의해 운영되지만 학생이 자율적으로 참여하는 활동으로 학생회, 학급회, 학급 행사, 예방 교육, 현장 체험활동, 수학여행, 수련활동 등이 있다. 학교에서 주최하는 강연, 체험활동 등은 학생의 자율적 참여라는 취지가 약해서 큰 의미가 없다. 학교 학생회, 대의원회, 학년 조직 활동, 각종 도우미 활동 등이 있는데, 중요한 것은 그 자리와 역할이 아니라 학생이 자율적으로 활동하게 된 동기와 과정 및 활동을 통한 성장이다.

자율활동은 주로 학급에서 이루어진다. 학급회 조직에서 회장, 부회장, 부장, 부원 등 맡은 역할을 수행하는 활동이다. 형식적인 편성과 직책은 의미가 없고 학급 친구들과 협력해서 이뤄낸 창의적인 활동이 있다면 좋다. 학급에서 꿈과 진로가 비슷한 친구들과 모둠을 만들고 활동하는 것은 학생부 기록을 빛나게 하고 학급 생활에 활력을 준다. 학급 자치회 활동, 단합 행사, 청소, 체육대회, 축제 등에 참여하는 활동도 있다. 그리고 학급에서 정보, 보건, 환경, 학습, 급식, 멘토링 등 각종 도우미로 활동하는 것도 의미가 있다. 요즘은 학급 단위로 특색 사업을 강조하는 추세이다. 예를 들면 '나의 진로 발표하기', '독후 감상 발표하기', '버킷리스트 영상 만들기' 등 다양한 활동을 할 때 적극적으로 참여하는 것이 좋다. 학급에서 이루어지는 활동이 많고 학교나 대외적인 행사는 의미가 약해졌다. 친구들과 즐겁게 자기 주도성을 키우는 활동으로 생각하면 좋다.

동아리 활동

동아리 활동은 학교 교육 계획에 의해 편성되는 정규 교육과정 동아리와 학생들이 자율적으로 조직하여 운영하는 자율 동아리로 나뉜다. 정규 동아리는 하나의 부서에만 편성되고 1년 또는 1학기 동안 활동한다. 학생의 참여, 협력, 열의, 실적 등을 교사가 관찰하여 학생부에 반영한다. 자율 동아리는 학생이 희망하면 학교에 일정 절차를 거쳐 등록하고 자유롭게 활동할 수 있다. 자율 동아리는 많은 활동을 해도 학생부에는 하나의 동아리만 입력할 수 있다.

정규 교육과정 안에서 학교스포츠클럽 활동을 할 수 있다. 학교마다 스포츠클럽 활동을 통해 학교폭력 문제를 완화하고 건강한 인성을 함양하기 위해 실시하고 있다. 주로 1학년 자유학년제의 예술·체육 활동과 연계 운영을 하는데 학교에서 정해놓은 스포츠 종목에 학생들의 희망을 반영하여 운영한다. 동아리 활동은 학생의 활동 중심으로 운영되어야 하지만 아직도 교사와 교과 중심으로 편성된 학교가 있어서 아쉽다. 과거에 학생들은 친한 친구들과 취미 중심으로 동아리를 선택했지만, 지금은 진로를 고려하여 동아리를 결정한다. 동아리 활동으로 자기 주도적 학습 능력과 탐구 능력, 협업과 문제 해결력 등을 키우며 진로를 탐색한다.

봉사활동

봉사활동은 언제, 어디서, 어떤 활동을 몇 시간 했는지를 학생부에 기록한다. 봉사활동은 인성의 중요한 영역이다. 다른 사람을 배려하고 어려운 사람을 돕고 협력하는 것은 교육적으로 대단히 의미가 있는 활동이다. 그러나 배움과 나눔, 협력의 가치는 이제 학교가 아니라 가정과 사회에서 개인이 배우고 실천할 영역이 되었다.

봉사활동 실적은 고입 내신 성적에 일정 점수가 반영되는 정도이고 특목고에 진학하는 학생의 경우에는 활동의 의미를 학생부에 살릴 필요가 있다. 봉사활동은 학년 초에 학급 담임을 통해 정확하게 안내받아야 한다. 실적을 기록하는 것이기에 절차와 과정이 필요하다. 고입 내신 전형에서 지역이나 학교에 따라 다르지만, 연간 봉사 시간이 필요하다. 예를 들면 연간 봉사 시간이 20시간 이상이면 봉사점수 4점을 받고, 11시간~19시간은 3점, 11시간 미만이면 2점을 받는다. 그리고 봉사상 수상자는 가산점 1점을 받는다. 따라서 1년간 20시간 이상의 봉사를 하고 봉사상을 받으면 5점을 받게 되므로 3년간 봉사 영역으로 받을 수 있는 최대 점수는 15점이다.

진로활동

진로활동은 학교에서 주최하고 주관한 진로 탐색과 관련된 활동이다. 진로지도와 관련된 상담 및 관찰과 평가 내용으로 진로 검사, 특별 강연, 진학 프로그램, 진로 체험활동 등이 포함된다. 진로활동은 자기 이해 활동, 진로 탐색 활동, 진로 설계 활동으로 학년 초에 주로 진로 검사와 진로 진단을 하고 학교 교육계획에 의해 진로와 직업을 탐색하는 프로그램을 시행한다. 진로활동은 담임교사가 학생부에 기록한다. 좁게 보면 창의적 체험활동의 한 영역이지만, 자신의 진로를 개척하는 적극적인 의미로 해석하고 다양한 활동을 능동적으로 개척할 필요가 있다. 수업과 연관된 진로

활동, 학급에서 진로를 개척한 자율활동 그리고 진로 분야를 심화 탐구한 동아리 활동, 독서와 자료 수집 활동 등 다양한 분야에서 진로와 연결하여 학생부에 반영하는 방법을 생각해야 한다.

교과학습 발달상황과 세부능력 및 특기사항

학생부 기록이 축소되고 입시에서 공정성을 강조하면서 더욱 중요해진 분야이다. 학업성취도가 드러나는데 학년으로 올라가면서 성적이 상승하면 더 좋을 것이다. 그러나 하락이 있다면 원인을 분석하고 개선하려는 대책을 세워야 한다. 평소에 어떠한 방법으로 공부해 왔는지 생각하고 성적이 하락할 때 해결책을 세워야 한다. 특히 국어, 영어, 수학 교과의 성적이 탄탄해야 학년이 올라가도 고생을 덜하게 되고 원하는 고등학교 진학을 하는 데 지장이 없다. 절대평가를 하여 성취도 A에 만족하지 않고 내실 있게 공부하는 것이 좋다. 특정 과목만 잘하거나 흥미가 없다고 포기하는 과목이 생기면 곤란하다. 학업성취도는 곧 학생의 성실성을 보여주는 가장 중요한 지표이다.

교과별 세부능력 및 특기사항은 교과 담당 교사가 성적이나 교과 활동이 우수한 개인의 특성을 상세하게 기록한다. 수행평가나 수업 시간에 활동한 학생의 특별한 사항을 관찰하고 기록한다. 수업 시간에 질문과 토론에 적극적으로 참여하고 친구들과 프로젝트를 수행한 활동도 의미가 있다. 진학하고자 하는 분야와 관련이 깊은 교과에서 교사의 긍정적인 언급이 있다면 고입에서 유용하게 활용된다.

독서활동

다양한 독서는 사고력과 배경지식을 증명하는 중요한 활동이다. 인문, 사회, 과학, 예술 등 다양한 분야에 걸쳐 독서활동을 하는 것이 바람직하다. 거기에 자신의 진로와 관련된 독서활동의 집중도 필요하다. 독서활동을 잘하지 않으면 고학년으로 갈수록 학업 수행이 어려워진다. 고등학교와 대학교를 생각하면 더더욱 독서는 중요하다. 독서의 파괴력은 학년이 올라갈수록 강하다는 것을 실감하게 된다. 고등학생이 되면 생각보다 독서 시간을 확보하기가 어렵다. 틈을 내서 독서하고 그 활동을 독서교육종합지원시스템에 잘 기록하면서 독서 습관을 기르는 것이 좋다.

초등학교에서는 담임교사가 학생의 독서기록장을 살펴주고 독서활동을 독려했을 것이다. 그러나 중학생이 되면 일정한 독서기록장도 없고 담임교사가 일일이 독서를 챙겨주지도 않는다. 학교마다 독서활동을 확인하는 양식이 다르다. 중학교에 입학하거나 1학년 초기에 독서활동을 어떻게 해야 하고 어떤 절차를 거쳐야 학생부에 기록되는지를 안내한다. 독서 정보와 책을 읽은 동기, 인상에 남는 문장, 느낀 점과 배운 점 등을 학생이 작성해서 교사가 확인한 후 학생부에 기록한다. 국어 시간에는 독서활동이 교과 활동에 들어와 있고 모든 교과 담당 교사는 해당 과목에서 학생이 책을 읽은 활동을 학생부에 기록할 수 있다. 특정 교과와 관련이 없는 공통 독서활동은 담임이 입력한다.

행동특성 및 종합의견

담임이 학생의 행동과 활동 등을 관찰하고 누가 기록하여 학생을 종합적으로 평가하는 항목이다. 학생의 1년간 학교생활을 객관적으로 평가하고 보여주는 기준이 된다. 학생의 전반적인 학교생활의 우수함과 아쉬움이 드러나는 부분이다. 담임교사의 기록으로 일종의 추천서 형식을 띤다. 주로 학급에서 학생이 보여 준 자율활동, 인성, 교우 관계, 진로활동, 독서활동, 교과별 학습과 세부능력 및 특기사항 등 모든 영역의 활동을 종합하여 학생의 성장과 변화를 기록한다. 담임교사가 잘 써 주기를 바라기보다는, 학교생활을 잘해야 좋은 행동특성 및 종합의견이 된다는 것을 명심해야 한다.

05

고교학점제, 어떻게 대비할까?

고교학점제는 고등학생들이 적성과 희망 진로에 따라 필요한 과목을 선택하고 기준학점을 이수하면 졸업을 인정받는 제도이다. 고등학생이 대학생처럼 수강 신청한 교실을 찾아다니며 수업을 듣고 학점을 채우면 졸업한다는 것이다. 고등학교 교육이 획일적으로 운영되는 문제점을 개선하고 학생 개인의 진로와 적성에 따라 맞춤식 교육과정을 제공한다는 취지이다. 그렇지만 고교학점제를 정착시키기 위해서는 해결해야 할 많은 문제점이 있다. 고교학점제는 수업방식과 학교 시설 확충, 교원 수급 등의 문제뿐 아니라 대입전형과 맞물려 있고 교육 정책 입안자들의 의견이 달라 당분간 추진력이 약해질 가능성이 크다. 따라서 중학교 학생과 학부모들은 미리 걱정할 필요가 없다. 고교학점제가 지금 고등학교 교육에서 화두이기는 하지만 언론이나 일부 업체에서 말하는 만큼 중요하지는 않다. 고교학점제를 과대 선전하고 학부모의 위기의식을 조장하는 것에는 나름의 이유가 있을 것이다. 교육 당국과 학교는 고민할 문제가 많다. 그러나 학부모는 자녀가 다니는 학교에서 제공하는 교육과정을 이해하고 선택과목을 결정할 때 좀 더 신경을 쓰면 그것으로 충분하다. 그런 점에서 아래의 내용은 참고 자료로만 활용하면 될 것이다.

고교학점제에서 고등학생의 고민은 선택과목에 따라 달라지는 평가와 대입에서의 영향일 것이다. 고등학교는 원점수·평균·표준편차 등 상대평가 점수와 절대평가에 따라 산출된 학업성취도를 학생부에 동시에 기록하고 있다. 그런데 고교학점제가 시행되면 수강 인원이 적어질수록 좋은 등급을 받기 어려워지고, 성적이 높은 학생들이 몰리는 과목은 수강 신청을 피하는 현상이 나타나게 될 것이다. 교육부가 내신을 현행 9등급 상대평가에서 절대평가인 성취평가제로 바꾸기 위해서는 대입제도의 개선과 고교체제를 연계해서 종합적으로 검토한다고만 말하고 있다. 고교학점제가 어떤 방향으로 흐를지 예단할 수 없고 방향을 잡기 위해 당분간 논쟁은 지속될 것이다.

고등학교 현장에서 느끼는 고교학점제는 학생의 선택권이 늘어나고 있다는 것 정도이다. 현 교육과정에서 문과와 이과라는 구분은 없다. 인문·사회계열을 희망하는 학생은 영어와 사회 교과에 가중치를 두고, 자연·이공 계열 학생은 수학과 과학 과목에 치중하고 있다. 대부분의 일반계고등학교는 1학년 때 공통과정을 운영하고, 2학년 때 계열에 따라 교과목 군에서 과목을 선택하고 세분화한 심화 진로 과정을 결정한다. 고교학점제의 시행에 따라 자녀의 교과목 선택이 걱정된다면 자녀가 다니는 고등학교의 교과과정을 미리 살펴보는 것도 의미가 있다. 고교를 선택할 때, 미리 몇 개 고등학교의 교육과정을 살펴보는 것도 좋다. 학교 알리미 사이트(www.schoolinfo.go.kr)나 고등학교 홈페이지에서 교육과정을 쉽게 찾아보고 다운로드할 수 있다. 가능하면 자녀가 자료를 직접 검색하여 3년간의 교육과정을 기록해 가면서 3년간 교육과정을 예비로 선택해 보고 대학 입시와 장래 진로를 설계해 보는 시간을 갖는 것도 좋은 일이다. 만약 자녀가 다니게 될 고등학교에 원하는 과목이 개설되지 않는다면, 학교 간 연계 교육과정, 대학과 연계한 교육과정이 많이 개설되고 있으니 이를 적극적으로 활용할 것을 권한다. 주로 평일 늦은 시간이나 휴일에 수업을 진행하고 있고 온라인으로 운영하는 강의도 많아지고 있다. 프로그램을 시작하기 전에 학교에서 학생에게 설명하고 가정통신문을 발송하는 절차를 거친다.

학생들은 선택과목이 어느 정도 입시와 관련이 있을지 고민한다. 하지만 대입 정시는 이와 관련이 없다. 오히려 고교학점제와 무관하게 수능 공부에만 매달리면 된다. 고교학점제와 수능 정시 비율 증가는 엇박자로 맞지 않는다. 수시는 정시와 좀 다르다. 수시 교과전형의 경우 교과를 선택한 학생 수와 평가방식에 영향을 받는다. 지금처럼 좋은 등급을 받기 위해 학교 시험을 대비하는 방식으로 공부해야 교과전형에 유리하다. 그러나 학생부종합전형에서는 선택과목이 중요하다. 이공계 진학을 희망하면 수학과 과학 교과를 이수하고 인문학 분야로 진출하는 학생은 언어와 사회 교과 과목을 신경 쓴다. 컴퓨터 공학을 공부하는 학생은 수학과 물리학 분야를 선택하고 국제통상을 공부하는 학생은 외국어와 사회 교과목에 관심을 둔다.

결론적으로 중학교 학생이나 학부모는 고교학점제를 신경 쓸 필요가 없다는 얘기다. 그보다는 고등학교에서 어떤 과목을 배우는지, 특목고 교육과정은 어떤지 아래의 내용을 참고하여 고등학교를 선택하는 데 도움받으면 좋을 것이다.

고등학교 교육과정은 교과(군)와 창의적 체험활동으로 편성하고 교과는 보통 교과와 전문 교과로 한다. 보통 교과는 공통 과목과 선택 과목으로 구분한다. 공통 과목은 국어, 수학, 영어, 한국사, 통합사회, 통합과학(과학탐구실험 포함)으로 하며, 선택 과목은 일반 선택 과목과 진로 선택 과목으로 구분한다. 전문 교과는 특목고에서는 전문 교과Ⅰ, 특성화고에서는 전문 교과Ⅱ를 운영한다. 전문 교과Ⅰ은 과학, 체육, 예술, 외국어, 국제 계열에 관한 과목으로 한다. 전문 교과Ⅱ는 국가직무능력표준에 따라 경영·금융, 보건·복지, 디자인·문화콘텐츠, 미용·관광·레저, 음식 조리, 건설, 기계, 재료, 화학 공업, 섬유·의류, 전기·전자, 정보·통신, 식품 가공, 인쇄·출판·공예, 환경·안전, 농림·수산해양, 선박 운항 등에 관한 과목으로 한다. 전문 교과Ⅱ의 과목은 전문 공통 과목, 기초 과목, 실무 과목으로 구분한다. 교과 이수 단위는 다음 표와 같다.

	교과 영역	교과(군)	공통 과목 (단위)	필수 이수 단위	자율 편성 단위
교과 (군)	기초	국어	국어(8)	10	학생의 적성과 진로를 고려하여 편성
		수학	수학(8)	10	
		영어	영어(8)	10	
		한국사	한국사(6)	6	
	탐구	사회 (역사/도덕 포함)	통합사회(8)	10	
		과학	통합과학(8) 과학탐구실험(2)	12	
	체육·예술	체육		10	
		예술		10	
	생활·교양	기술·가정/ 제2외국어/ 한문/교양		16	
	소계			94	86
창의적 체험활동				24	
총 이수 단위				204	

* 표에서 1단위는 50분을 기준으로 하여 17회를 이수하는 수업량이다. 1시간의 수업은 50분을 원칙으로 하되, 기후 및 계절, 학생의 발달 정도, 학습 내용의 성격, 학교 실정 등을 고려하여 탄력적으로 편성·운영할 수 있다.

* 공통 과목은 2단위 범위 내에서 감하여 운영할 수 있고 한국사는 6단위 이상 이수하되 두 학기 이상 편성하며 기초 교과 영역 이수 단위 총합은 교과 총 이수 단위의 50%를 초과하지 않아야 한다.

* 총 이수 단위는 고등학교 3년간 이수해야 할 '최소 이수 단위'를 의미한다.

보통 교과의 분류는 아래와 같다. 1학년에서는 공통 과목을 배우고 2학년에서 일반선택을 하고 진로 선택과정으로 심화 학습을 진행한다.

교과 영역	교과 (군)	공통 과목	선택 과목	
			일반 선택	진로 선택
기초	국어	국어	화법과 작문, 독서, 언어와 매체, 문학	실용 국어, 심화 국어, 고전 읽기
	수학	수학	수학Ⅰ, 수학Ⅱ, 미적분, 확률과 통계	실용 수학, 기하, 경제 수학, 수학과제 탐구
	영어	영어	영어 회화, 영어Ⅰ, 영어 독해와 작문, 영어Ⅱ	실용 영어, 영어권 문화, 진로 영어, 영미 문학 읽기
	한국사	한국사		
탐구	사회 (역사/도덕 포함)	통합사회	한국지리, 세계지리, 세계사, 동아시아사, 경제, 정치와 법, 사회·문화, 생활과 윤리, 윤리와 사상	여행지리, 사회문제 탐구, 고전과 윤리
	과학	통합과학 과학탐구 실험	물리학Ⅰ, 화학Ⅰ, 생명과학Ⅰ, 지구과학Ⅰ	물리학Ⅱ, 화학Ⅱ, 생명과학Ⅱ, 지구과학Ⅱ, 과학사, 생활과 과학, 융합과학
체육·예술	체육		체육, 운동과 건강	스포츠 생활, 체육 탐구
	예술		음악, 미술, 연극	음악 연주, 음악 감상과 비평 미술 창작, 미술 감상과 비평

생활·교양	기술·가정		기술·가정, 정보		농업 생명 과학, 공학 일반, 창의 경영, 해양 문화와 기술, 가정과학, 지식 재산 일반	
	제2 외국어		독일어 I 프랑스어 I 스페인어 I 중국어 I	일본어 I 러시아어 I 아랍어 I 베트남어 I	독일어II 프랑스어II 스페인어II 중국어II	일본어II 러시아어II 아랍어II 베트남어II
	한문		한문 I		한문II	
	교양		철학, 논리학, 심리학, 교육학, 종교학, 진로와 직업, 보건, 환경, 실용 경제, 논술			

아래의 전문 교과 I 은 과학고, 체육고, 예술고, 외국어고, 국제고에서 선택하여 이수하는 과목들이다.

교과(군)	과목			
과학 계열	심화 수학 I	심화 수학 II	고급 수학 I	고급 수학 II
	고급 물리학	고급 화학	고급 생명과학	고급 지구과학
	물리학 실험	화학 실험	생명과학 실험	지구과학 실험
	정보과학	융합과학 탐구	과학과제 연구	생태와 환경
체육 계열	스포츠 개론	체육과 진로 탐구	체육 지도법	육상 운동
	체조 운동	수상 운동	개인·대인 운동	단체 운동
	체육 전공 실기 기초	체육 전공 실기 심화	체육 전공 실기 응용	
	스포츠 경기 체력	스포츠 경기 실습	스포츠 경기 분석	
예술 계열	음악이론	음악사	시창·청음	음악 전공 실기
	합창	합주	공연실습	
	미술 이론	미술사	드로잉	평면 조형
	입체 조형	매체 미술	미술 전공 실기	
	무용의 이해	무용과 몸	무용 기초 실기	무용 전공 실기
	무용 음악 실습	안무	무용과 매체	무용 감상과 비평
	문예 창작 입문	문학 개론	문장론	문학과 매체
	고전문학 감상	현대문학 감상	시 창작	소설 창작
	극 창작			
	연극의 이해	연기	무대기술	연극 제작 실습
	연극 감상과 비평	영화의 이해	영화기술	시나리오
	영화 제작 실습	영화 감상과 비평		
	사진의 이해	기초 촬영	암실 실기	중급 촬영
	사진 표현 기법	영상 제작의 이해	사진 영상 편집	사진 감상과 비평

외국어 계열	심화 영어 회화 I	심화 영어 회화 II	심화 영어 I	심화 영어 II
	심화 영어 독해 I	심화 영어 독해 II	심화 영어 작문 I	심화 영어 작문 II
	전공 기초 독일어	독일어 회화 I	독일어 회화 II	독일어 독해와 작문 I
	독일어 독해와 작문 II	독일어권 문화		
	전공 기초 프랑스어	프랑스어 회화 I	프랑스어 회화 II	프랑스어 독해와 작문 I
	프랑스어 독해와 작문 II	프랑스어권 문화		
	전공 기초 스페인어	스페인어 회화 I	스페인어 회화 II	스페인어 독해와 작문 I
	스페인어 독해와 작문 II	스페인어권 문화		
	전공 기초 중국어	중국어 회화 I	중국어 회화 II	중국어 독해와 작문 I
	중국어 독해와 작문 II	중국 문화		
	전공 기초 일본어	일본어 회화 I	일본어 회화 II	일본어 독해와 작문 I
	일본어 독해와 작문 II	일본 문화		
	전공 기초 러시아어	러시아어 회화 I	러시아어 회화 II	러시아어 독해와 작문 I
	러시아어 독해와 작문 II	러시아 문화		
	전공 기초 아랍어	아랍어 회화 I	아랍어 회화 II	아랍어 독해와 작문 I
	아랍어 독해와 작문 II	아랍 문화		
	전공 기초 베트남어	베트남어 회화 I	베트남어 회화 II	베트남어 독해와 작문 I
	베트남어 독해와 작문 II	베트남 문화		
국제 계열	국제 정치	국제 경제	국제법	지역 이해
	한국 사회의 이해	비교 문화	세계 문제와 미래 사회	국제 관계와 국제기구
	현대 세계의 변화	사회 탐구 방법	사회과제 연구	

MEMO

중학교에 입학하면 배우는 과목이 늘어나고 수업 시간도 45분이 되면서 집중력이 요구된다. 달라진 학습 환경에서 중학생들이 어떻게 공부해야 하는지 국어, 수학, 영어, 사회, 과학 교과의 학습 방법에 대해 알아보자.

학습 방법은 학생 스스로 공부하면서 찾아가는 것이 중요하다. 3장에서는 각 교과의 성격과 목표 및 내용 체계를 알아보았다. 그리고 중학교에서 오랫동안 학생을 직접 지도한 교사가 학습 방법을 예로 제시했다. 학생 스스로 자신의 학습 방법을 찾고 공부한다면 고등학교에 진학해서 훨씬 더 효율적으로 공부할 수 있을 것이다.

Chapter 3

중학교 공부의 기술

01 공부의 기본이 되는 국어 교과 학습법

가. 국어 교과의 성격 및 목표

국어는 대한민국의 공용어로서 사고와 의사소통의 도구이자 학습의 중요한 토대이기도 하다. 학교 안과 밖에서 이루어지는 대부분의 학습은 국어를 통해 이루어지므로 국어 능력은 학습의 성패를 결정하는 중요한 요인이 된다. '국어'의 하위 영역은 듣기·말하기, 읽기, 쓰기, 문법, 문학이다. '국어'가 지니는 또 하나의 특성은 국어 교과가 다른 교과의 학습 및 비교과 활동과 범교과적으로 연계된다는 점이다. '국어'는 범교과적 내용이나 주제를 담은 담화나 글, 작품을 듣기·말하기, 읽기, 쓰기의 활동 자료로 활용한다.

국어 교과를 공부함으로써 ① 다양한 유형의 담화, 글, 작품을 정확하고 비판적으로 이해하고 효과적이고 창의적으로 표현하며 소통하는 데 필요한 기능을 익히고 ② 듣기·말하기, 읽기, 쓰기 활동 및 문법 탐구와 문학 향유에 도움이 되는 기본 지식을 갖추며 ③ 국어의 가치와 국어 능력의 중요성을 인식하고 주체적으로 국어생활을 하는 태도를 기르는 것을 목표로 하고 있다.

나. 중학교 국어 내용 체계

영역	핵심 개념	중학교 교과 내용
듣기·말하기	듣기·말하기의 본질	• 의미 공유 과정
	목적에 따른 담화의 유형 듣기·말하기와 매체	• 대화[공감과 반응] • 면담 • 토의[문제 해결] • 토론[논리적 반박] • 발표[내용 구성] • 매체 자료의 효과
	듣기·말하기의 구성 요소, 과정, 전략	• 청중 고려 • 말하기 불안에의 대처 • 설득 전략 분석 • 비판하며 듣기
	듣기·말하기의 태도	• 배려하며 말하기
읽기	읽기의 본질	• 문제 해결 과정
	목적에 따른 글의 유형 읽기와 매체	• 정보 전달, 설득, 친교 및 정서 표현 • 사회·문화적 화제 • 한 편의 글과 매체
	읽기의 구성 요소, 과정, 방법	• 내용 예측 • 내용 요약[읽기 목적, 글의 특성] • 설명 방법 파악 • 논증 방법 파악 • 관점과 형식의 비교 • 매체의 표현 방법·의도 평가 • 참고 자료 활용 • 한 편의 글 읽기 • 읽기 과정의 점검과 조정
	읽기의 태도	• 읽기 생활화하기

쓰기	쓰기의 본질	• 문제 해결 과정
	목적에 따른 글의 유형 쓰기와 매체	• 보고하는 글 • 설명하는 글[대상의 특성] • 주장하는 글 [타당한 근거와 추론] • 감동이나 즐거움을 주는 글 • 매체의 특성
	쓰기의 구성 요소, 과정, 전략	• 내용의 통일성 • 표현의 다양성 • 대상의 특성을 고려한 설명 • 고쳐쓰기[일반 원리]
	쓰기의 태도	• 쓰기 윤리
문법	국어의 본질	• 언어 기호
	국어 구조의 탐구와 활용	• 음운의 체계와 특성 • 품사의 종류와 특성 • 문장의 짜임 • 담화의 개념과 특성
	국어 규범과 국어생활	• 단어의 정확한 발음과 표기 • 어휘의 체계와 양상의 활용 • 한글의 창제 원리
	국어에 대한 태도	• 통일 시대의 국어에 대한 관심
문학	문학의 본질	• 심미적 체험의 소통
	문학의 갈래와 역사 문학과 매체	• 노래, 시 • 이야기, 소설 • 극 • 교술
	문학의 수용과 생산	• 비유, 상징의 효과 • 갈등의 진행과 해결 과정 • 보는 이, 말하는 이의 관점 • 작품의 사회·문화적 배경 • 작품의 현재적 의미 • 작품 해석의 다양성 • 재구성된 작품의 변화 양상 • 개성적 발상과 표현
	문학에 대한 태도	• 문학을 통한 성찰

다. 국어 교과 학습 방법

국어는 모든 학습의 기본이 되는 과목이다. 국어 교과는 학년이 올라갈수록 어려워지고 성적이 좋은 학생들도 특별한 학습 방법을 찾지 못하여 애를 먹는 과목이기도 하다. 따라서 중학교 입학 후 좋은 학습 습관을 형성하고 다른 교과 공부의 기본이 되는 국어 교과의 학습 방법을 익히는 것이 필요하다.

① 국어 공부는 어휘력 늘리기부터 시작하자

요즘 중학생들은 영상과 이미지를 친숙하게 받아들이면서도 글을 읽고 이해하는 문해력이 떨어져서 문자를 꺼리는 경향이 있다. 개인 통신 서비스나 유튜브 등에서 어법에 맞지 않은 언어가 난무하고 신조어가 등장하면서 중학생들의 어휘력은 정체되어 있다. 그렇지만 모든 교과와 시험에서 읽고 쓰는 것은 기본이다. 서술형 평가가 늘어나고 제시문을 독해하는 비문학이 등장하면 학생들은 더 큰 어려움에 직면한다.

영어 공부를 하는 데 있어서 단어를 외우는 것이 기초인 것처럼 우리 말의 어휘력을 신장하는 것에서부터 국어 공부가 시작된다. 우리 말과 교과서에는 한자어가 대다수여서 갑자기 중학교 공부를 어렵게 느낀다. 모르는 어휘가 나올 때마다 정리하여 꾸준하게 학습하는 습관을 들여야 한다. 특히 한자어와 고사성어를 암기하는 것이 중요하다. 고사성어의 한자 하나하나의 음과 뜻을 정확하게 숙지하고 유사어나 반의어도 익히면 좋다. 다른 교과를 공부하다가 낯선 어휘가 나오면 그냥 미루어 짐작하거나 대충 넘어가지 말고 확실하게 단어의 의미를 이해하는 것도 필요하다. 국어사전을 활용하면 좋겠지만 그것이 여의치 않으면, 스마트폰이나 컴퓨터에서 어휘를 찾아서 정리하고 예문까지 익히는 것이 좋다. 국어사전을 찾을 때 선생님께서 쓰신 예문까지 읽어 익히고 거기에 자신이 그 어휘를 활용하여 한 문장을 만들어보면 보다 확실하게 그 어휘를 자신의 것으로 할 수 있다. 국어 수업 시간에 선생님께서 어휘를 정리해 주는 학습지를 준다면 계속 활용하는 것이 좋다. 시중에 나와 있는 국어 어휘력 교재(예: ebs교재)를 구입하여 몇 번이고 반복해서 학습하는 것도 어휘력을 늘리는 데 좋은 방법이다. 모르는 단어를 무심코 지나치기 시작하면 고등학생이 되어 더 큰 어려움을 겪게 된다는 것을 명심해야 한다.

다른 과목도 그렇겠지만, 국어도 과목에서 주로 사용하는 '개념어'들이 있다. 문법만이 아니라 다른 영역에서도 등장하는 이런 용어들을 정확히 알아야 국어 교과서를 읽고 학습 활동을 하면서 시험문제를 풀 때 수월하다. 예를 들면 갈등, 서술자, 시점, 추론, 논증, 담화, 통일성, 응집성, 분류, 분석 등 이런 것들을 명확하게 익혀야 국어 공부의 기초 체력이 다져진다.

② 정독과 다독을 하면서 책을 읽는 습관을 기르자

대입 수능에서 수학 만점이 3,000명 정도이면 국어는 보통 30명 정도이다. 그만큼 국어 시험은 어렵다는 이야기다. 중학교 때 수업을 잘 듣고 자습서와 문제집을 통해 성실하게 공부하면 좋은 성적을 거둘 수 있지만, 고등학교 공부는 차원이 다르다. 열심히 공부하는데도 국어 성적이 잘 오르지 않고 특히 모의고사나 면접고사, 논술고사에서 성과를 내지 못한다면 초·중학교 시절 독서량이 부족했던 것이 원인이 될 수 있다. 결론부터 말하자면 고등학교 때 국어 성적을 잘 받고 대입에서 성공하려면 꾸준히 독서하는 습관을 들여야 한다는 것이다. 글을 읽고 문장과 글을 독해하는 연습이 되어 있지 않으면 모의고사나 수능에서 국어 영역의 긴 지문을 시간

내에 읽고 문제를 푸는 것이 어렵다. 초등학교 시절에 시간이 나서 책을 읽었다면 중학교 때는 시간을 억지로 만들어서라도 책을 읽어야 한다. 신문 기사나 잡지 등 짧은 글을 읽는 것도 좋고 도서관이나 서점을 자주 방문하여 책을 가까이하는 습관을 들여야 한다. 독서를 해야 생각하는 힘이 길러지고 문제 해결력이 커진다.

책을 읽을 때는 정독과 다독을 조화시켜야 한다. 자신이 좋아하는 분야의 책부터 시작하여 다양한 책을 읽으면서 교과서 외의 배경지식을 쌓아야 한다. 배경지식을 확보하는 독서가 되기 위해서는 책의 내용을 자기화하는 과정이 필요하다. 그냥 읽기만 하면 그냥 날아가는 것이 될 가능성이 크다. 친구나 가족과 함께 읽고 말이나 글을 쓰는 활동을 하든가, 자신의 삶 혹은 사회와 엮어서 생각해 보고 표현해 보는 것이 좋다. 그래야 의미 있는 성장을 가져오는 독서, 오래 남는 독서가 된다. 국어 수업에 '한 학기 한 권 읽기'가 들어와 있다. 대부분의 국어 선생님이 실제로 현장에서 읽기 수업을 한다. 이것도 학생이 활용해 보면 좋을 것이다. 학교에서 다룬 한 권의 책으로 그치지 말고 다른 책도 더 찾아서 읽어보고 학교에서 했던 방법과 같은 형태로 스스로 독서를 하는 것이다. 독서에서 편식은 위험하다. 자신이 좋아하는 분야만 읽는 것은 최소한 고등학교 국어 공부에 큰 도움이 되지 않는다. 수능 형태의 시험에서 학생들은 비문학과 과학 지문에서 고전하는 경우가 많다. 관심 분야의 책을 읽으면서 지식을 심화하고 융합하는 능력도 길러야 하고 자신이 부족한 영역을 보완하기 위해서라도 책을 읽어야 한다.

③ 공부하는 단원의 갈래적 특성에 맞게 공부하자

공부하는 단원의 갈래를 이해하지 않은 채 지문을 분석하는 것은 비효율적이다. 문학, 비문학, 문법, 어휘 등 갈래적 특성을 고려하여 공부하는 것이 좋다. 시, 수필, 소설, 설명문, 논설문 등 갈래적 특성을 이해하고 학습하면 좀 더 수월하게 공부할 수 있다. 그렇게 공부해야 자신이 약한 부분을 파악하고, 그 부분에 맞춰 문학, 비문학, 어휘, 문법 등을 보완할 수 있다. 막연한 공부가 아니라 전략적 공부가 되는 셈이다.

문학의 경우 시, 수필, 소설, 희곡 등을 감상할 수 있는 능력을 길러야 한다. 문학의 경우 수필과 소설에 비해 시를 잘 이해하지 못하는 학생이 많다. 시를 공부할 때는 현대 시와 고전 시가의 갈래에 맞게 화자의 어조, 주제, 소재, 표현 등을 분석하면서 공부한다. 시를 암송하는 것은 좋은 학습법이다. 작품을 외우면서 이해력과 암기력이 동반 상승하고 시의 매력에 빠져 문학작품에 대한 흥미가 배가될 수 있다.

설명문, 논설문 등 비문학의 독해력도 키워야 한다. 비문학 작품을 읽고 분석하면서 논리적 사고력을 키우고 말하기와 글쓰기 능력도 배양해야 한다. 고등학교에서 학생이 가장 많이 틀리는 부분이 비문학이다. 과학, 기술, 경제 등 다양한 분야의 제시문을 정확하게 독해하기 위해서는 중학교 때부터 비문학에 익숙해져야 한다. 비문학의 경우, 비문학 독해 문제집을 방학을 활용해 한 권 정도 풀어보는 것도 좋다. 수준별로 된 독해 문제집을 한 권 정도 풀어보면 비문학에서 주로 다루는 문제 유형도 알 수 있고 문제 푸는 감각도 익힐 수 있다.

문법은 암기가 필요하다. 문법의 경우 단순한 암기보다는 원리를 이해하고 암기하는 것이 훨씬 수월하다. 문법도 나름의 규칙성이 있으니 그것을 탐구하여 이해하고 암기한다면 훨씬 효율적일 수 있다. 꼭 알아야만 하는 문법을 암기해야 고학년으로 가더라도 당황하지 않고 문제를 풀 수 있다.

④ 국어 교과서의 구성에 따라 순차적으로 공부하자

교과서는 보통 단원의 길잡이, 소단원, 보충, 심화 학습 활동으로 구성되어 있다. 각 구성의 특성에 따라 차근차근 순차적으로 학습하는 것이 필요하다. 단원의 길잡이를 통해 학습 목표를 파악하고 이를 염두에 두고 소단원 정리부터 보충 심화를 통해 착실하게 학습한다. 학습을 진행할 때는 날개 질문에 답을 하면서 정리하고, 학습을 마치면 학습 활동으로 공부한 내용을 다시 확인한다. 이를 좀 더 자세히 살펴보면 아래와 같다.

일단 교과서 내용을 소리 내서 몇 번 읽는 것이 좋다. 그리고 학습 목표가 무엇인지 숙지한 후 그 목표를 생각하며 다시 한 번 교과서를 읽는다. 학습 목표를 정확하게 알고 교과서를 읽으면 요지를 파악하는 것이 쉬워진다. 다음으로 교과서 본문을 단계별로 나누어서 핵심 내용을 정리하고 학습 활동을 진행하는 것이 필요하다. 단원별 학습 활동이 시험에서 자주 출제되기 때문에 문제와 예시 답안을 꼼꼼하게 학습해야 한다. 교과서와 참고서를 활용해서 교과서 본문 내용을 정리했다면 문제집을 통해 다양한 유형의 문제를 풀어본다. 문제를 풀 때 중요한 것은 틀린 문제는 반드시 원인을 파악하고 넘어가야 한다는 것이다. 출제자의 의도가 무엇이고 내가 답한 것이 왜 오답인지를 알아야 한다. 국어 공부에서 매우 중요한 부분이다. 내 생각에 빠져 공부하다 보면, 오답이어도 자신이 쓴 답이 정답이라고 생각하여 계속 같은 잘못을 반복할 가능성이 크다. 끝으로 시험 전 기간에는 정리한 단원별 학습 내용을 재차 학습하면서 기억하고 말하고 써보면서 연습한다. 특히 자신이 약한 갈래나 잘 이해가 가지 않고 애매한 부분을 심화하여 서술형에서 출제되더라도 정확하게 쓸 수 있도록 점검해야 한다

⑤ 좋은 학습 습관을 형성하며 장기적 관점으로 학습하자

국어는 모국어라서 익숙하게 생각한다. 그렇지만 막상 시험을 보면 좋은 성적을 받기가 만만치 않고 단기간에 성적 향상이 이루어지지 않는다는 특성이 있다. 국어 공부는 교과서의 구성에 따라 흐름에 맞게 공부하는 것도 필요하고 장기적인 관점에서 학습하는 것도 중요하다. 일차적으로는 중학교 내신을 잘 받아야 하고 고등학교에 진학하여 국어 교과목과 수능을 염두에 두고 접근하는 것도 필요하다.

중학교 내신은 지도 교사의 수업에 충실하게 임하는 것이 기본 중의 기본이다. 학교 시험은 교과 담당 교사가 출제하는 시험이다. 국어 수업에 집중하는 학생은 다른 수업 시간에도 집중할 가능성이 크다. 국어 시간에 다루는 본문이 길고 수업 내용이 많은 편이며 거기에 선생님의 설명이 많아지면 집중력을 잃게 된다. 비문학이나 문법, 어휘, 문학 감상 등 교사의 설명에 집중해야 하는 부분이 많다. 수업 시간에 집중해야 이후 개인적으로 학습하는 시간이 줄어들고 중요 내용을 놓치지 않게 된다. 수업 시간에 교사가 강조한 내용은 표시해 두고 형광펜이나 포스트잇 등을 활용하면서 정리한다. 수업 시간에 강조한 핵심을 프린트나 노트에 잘 정리해야 한다. 이해가 가지 않는 부분은 다시 공부할 수 있도록 표시해 두어야 한다. 수업이 끝나면 그날 바로 복습하는 것이 좋다. 이때 참고서의 내용을 그대로 옮기면서 공부하거나 문제집을 바로 푸는 것은 좋지 않다. 참고서에 정리된 내용에 의존하지 않고 스스로 생각하며 먼저 정리한 후에, 참고서의 내용과 자신이 정리한 내용을 비교해가며 공부하는 것이 좋다. 기본적인 학습이 완료된 이후에 비판적으로 접근하여 "왜?"라는 물음을 던지면서 이해를 심화시켜 가고 그런 과정을 마친 후에 문제를 풀어야 한다. 그리고 틀린 문제는 반드시 오답의 원인을 확인하고 틀린 문제일수록 더 많은 시간을 들여 공부하는 습관을 들여야 한다. 국어 수업을 잘 듣고 수업 내용을 잘 정리하며, 확인 학습을 하고 능동적으로 학습 내용을 심화하는 습관을 들이면 다른 교과 공부와 고등학교 진학 이후의 학습에 큰 도움이 된다. 국어 수업이 다른 교과 공부와 글쓰기, 말하기, 프로젝트 수행하기 등 여타 활동의 기본이 된다는 것을 명심해야 한다.

02

기초를 튼튼히 쌓는 수학 교과 학습법

가. 수학 교과의 성격 및 목표

수학과는 수학의 개념, 원리, 법칙을 이해하고 기능을 습득하여 주변의 여러 가지 현상을 수학적으로 관찰하고 해석하며 논리적으로 사고하고 합리적으로 문제를 해결하는 능력과 태도를 기르는 교과이다.

중학교 수학 내용은 '수와 연산', '문자와 식', '함수', '기하', '확률과 통계'의 5개 영역으로 구성된다. '수와 연산' 영역에서는 정수, 유리수, 실수의 개념과 사칙계산을, '문자와 식' 영역에서는 식의 계산, 일차방정식과 일차부등식, 연립일차방정식, 이차방정식을, '함수' 영역에서는 좌표평면, 그래프, 정비례와 반비례, 함수 개념, 일차함수, 이차함수를, '기하' 영역에서는 평면도형과 입체도형의 성질, 삼각형과 사각형의 성질, 도형의 닮음, 피타고라스 정리, 삼각비, 원의 성질을, '확률과 통계' 영역에서는 자료의 정리와 해석, 확률의 개념과 기본 성질, 대푯값과 산포도, 상관관계를 다룬다.

초등학교와 중학교에서 학습한 수학은 고등학교 수학 학습의 토대가 되고, 자연과학, 공학, 의학뿐만 아니라 경제·경영학을 포함한 사회과학, 인문학, 예술 및 체육 분야를 학습하는 데 기초가 되며, 나아가 창의적 역량을 갖춘 융합 인재로 성장할 수 있는 기반을 제공한다.

수학 교과 학습을 통해 학생들은 ① 사회 및 자연 현상을 수학적으로 관찰, 분석, 조직, 표현하는 경험을 통하여 수학의 개념, 원리, 법칙과 이들 사이의 관계를 이해하고 수학의 기능을 습득하고 ② 수학적으로 추론하고 의사소통하며, 창의·융합적 사고와 정보 처리 능력을 바탕으로 사회 및 자연 현상을 수학적으로 이해하고 문제를 합리적이고 창의적으로 해결하며 ③ 수학에 대한 흥미와 자신감을 갖고 수학의 가치를 인식하며 수학 학습자로서 바람직한 태도와 실천 능력을 기르는 것을 목표로 한다.

나. 중학교 수학 내용 체계

영역	핵심 개념	중학교 교과 내용
수와 연산	수의 체계	• 소인수분해 • 정수와 유리수 • 유리수와 순환소수
	수의 연산	• 제곱근과 실수
문자와 식	다항식	• 문자의 사용과 식의 계산 • 식의 계산 • 다항식의 곱셈과 인수분해
	방정식과 부등식	• 일차방정식 • 일차부등식과 연립일차방정식 • 이차방정식

함수	함수와 그래프	• 좌표평면과 그래프 • 일차함수와 그래프 • 일차함수와 일차방정식의 관계 • 이차함수와 그래프
기하	평면도형	• 기본 도형 • 작도와 합동 • 평면도형의 성질 • 삼각형과 사각형의 성질 • 도형의 닮음 • 피타고라스 정리 • 삼각비 • 원의 성질
	입체도형	• 입체도형의 성질
확률과 통계	확률	• 확률과 그 기본 성질
	통계	• 자료의 정리와 해석 • 대푯값과 산포도 • 상관관계

다. 수학 교과 학습 방법

수학은 기본적으로 학년이 올라갈수록 완전히 새로운 내용을 배우는 것이 아니라 이전에 누적된 내용을 바탕으로 위계적으로 확장하는 계통성을 가지고 있는 교과이다. 예를 들어 1학년 때 배우는 일차방정식 단원을 제대로 학습해야 2학년 때 일차부등식과 연립일차방정식, 3학년 때 이차방정식 단원을 해결할 수 있다는 것을 의미한다. 마찬가지로 중학교 수학 학습이 잘되어야 고등학교 수학도 잘하게 된다. 따라서 자신의 학년에서 배울 내용을 충실하게 학습하는 것이 다음 학년을 준비하는 것이고 수학을 꾸준히 학습할 수 있는 바탕이 되는 것이다. '수포자(수학 포기자)'는 초등학교 5학년부터 서서히 발생한다고 한다. 중학교 입학 전에 자신의 초등학교 수학 실력을 점검할 필요가 있다. 초등학교 고학년에 배웠던 자연수의 혼합계산, 분수의 연산, 원의 넓이 및 둘레 등은 중학교 과정에서 연계되는 내용이기 때문에 부족한 부분이 있다면 충분히 복습하고 중학교 수학을 만나야 한다.

그렇다면 어떻게 해야 수학을 즐겁게 공부할 수 있을까? 이미 수학 공부가 제일 즐겁고 행복한 학생도 있기는 하다. 이런 학생들은 어떻게 수학 공부에서 즐거움을 느끼는 것인지 생각을 해 보자. 수학을 좋아하는 학생들은 자신이 알고 있는 수학적 지식을 바탕으로 사고를 확장시켜 문제를 해결하는 기쁨, 남들과 다른 독창적인 방법으로 문제를 해결하고 친구들에게 알려주며 쾌감을 느낄 것이다. 나아가 자신의 수학적 재미를 친구들과 소통하고 나누고 싶은 욕구를 느끼기도 한다. 그렇지만 이런 학생들도 처음부터 수학을 좋아하지는 않았을 것이다. 오히려 수학 문제를 풀지 못하고 끙끙댔던 기억, 해설을 보고도 이해가 되지 않아 답답했던 마음들을 계속 경험했을 것이다. 수학을 물고 늘어져서 수학을 잘한다는 평가를 받기까지는 많은 노력을 했을 것이다. 수학을 잘하기 위해서는 어떤 능력을 키워야 하는지 아래에서 알아보자.

① 이해력과 암기력을 키워야 한다

수학은 기본 개념을 바탕으로 공식을 이끌어내고 이 공식과 개념을 바탕으로 문제를 해결하는 능력이 중요하다. 수학 용어, 정의를 제대로 이해하고 공식이나 성질 등을 유도하는 과정을 정확하게 이해하고 암기할 필요가 있다. 공식이나 성질을 유도하는 과정을 정확하게 이해한 학생은 이를 암기하지 않았더라도 언제든 공식을 이끌어내서 문제에 적용할 수 있다. 이런 과정을 충분히 이해했다면 성질과 공식은 반드시 암기하는 것이 좋다. 그래야 학교 시험이나 대입 수능 등에서 시간을 단축할 수 있다.

▶ 이해력 및 암기력 향상 TIP

교과서 및 기본 교재를 통해 배운 내용을 개념 노트에 자기 자신만의 방식으로 정리하기. 예를 들어 마인드맵이나 표, 그림 등을 통해서 단원별로 개념을 한 페이지 정도로 정리하면 내가 어느 정도 이해하고 있는지 점검이 되고, 기록하는 과정에서 머리에 수리 개념이 정확하게 기억되는 효과가 있다.

② 계산능력을 키워야 한다

문제를 해결하는 방법은 정확하게 알고 있는데 계산을 실수해서 틀리는 것만큼 허무한 것도 없다. 수학 역량 중 계산능력은 가장 기초, 초석이 되는 능력이다. 아마 초등학교 과정에서 자연수의 혼합계산 단원을 탄탄히 다져온 학생이라면 중학교 과정에서 유리수의 혼합계산도 수월하게 잘 배울 것으로 생각된다. 중학교 1학년 '수와 연산' 단원은 매우 중요한 단원이다. 음수, 유리수의 개념을 배우고 수를 확장시켜 혼합계산을 하게 된다. 또한 중3은 실수로 확장해서 연산을 배운다. 연계성이 있을 뿐만 아니라 매 단원 문제에서 수의 연산은 기본적인 능력으로 문제에 스며들어 있다. 중1 '수와 연산' 단원은 특히 충분한 시간을 갖고 쉬운 문제부터 복잡한 문제까지 착실하게 해결해 나가야 한다. 이 단원을 통해 향상된 계산능력이 다른 단원을 배우는 데 큰 도움이 된다.

▶ 계산능력 향상 TIP

계산 문제는 난이도가 높은 문제보다는 쉬운 문제부터 시작해서 중간 단계로 서서히 올리면서 매일 꾸준히 푸는 연습이 필요하다. 문제를 훈련하듯이 반복해서 풀다 보면 규칙성이 보이고 단순 계산 문제는 쉬워지는 단계에 이른다. 기초 문제가 어느 정도 해결되면 기본 문제에 도전해 본다. 기본 문제를 풀 때는 수학 전용 연습장에 깨끗한 필체로 순서대로 풀어가는 것이 좋다. 계산을 끝까지 했다면 반드시 답을 맞추고 틀린 부분이 있는지 점검해야 한다. 틀린 부분이 있다면 오답 정리를 통해 틀린 원인과 핵심 개념을 적어 놓고 유사한 쌍둥이 문제들을 찾아 반드시 다시 풀어보는 것이 좋다. 유형별로 유사한 문제를 풀어보고 개념을 다지는 훈련은 실수를 줄이는 데 큰 도움이 된다.

③ 사고력과 응용력을 키워야 한다

수학은 기본 개념을 묻는 문제 이외에 응용문제, 단원 통합 문제, 실생활 관련 문제, 문장제 문제 등 다양한 형태로 문제가 제시된다. 기본 문제까지 어느 정도 수준에 도달한 학생들은 난이도가 있는 심화 문제에 도전해 볼 필요가 있다. 난도가 있는 문제는 술술 풀리지는 않을 것이다. 그렇지만 하루에 2~3문제 정도 여유를 두고 생각하며 풀면 사고력과 응용력도 커진다. 문제를 해결하는 시간이 조금 오래 걸려도 상관없다. 수학은 생각하는 힘을 키워주는 데 유용한 학문이다. 문제에서 힌트를 찾고 관련 단원을 연상하고 거기서 배웠던 개념, 공식 등을 서로 연결하다 보면 실마리를 찾을 수 있다.

▶ 사고력 및 응용력 향상 TIP

심화 과정의 문제를 즐기고 싶다면 이제 문제집에서 아는 문제, 풀 수 있는 유형의 문제는 패스해도 좋다. 내가 풀어보지 못한 새로운 유형의 문제들을 탐색하고 도전해 보기를 권한다. 혼자보다는 이런 도전을 좋아하는 친구들과 함께 공부한다면 더 즐겁고 서로에게 도움이 될 것이다. 학교에서 수학 동아리 활동을 하는 것도 좋고 교내 수학 대회가 있다면 참가해서 자신의 수학 실력을 점검하는 기회를 가져도 좋다. 그러다 보면 자신도 모르게 수학이 더 좋아지고 실력도 향상될 것이다.

④ 의사소통 능력을 키워야 한다

수학을 잘하기 위해서는 혼자 생각하는 시간을 충분히 가져야 한다. 그렇지만 자신이 해결할 수 없는 문제를 친구나 선생님의 도움을 받으며 더 큰 성장을 할 수 있다. 자신의 부족한 부분을 부끄러워하지 않고 수학을 좀 더 잘하는 사람이 있다면 묻고 소통하는 가운데 성장하게 된다. 내가 모르는 부분을 물을 수 있는 것도 능력이다. 그리고 아는 것을 친구들에게 설명하다 보면 수리 능력과 함께 소통 능력도 커진다. 수학 문제를 놓고 수리 능력을 신장하기 위해 의사소통 능력을 키우는 것도 매우 중요한 학습이다.

▶ 의사소통능력 향상 TIP

수업 시간에 멘토-멘티 활동이 이루어진다면 적극적으로 참여하는 것이 좋다. 함께 하면 문제가 쉽게 해결되고 친구를 돕고 배우는 과정에서 공동체 의식도 생긴다. 또한 문제 풀이 발표 기회가 주어진다면 적극적으로 참여하는 것이 좋다. 누군가에게 설명하는 것은 내가 알고 있는 개념을 재차 점검하고 확실하게 알게 되는 기회가 되고 실력도 향상된다. 시험 보기 전에는 새로운 문제를 풀기보다는 풀었던 문제를 보며 문제와 대화를 나눠보는 것도 좋다. 문제와 대화를 나눈다는 것은 출제자의 의도를 생각해 보고 문제를 보며 풀이 방법을 자신에게 설명하는 것을 의미한다.

03

탄탄한 실력을 갖추는 영어 교과 학습법

가. 영어 교과의 성격 및 목표

영어는 현재 국제적으로 가장 널리 통용되고 있는 언어로 서로 다른 언어적 배경을 가진 사람들 간의 주요한 의사소통 수단이다. 따라서 글로벌 시대 및 지식 정보화 시대라는 변화에 부응하고 더 나아가 국제 사회에서 선도적인 역할을 수행하기 위하여 영어를 이해하고 표현하는 능력은 반드시 갖추어야 할 역량이 되었다.

중학교 영어는 초등학교에서 배운 영어를 토대로 학습자들이 기본적인 일상 영어를 이해하고 이를 사용할 수 있는 능력을 기름으로써 외국의 문화를 이해하고, 고등학교의 선택 교육과정 이수에 필요한 기본 영어 능력을 배양시키는 데 역점을 둔다.

영어 교과 학습을 통해 학생들은 ① 영어 학습에 대한 흥미와 관심을 가지고 일상적인 영어 사용에 자신감을 갖고 ② 친숙한 일상생활 주제에 관하여 영어로 기본적인 의사소통을 할 수 있으며 ③ 외국의 문화와 정보를 이해하고 우리 문화를 영어로 간단히 소개할 수 있는 것을 목표로 한다.

나. 중학교 영어 내용 체계

1) 이해(reception)

핵심 아이디어		• 의사소통 목적과 상황에 맞게 배경지식을 활용하고 관점, 목적과 맥락을 파악함으로써 담화나 글을 이해하는 능력을 함양한다. • 적절한 사고 과정 및 전략을 활용하여 담화나 글의 의미를 파악하고 분석한다. • 담화나 글을 이해하는 활동은 협력적, 포용적 태도로 화자나 필자의 의도를 이해하는 태도를 가진다.
지식·이해	언어	• 단어와 문장의 강세, 리듬, 억양, 연음이나 축약
		• 이야기나 서사(수필, 단편 소설, 대본, 시, 전기문, 여행 일지 등) • 친교나 사회적 목적의 담화와 글(이메일, 소셜 미디어, 인터뷰, 초대장 등) • 정보 전달·교환 목적의 담화와 글(공지, 안내, 설명, 보고, 기사, 광고 등) • 의견 전달·교환이나 주장 목적의 담화와 글(논설, 연설 등)
	맥락	• 친숙한 주제 • 다양한 의사소통 상황 및 목적 • 다양한 문화권에 속한 사람들의 언어적·비언어적 의사소통 방식

과정·기능	• 연음이나 축약된 소리 식별하기 • 세부 정보 파악하기 • 줄거리나 요지 파악하기 • 주제 파악하기 • 일이나 사건의 순서, 전후 관계 파악하기 • 일이나 사건의 원인과 결과 파악하기 • 기분이나 감정 추론하기 • 의도나 목적 추론하기 • 단어, 어구, 문장의 함축적 의미 추론하기 • 다양한 매체로 표현된 담화나 글을 듣거나 읽기 • 적절한 전략 활용하여 듣거나 읽기
가치·태도	• 자신감을 갖고 관심 분야에 대해 적극적으로 듣거나 읽는 태도 • 다양한 의견과 관점을 존중하는 태도

2) 표현(production)

핵심 아이디어		• 의사소통 목적과 상황에 맞게 적절한 매체를 활용하여 자신의 감정이나 의견을 담화나 글로 표현하는 능력을 함양한다. • 적절한 사고 과정 및 전략을 활용하여 의미를 표현하거나 교환한다. • 담화나 글로 표현하는 활동은 다양한 문화와 관점에 대한 이해 및 포용, 협력적 태도로 상호 소통하며 의미를 표현하거나 교환하는 태도를 가진다.
지식·이해	언어	• 단어와 문장의 강세, 리듬, 억양, 연음이나 축약
		• 이야기나 서사(일기, 수필, 기행문, 소설, 대본, 노래 가사, 시 등) • 친교나 사회적 목적의 담화와 글(편지, 이메일, 소셜 미디어 등) • 정보 전달·교환 목적의 담화와 글(공지, 안내, 설명, 보고, 기사, 광고 등) • 의견 전달·교환이나 주장 목적의 담화와 글(사설, 논설, 연설 등)
	맥락	• 친숙한 주제 • 다양한 의사소통 상황 및 목적 • 다양한 문화권에 속한 사람들의 언어적·비언어적 의사소통 방식

과정·기능	• 연음 및 축약된 소리 활용하기 • 사람, 사물 등 묘사하기 • 기분이나 감정 묘사하기 • 위치나 장소 등 설명하기 • 그림, 사진, 도표 등 설명하기 • 방법이나 절차 설명하기 • 경험이나 계획 설명하기 • 일이나 사건의 순서, 전후 관계 설명하기 • 일이나 사건의 원인과 결과 설명하기 • 자신의 의견 주장하기 • 듣거나 읽고 요약하기 • 일기, 편지, 이메일 등 쓰기 • 적절한 매체 활용하여 쓰기 • 적절한 전략 활용하여 말하거나 쓰기 • 자신의 창의적인 생각을 말하거나 쓰기
가치·태도	• 상대방을 배려하며 말하거나 쓰는 태도 • 정보 윤리를 준수하며 말하거나 쓰는 태도

다. 영어 교과 학습 방법

학교 영어교육은 다변하는 미래 사회를 대비하여 언어와 문화의 배경이 다른 세계인과 영어로 소통할 수 있도록 역량을 기르는 것에 그 목적을 두고 있다. 영어로 의사소통한다는 것은 학생의 삶과 연계한 실생활 맥락에서 영어로 표현된 다양한 형태의 정보를 습득하고, 영어로 자신의 생각과 느낌을 자유롭고 창의적으로 표현하며, 영어 사용 공동체 참여자들과 협력적으로 상호작용하는 것을 의미한다. 따라서 중학교에서는 가장 기본이 되는 교과서 중심으로 어휘와 언어형식(문법)을 집중적으로 학습해서 의사소통 능력에 대한 기본기를 쌓는 것이 중요하다. 언어형식(문법)의 경우 해설과 예문이 풍부하게 나와 있는 기본서를 통해서 기본 개념을 학습해야 하며 어휘는 암기와 반복을 통해서 한 번으로 끝나는 것이 아닌 3~4번 반복하면서 학습하는 것이 필요하다. 언어형식(문법)과 어휘에 대한 기본기를 쌓았다면 읽기 그리고 쓰기까지 영역별로 학습한 내용에 적용하는 훈련이 되어야 한다. 특히 서술형 평가 및 다양한 방식의 수행평가가 강조되고 있기에 단순한 암기보다는 이해를 통한 학습이 중요하며 이를 다양한 상황에 적용하는 전략이 필요하다.

① 지치지 않고 영어 공부를 할 수 있는 실생활의 주제를 찾는다

영어를 잘하고 싶은데 영어 공부라 하면 두꺼운 참고서, 문제집 등을 떠올리게 되는 경우가 많다. 국어와 마찬가지로 영어도 사람의 생각을 잘 이해하고 내가 하고자 하는 말을 잘 표현하며 서로 소통하는 데 그 목적이 있다. 당장 눈앞에 닥친 영어 시험의 점수도 중요하지만 중학교 과정에서는 보다 긴 호흡으로 영어 공부에 흥미와 자신감을 가질 수 있는 방법을 찾는 것이 중요하다. 다양한 매체를 활용하여 내가 평소에 관심 있는 분야부터 접근해보는 것을 추천한다.

사회관계망서비스(SNS)에서 내가 좋아하는 해외 연예인을 팔로우하고 응원 댓글을 남겨보기, 유명 애니메이션 OST를 영어로 불러보기, 좋아하는 요리의 영어 레시피 찾아보기, 감명 깊게 읽은 책 영어로 필사하기, 해외 대학 교수님께 진로 계획에 대한 이메일 써보기 등 각자의 수준에 따라 영어 분야에 친숙함을 느끼고 학습 동기를 유지하는 것이 중요하다.

② 어휘 학습은 실제 사용하는 문장과 함께 기억한다

중학교 교육과정에서 학습해야 할 어휘 수는 1,500개, 고등학교에 진학해서는 여기에 1,500개 정도가 추가된다. 교육과정에서 제시하는 어휘 수가 많지 않다고 느낄 수 있다. 문제는 모의고사, 수학능력시험에 사용되는 어휘에 어려움을 겪는 경우가 생긴다. 따라서 고등학교 진학 후 자기주도학습 시간을 많이 확보하기 위해서는 중학교 과정에서 단편적인 어휘의 철자와 뜻만 공부하는 것이 아니라 파생된 관련 어휘를 폭넓게 공부하는 것이 중요하다. 다소 시간이 걸릴 수 있겠지만 한 단어에 대해 깊이 공부하고 문장에서의 쓰임까지 익힐 수 있도록 꾸준히 학습하는 것을 추천한다.

그러기 위해서는 첫째, 단순히 단어의 뜻과 철자만 적는 것에 그치지 않고, 품사 변화와 동사나 명사의 경우 불규칙 변화형, 불규칙 명사형을 암기한다. 둘째, 나만의 단어장에 단어와 관련한 파생 정보를 정리하고, 단어가 쓰인 문장을 영영사전으로 점검하면서 어휘력을 기르는 것이 좋다. 셋째, 네이버, 다음, 구글 등 포털사이트에서 지원하는 영어 사전을 활용하여 영국식/미국식 발음 및 예문을 듣고 따라하는 습관을 들인다. 넷째, 하루에 외울 수 있는 자신만의 목표 단어 개수를 정하고, 눈에 띄는 모든 곳에 메모지를 부착하여 하루에 목표한 단어는 반드시 외워 성취감을 맛보는 경험을 늘려간다.

③ 영어 독해력을 키우자

영어로 된 지문을 많이 읽고 문제도 많이 풀어봐야 한다. 모든 언어 학습과 마찬가지로 영어도 노력하는 자에게만 미소를 보낸다. 매일 꾸준히 다음의 순서에 따라 독해문제집을 풀어보자. 또 독해문제집을 풀고 나서는 꼭 모르는 단어를 앞에서 설명한 어휘학습법에 따라 정리한다. 또한 인문, 사회, 과학, 문화, 예술, 스포츠 등 다양한 분야의 글을 영어로 다루고 있으므로 평소에 독서를 통해 배경지식을 넓힐 것을 추천한다.

이를 위해 첫째, 시간을 정해두고 푼다. 한 문제당 2분 정도로 계산하고 주제 파악 및 문제를 해결하는 습관을 길러야 한다. 그러기 위해서는 오랜 기간의 훈련 과정이 필요하다. 자신의 수준보다 약간 높고, 소재가 다양한 글을 포함한 문제집을 선택하는 것이 좋다. 너무나 어려운 문제집을 선택하면 꾸준히 공부할 수 없다. 자신의 수준보다 약간 높은 문제집을 선택했다면 매일 5개 정도의 지문을 읽는다. 둘째, 직독직해 하되 사전을 찾지 말고 시험 보듯이 푼다. 5개 지문을 연속해서 푸는 동안에는 진짜 시험을 보는 것처럼 사전 없이 시간에 맞춰 풀어나가야 한다. 셋째, 답을 확인하고 틀린 문제는 다시 풀어본다. 이때 자신이 몰랐던 내용이 어휘인지, 문법인지, 글의 내용 이해인지 정확하게 파악한 후 그에 따른 오답 정리를 한다. 넷째, 자신이 읽은 글의 내용을 우리말로 2~3줄 정도 요약하고, 재미있었던 소재의 글은 친구나 가족에게 이야기해주어 습득한 배경지식을 나의 것으로 내면화한다.

④ 문맥력을 키우기 위해 언어형식(문법) 정리를 하라

문법을 집 짓기에 비유하자면 튼튼한 집을 짓기 위해 뼈대를 갖추는 일이라고 할 수 있다. 이 뼈대 위에 단어를 올려 다양한 문장과 문단을 만든다. 따라서 아무리 단어를 많이 알아도 뼈대에 해당하는 구조를 이해하지 못한다면 글을 제대로 이해할 수 없다. 따라서 문법을 정리함으로써 문맥력을 키운다면 독해하는 시간도 빨라지고 난이도 있는 문제도 술술 풀 수 있다. 다만 문법은 어렵고 지루하다고 느끼는 경우가 많기 때문에 포기하지 않는 것이 중요하다. 학창 시절 '관계대명사'라는 말을 들어보지 않은 학생은 거의 없지만, 관계대명사를 왜 쓰고 문장에서 어떠한 쓰임을 하는지 설명해보라고 하면 자신 있게 대답하는 학생은 많지 않을지도 모른다. 이처럼 피상적인 용어 외우기에 그치기보다는 문법 용어에 대한 충분한 이해 과정 후 언제 그 문법 규칙을 사용하는지 실제 문장을 통해 익히는 것이 중요하다.

중학교 과정에서 사용하는 영어 문법만 이해해도 일반적인 독해, 말하기, 쓰기에 큰 어려움이 없다. 따라서 고등학교에 진학하기 전 영어 문법에 대한 학습을 끝내는 것이 좋다. 중학교 과정의 영문법을 적어도 두세 번 반복하여 학습하여야 고등학교 진학해서 마주하는 긴 문장의 글도 의미 단위로 끊어 읽는 구조화가 가능하다. 다만 문법은 혼자서 공부하기에 어려움이 있을 수 있으므로 학교 선생님의 수업, 인터넷 강의 등을 통해 도움받기를 추천한다.

04 자료 해석 능력을 키우는 사회 교과 학습법

가. 사회 교과의 성격 및 목표

사회과는 학생들이 사회생활에 필요한 지식과 기능을 익혀 이를 토대로 사회현상을 정확하게 인식하고, 민주 사회 구성원에게 요구되는 가치와 태도를 지님으로써 민주 시민으로서의 자질을 갖추도록 하는 교과이다.

사회과는 지리, 역사 및 사회과학의 개념과 원리, 사회 제도와 문화, 사회문제와 가치, 그리고 연구 방법과 절차 등에 관한 요소를 통합적으로 선정, 조직하여 사회현상을 종합적으로 이해하고 탐구하도록 한다. 또 사회과는 우리 삶의 터전인 지역의 이해를 기초로 우리 민족의 역사, 우리 국토와 환경, 한국 사회 제도의 현실과 변화, 지구촌의 특징과 변화 등에 대한 탐구를 통해 한국인으로서의 정체성과 세계시민으로서의 자질을 갖추도록 구성되어 있다.

사회과는 학생들이 민주 시민으로서의 자질을 함양할 수 있도록 사회 현상에 관한 기초적 지식을 습득함은 물론, 지리, 역사 및 제반 사회과학의 기본 개념과 원리를 발견하고 탐구하는 능력을 익혀 우리 사회의 특징과 세계의 여러 모습을 종합적으로 이해하게 한다. 또한 사회과는 다양한 정보를 활용하여 현대사회의 문제를 창의적, 합리적으로 해결하고 공동체 생활에 적극적으로 참여하는 능력의 육성을 목표로 한다.

나. 중학교 사회 내용 체계

영역	핵심 개념	중학교 교과 내용	
정치	민주주의와 국가	• 정치 • 정부 형태	• 민주주의 • 지방 자치 제도
	정치과정과 제도	• 정치과정 • 선거	• 정치 주체 • 시민 참여
	국제 정치	• 국제 사회 • 우리나라의 국가 간 갈등	• 외교
법	헌법과 우리 생활	• 인권 • 기본권	• 헌법 • 국가기관의 구성 및 조직
	개인, 사회생활과 법	• 법 • 재판	• 법의 구분
경제	경제생활과 선택	• 희소성 • 기업의 역할 • 신용 관리	• 경제 체제 • 자산 관리
	시장과 자원 배분	• 시장 • 공급 법칙	• 수요 법칙 • 시장 가격
	국가 경제	• 국내 총생산 • 실업	• 물가 상승
	세계 경제	• 국제 거래	• 환율

사회·문화	개인과 사회	• 사회화 • 사회적 지위와 역할 • 역할 갈등 • 사회집단
	문화	• 문화 • 문화 이해 태도 • 대중매체 • 대중문화
	사회 계층과 불평등	• 차별 • 갈등 • 사회문제
	현대의 사회 변동	• 사회 변동 • 현대사회의 변동 • 한국 사회의 변동
지리 인식	지리적 속성	• 위치와 인간 생활
	공간 분석	• 지도 읽기 • 지리 정보 • 지리 정보 기술
	지리 사상	• 자연 인간 관계
장소와 지역	장소	• 우리나라 영역 • 국토애
	지역	• 세계화와 지역화
	공간관계	• 인구 및 자원의 이동 • 지역 간 상호작용
자연 환경과 인간 생활	기후 환경	• 기후 지역 • 기후 환경 극복 • 자연재해 지역
	지형 환경	• 산지지형 • 해안지형 • 우리나라 지형경관
	자연·인간 상호작용	• 열대 우림 지역의 생활 • 온대 지역의 생활 • 기후 환경 극복 • 산지 지역의 생활 • 해안 지역과 관광 • 자연재해와 인간 생활
인문 환경과 인간 생활	인구의 지리적 특성	• 인구 분포 • 인구 이동 • 인구 문제
	생활공간의 체계	• 도시 특성 • 도시화 • 도시구조 • 살기 좋은 도시
	경제활동의 지역구조	• 농업 입지와 변화 • 공업 입지와 변화 • 서비스업 입시와 변화 • 자원의 편재성 • 자원과 인간 생활 • 지속 가능한 자원 개발
	문화의 공간적 다양성	• 문화권 • 지역의 문화 변동 • 지역의 문화공존과 갈등

지속 가능한 세계	갈등과 불균등의 세계	• 지역 불균형
	지속 가능한 환경	• 지구환경문제 • 지역 환경문제 • 환경 의식
	공존의 세계	• 인류 공존을 위한 노력

다. 사회 교과 학습 방법

사회 교과는 정치, 경제, 사회·문화, 법, 지리, 역사, 도덕 등 다양한 영역과 관련이 있다. 다른 교과에 비해 특별한 공부법이 있다기보다는 성실한 학습 자세가 필요하고 노력한 만큼의 성과가 나오기에 효율적인 시간 관리가 필요하다. 국어, 수학, 영어, 과학에 비해 별도의 시간을 내서 학습하기보다는 수업 시간에 충실하고 복습하며 시험 기간에 충분한 시간을 확보하여 집중력 있게 공부하면 된다.

① 장기적인 안목을 갖고 폭넓게 독서를 하자

중학교 사회 교과는 고등학교 1학년 때 '통합사회' 과목과 연결되고, 보통 2학년이 되면서 학교 교육과정에 따라 탐구 영역 교과에서 몇 과목을 선택하게 된다. 사회 교과는 과학 교과와 함께 탐구 영역의 교과군에 포함되어 있어서, 중학교 때 배운 사회 과목 중에서 좀 더 관심 있는 과목을 선택하면 된다. 과학 교과군 즉 물리학, 화학, 생명과학, 지구과학 등에 관심이 많다면 상대적으로 사회 교과군에서 선택할 과목은 최소화할 수도 있다. 따라서 중학교 사회 교과 학습을 위해 특별히 노력하기보다는 성실한 학습 태도를 유지하며 장기적인 관점에서 폭넓게 독서를 하는 것을 권장하고 싶다. 많은 책을 읽게 되면 관심 분야가 확장되고 지식을 연결하고 융합하는 능력과 사고력, 문제 해결력 등이 커진다. 사회 교과에서 배우는 것을 읽기 자료, 생각거리로 삼아 관련 분야 책을 찾아 읽다 보면 고등학교에서의 공부와 국어 교과 학습에도 큰 도움이 될 것이다.

② 수업 시간에 지도 교사의 설명을 잘 듣고 정리를 잘하자

좋은 내신 성적을 받으면 상급학교 진학에 절대적으로 유리하다. 중학교에서는 절대평가를 하지만 고등학교에서는 상대평가로 등급이 나오는 교과가 많다. 교과를 구분하지 않고 매시간 수업에 충실히 임하는 것이 좋은 성적을 받는 비결이다. 이미 잘 알고 있듯이 학교 시험은 그 학교 담당 교사가 출제한다. 더구나 민원의 소지가 있으면 안 되기에 문제지나 외부 기관의 문항을 그대로 인용하는 것은 거의 없다. 수업 시간 중에 지도 교사가 강조한 부분을 표시하고 노트 정리를 잘해 두었다가 이후 시험 기간에 다시 한번 복습하면 된다. 수업 시간에 집중해야 출제 포인트를 잘 잡을 수 있고 엉뚱한 부분을 공부하면서 시간을 낭비하는 것을 줄일 수 있으며 암기하는 데 시간을 절약할 수 있다.

③ 학습 목표를 확인하고 필수 학습 요소를 이해하자

수업을 시작할 때 교사의 대부분은 학습 목표를 제시한다. 그리고 교과서의 새로운 단원이 시작될 때는 학습 목표가 나와 있다. 목표가 분명해야 방향이 잡히고 내용을 채워갈 수 있다. 수업 내용을 들으면서 스스로 학습 목표에 답을 찾아가는 것이 좋다. 그 목표를 달성하는 데 알아야만 하는 개념이나 내용 즉 필수 학습 요소가 있다. 필수라는 말에서 알 수 있듯이 반드시 가르쳐야 하고 학생이 꼭 알아야 한다는 의미이다. 결국은 그

필수 학습 요소를 묻기 위해 교과서의 내용, 제시문, 지도, 도표, 그림 등을 인용하는 것이다. 따라서 교과서를 숙지하는 것이 기본이고 그림, 도표, 지도 등을 주목해야 한다. 교과서의 중요 부분에 표시를 하고 유인물이나 노트 정리를 하면서 내용을 암기한다. 교과 내용을 이해했다면 문제집을 풀고 틀린 문항은 다시 책이나 노트를 찾아서 보완하면서 완전 학습을 한다.

④ 자료를 해석하는 능력을 키워가자

사회 교과에는 다양한 자료들이 나온다. 어려운 시험일수록 처음 보는 자료가 나오고 문제를 해결하기 위해 자료를 해석하는 과정이 꼭 필요하기도 하다. 학생들이 자료 중에서 제일 어려워하는 것이 그래프나 통계표이다. 경제나 지리 교과에서 많이 나온다. 사회현상을 표현하거나 주장의 근거를 제시하기 위해 활용되는데 숫자의 의미나 흐름을 파악하기 위해 필요하다. 개념이나 내용을 모르는 상태에서 그래프를 보면 어렵겠지만, 학습 내용을 충분히 숙지한 상태에서 자료들을 보면 오히려 학습에 흥미가 생기고 논리력과 응용력이 신장될 수 있다. 다음으로 지도를 잘 살펴봐야 한다. 지리와 역사 교과에 지도가 많이 나온다. 지도를 보고 배운 내용과 연결하면서 학습하고 이해를 한 이후에 스스로 지도를 그려보면서 공부하면 내용을 확실하게 암기하는 효과가 있다. 도표나 사례 등도 주의해야 한다. 역사 교과에는 연대표가 주로 나오고 정치와 법 또는 사회문화 교과에는 사례가 많이 인용된다. 다양한 사례를 공부하다 보면 사회를 보고 해석하는 안목이 커지고 더 발전하면 관점을 갖게 된다.

⑤ 학습의 영역을 조화롭게 결합하자

공부를 하는 데는 이해, 생각, 정리, 암기, 적용 등의 영역이 있다. 어느 영역이 부족하다면 그것이 원인이 되어 좋은 성적이 나오지 않을 수도 있기에 모든 영역을 중요하게 생각하고 골고루 공부해야 한다.

이해는 분별하고 해석하는 것으로 교과의 내용이나 사회현상의 원인을 파악하면서 개념, 정보, 용어를 알아가는 것이다. 생각은 학습의 자기 주도성으로 지식과 정보를 자기 것으로 만들어가는 과정이다. 학습 목표부터 시작하여 교과서에서 인용하고 있는 자료를 해석하면서 학습 내용을 심화하는 것이다. 정리는 학습한 내용을 일정한 순서나 체계를 가진 상태가 되게 만드는 것으로 학습의 다음 단계로 나아가는 것을 쉽게 만든다. 암기는 기억하여 잊지 않도록 외우는 활동으로 요령이 필요하다. 암기의 요령을 먼저 알기보다는 오히려 암기하다 보면 요령이 생기는 것이니 앞의 과정 즉 생각하면서 이해하고 정리하는 과정에 충실할 필요가 있다. 적용이란 배운 지식과 정보를 총동원하여 문제를 해결하는 과정이다. 결국 사회 교과의 학습은 개인과 사회를 이해하고 사회현상을 해석하고 설명하여 발전 방향을 제시하기 위한 활동이다. 배운 지식을 살아있는 지혜로 만들기 위해 적용까지 나아가야 학습이 제대로 이루어졌다고 할 수 있다.

05 과학적 사고력을 키우는 과학 교과 학습법

가. 과학 교과의 성격 및 목표

과학은 모든 학생이 과학의 개념을 이해하고 과학적 탐구 능력과 태도를 함양하여 개인과 사회의 문제를 과학적이고 창의적으로 해결할 수 있는 과학적 소양을 기르기 위한 교과이다.

중학교 과학 교과는 고등학교 1학년의 '통합과학' 및 '과학탐구실험' 그리고 선택 교육과정의 '물리학Ⅰ', '화학Ⅰ', '생명과학Ⅰ', '지구과학Ⅰ', '물리학Ⅱ', '화학Ⅱ', '생명과학Ⅱ', '지구과학Ⅱ', '과학사', '생활과 과학', '융합과학' 과목들과 긴밀한 연계를 갖도록 구성한다.

과학 교과의 내용은 '운동과 에너지', '물질', '생명', '지구와 우주' 영역의 핵심 개념을 체계적으로 구성하고, 핵심 개념과 과학 탐구가 학교급과 학년 그리고 영역 간에 연계되도록 한다. 또한 통합 주제로 초등학교에서는 물의 여행, 에너지와 생활을 다루고, 중학교에서는 과학과 나의 미래, 재해·재난과 안전, 과학기술과 인류 문명을 다룬다.

과학 교과 학습을 통해 학생들은 ① 자연 현상과 사물에 대하여 호기심과 흥미를 가지고, ② 과학의 핵심 개념에 대한 이해와 탐구 능력의 함양을 통하여, ③ 개인과 사회의 문제를 과학적이고 창의적으로 해결하기 위한 과학적 소양을 기르는 것을 목표로 하고 있다.

나. 중학교 과학 내용 체계

영역	핵심 개념	중학교 교과 내용	
힘과 운동	시공간과 운동	• 등속 운동	• 자유 낙하 운동
	힘	• 중력 • 탄성력	• 마찰력 • 부력
	역학적 에너지	• 중력에 의한 위치 에너지 • 역학적 에너지 보존	• 운동 에너지
전기와 자기	전기	• 전기력 • 대전 • 전기 회로 • 전류	• 원자모형 • 정전기 유도 • 전압 • 저항
	자기	• 자기장 • 발전	• 전동기
열과 에너지	열평형	• 온도 • 열평형 • 열팽창	• 열의 이동 방식 • 비열
	열역학 법칙	• 소비 전력	
	에너지 전환	• 일	• 에너지 전환

파동	파동의 종류	• 횡파, 종파 • 진폭 • 진동수 • 파형
	파동의 성질	• 빛의 합성 • 빛의 삼원색 • 평면거울의 상
물질의 구조	물질의 구성 입자	• 원소 • 원자 • 분자 • 원소 기호 • 이온 • 이온식
물질의 성질	물리적 성질과 화학적 성질	• 밀도 • 용해도 • 녹는점 • 어는점 • 끓는점 • 순물질과 혼합물 • 증류, 밀도 차를 이용한 분리 • 재결정 • 크로마토그래피
	물질의 상태	• 입자의 운동 • 기체의 압력 • 기체의 압력과 부피의 관계 • 기체의 온도와 부피의 관계
물질의 변화	물질의 상태 변화	• 세 가지 상태와 입자 배열 • 상태 변화 • 상태 변화와 열에너지 출입
	화학 반응	• 물리 변화 • 화학 변화 • 화학 반응식 • 질량 보존 법칙 • 일정 성분비 법칙 • 기체 반응 법칙
	에너지 출입	• 화학 반응에서의 에너지 출입
생명과학과 인간의 생활	생명 공학 기술	

생물의 구조와 에너지	생명의 구성 단위	• 생물의 구성 단계
	동물의 구조와 기능	• 영양소 • 소화 효소 • 소화계, 배설계의 구조와 기능 • 순환계, 호흡계의 구조와 기능 • 소화·순환·호흡·배설의 관계
	식물의 구조와 기능	• 물의 이동과 증산 작용 • 광합성 산물의 생성, 저장, 사용 과정
	광합성과 호흡	• 광합성에 필요한 물질 • 광합성 산물 • 광합성에 영향을 미치는 요인 • 식물의 호흡과 광합성의 관계
항상성과 몸의 조절	자극과 반응	• 눈, 귀, 코, 혀의 구조와 기능 • 피부 감각과 감각점 • 뉴런과 신경계의 구조와 기능 • 중추 신경계와 말초 신경계 • 자극에서 반응하기까지의 경로 • 자극에 대한 반응에 관여하는 호르몬의 역할
생명의 연속성	생식	• 생식 • 체세포 분열 • 동물의 발생 과정 • 염색체 • 생식 세포 형성 과정
	유전	• 멘델 유전 실험의 의의 • 사람의 유전 형질 • 멘델 유전 원리 • 가계도 조사 방법
	진화와 다양성	• 생물 다양성의 중요성 • 생물 분류 목적과 방법 • 변이 • 종의 개념과 분류 체계
환경과 생태계	생태계와 상호작용	

고체 지구	지구계와 역장	• 지구계의 구성 요소 • 지권의 층상 구조 • 지각 • 맨틀 • 핵
	판구조론	• 지진대 • 화산대 • 진도와 규모 • 판 • 베게너의 대륙이동설
	지구 구성 물질	• 광물 • 암석 • 암석의 순환 • 풍화 작용 • 토양
	지구의 역사	
대기와 해양	해수의 성질과순환	• 수권 • 해수의 층상 구조 • 염분비 일정 법칙 • 우리나라 주변 해류 • 조석 현상
	대기의 운동과 순환	• 기권의 층상 구조 • 복사 평형 • 온실 효과 • 지구 온난화 • 상대 습도 • 단열 팽창 • 강수 과정 • 기압과 바람 • 기단과 전선 • 저기압과 고기압 • 일기도
우주	태양계의 구성과 운동	• 지구와 달의 크기 • 지구형 행성과 목성형 행성 • 태양 활동 • 지구의 자전과 공전 • 달의 위상 변화 • 일식과 월식
	별의 특성과 진화	• 연주 시차 • 별의 등급 • 별의 표면 온도
	우주의 구조와 진화	• 우리은하의 모양과 구성 천체 • 우주 팽창 • 우주 탐사 성과와 의의

다. 과학 교과 학습 방법

과학에서는 기본 과학 개념의 이해, 탐구 및 추론, 과학적 문제 해결력 등을 평가하며, 이러한 평가 내용을 고려하여 학습을 준비해야 한다. 과학 교과서에는 과학적인 기본 개념을 포함하여, 과학 개념을 도식화한 그림, 실험 과정에 대한 설명, 실험 결과를 해석할 수 있는 표와 그래프, 실험 결과의 일반화로 도출된 법칙과 공식, 과학적 현상을 적용한 실생활 문제의 해결 등 통합적이고 포괄적인 내용들이 있어 학생들은 단편적인 개념의 암기를 지양하고, 개념 간의 관계를 이해하며, 원인에 따른 결과를 추론하고, 일반화된 과학 법칙을 실생활에 구체적으로 적용하는 데 효과적인 학습 방법을 찾아서 꾸준히 학습해야 한다.

① 과학 교과서의 낯선 용어와 개념을 익숙하게 학습하기

과학 개념에 대한 과학 용어는 학생들이 사용하는 일상 언어와는 달라 낯선 개념이나 용어들이 많은 과학 교과서를 읽기가 어렵다. 새로운 단원을 배울 때 기본적으로 제시된 과학 용어와 개념을 미리 짚어둬야 교과서의 문장과 새로운 내용을 이해할 수 있다. 이를 위해 영어단어 학습을 위해 단어와 뜻을 단어장에 정리하듯이 과학 용어와 개념을 노트에 정리하면 개념을 익히는 데 도움이 된다. 과학 교과서를 여러 차례 정독하여 자신이 파악한 용어의 의미가 교과서에서 어떻게 설명되어 있는지 함께 이해해야 한다.

② 과학 공식이 의미하는 개념과 정의 정확하게 이해하기

힘과 운동, 열과 에너지, 화학 반응 등의 단원에서는 과학적 현상들을 일반화한 여러 과학 공식을 배우게 된다. 대부분의 과학 공식들이 수학 방정식으로 표현되어 있어 수학을 어려워하는 학생들은 과학 교과도 어려워하는 경우가 많다. 교과서에 나오는 과학 공식이 유도되는 과정들까지 세세히 알기보다는 기본적인 수학적 이해 능력을 바탕으로 과학 공식이 의미하는 개념과 정의를 정확하게 이해하는 수준으로 정리하고 형성평가를 풀어보며 학습하는 것이 좋다.

③ 많은 내용을 포함하고 있는 모형과 그림 자료 학습하기

과학 교과서에는 학생들의 이해를 돕기 위해 과학 현상을 도식화한 모형과 그림이 본문의 설명보다 더 많은 분량을 차지하고 있다. 물질의 구조를 이루는 원자 모형과 분자 모형, 물질의 상태를 구성하는 입자의 운동, 지구 내부의 구조, 생물의 기관과 조직, 유전자의 구조 등 대부분의 과학 개념과 현상들은 모형과 그림으로 설명되어 있어 교과서에 나온 그림 자료를 자세히 살펴보고, 모형을 이해하고, 각 구조와 명칭을 자세히 살펴보며 학습해야 한다.

④ 탐구 실험은 실험 목표, 실험 과정, 실험 결과 및 해석을 통합적으로 이해하기

교과서의 단원별 실험, 탐구가 어떤 개념이나 원리와 관련이 있는지 확인해야 한다. 개념 학습한 내용을 토대로 실험, 탐구 내용과 배운 내용을 어떻게 연결할지 생각해 본 후 순서와 과정, 준비물, 실험조건, 결과를 모두 정리해봐야 한다.

ⓐ 실험 목표: 어떤 실험이든 무엇을 알아보기 위한 것인지에 관한 실험

목표가 제시된다. 이 실험을 왜 하는지에 대한 정보이므로 제일 먼저 확인해야 하며, 보통 '~을 이해할 수 있다', '~을 관찰할 수 있다.'와 같이 주어진다. 예를 들어 '전류의 자기 작용을 관찰하고 자기장 안에 놓은 전류가 흐르는 코일이 받는 힘을 이용하여 전동기의 원리를 설명할 수 있다.'라고 실험 목표가 제시되었다면, 일단 전류의 자기 작용, 전동기의 원리 등에 대해서는 미리 공부해두어야 한다. 즉, 실험 목표를 통해 제시된 실험 내용에 관한 최소한의 배경지식이 있는지 확인하고 공부하는 것이다.

ⓑ 실험 과정: 어떤 실험은 실험 과정의 순서가 중요하다. 이럴 때는 실험 과정의 순서를 정확히 파악해둔다. 그런가 하면 순서보다는 어떤 실험 과정이 무엇을 확인하기 위한 것인지를 알아둬야 하는 경우가 있다. 즉, 왜 그 과정을 거치는지 알아야 하는 것이다.

ⓒ 실험 결과 및 정리: 실험으로부터 얻은 데이터 결과를 정리하고 이로부터 실험이 알고자 하는 의미를 도출하는 것이다. 대부분 어떤 사실을 확인하거나, 변인 간의 상관관계를 그래프로 그려보거나, 값을 계산하고 원인을 밝히는 등의 활동을 한다. 이것은 본문에서 설명한 내용을 뒷받침하는 역할을 하므로 반드시 정확히 알아두어야 한다. 결국 실험을 공부하는 주된 목적은 바로 이런 결과를 알아두고 원인을 이해하며, 사실을 확인하기 위해서이다. 특히 실험의 결과로 그래프를 그려보는 경우는 매우 중요하다. 그래프의 개형이나 특징, 꺾이는 점이나 최대-최소값 등을 잘 알아두어야 한다.

⑤ 실험 결과에 대한 표와 그래프 확인하고, 탐색하고, 판단하기

실험 과정을 통해 관찰 및 측정한 결과를 표로 나타내고, 표를 그래프로 변환하고, 그래프의 개형으로 가설을 검증하고 결론을 제시하는 활동은 과학 교과에서 중요하게 다루어지는 학습 활동이다. 표에 정리된 자료에서 실험 변인에 따른 종속 변인의 변화를 확인하고, 탐구하고자 하는 내용과 연결하여 탐색해야 한다. 표를 그래프로 변환할 때, 주로 실험 변인은 X축, 종속 변인은 Y축에 기록하여 변인 간의 관계를 확인하므로 그래프의 축에 해당하는 내용이 무엇인지 확인한다. 그래프의 개형을 통해 변인 간의 관계가 명확해지고, 실험 결과를 설명할 수 있다.

⑥ 지필평가와 수행평가를 균형적으로 준비하기

새 학기가 시작되는 첫 주에는 학생들에게 과학 교과 평가 계획이 안내된다. 과학 교과의 평가 영역은 지필평가와 수행평가로 이뤄진다. 지필평가를 통해 주로 과학적 기본 개념의 이해와 개념들 사이의 유기적이고 통합적인 관계를 이해하고 있는지에 대한 평가가 이뤄지고, 수행평가를 통해 탐구 수행 능력, 과학적 문제해결 능력, 과학적 의사소통 능력, 과학적 태도 등을 관찰하고 객관적으로 평가한다. 과학 교과의 평가는 점차 지식, 이해, 기능의 통합적인 영역에 대한 학생들의 소양과 역량을 기르는 데 방향을 두고 있기에 지필평가와 수행평가를 균형적으로 준비하며 학습하는 것이 좋다.

MEMO

중학생과 학부모의 궁극적인 고민은 고등학교를 선택할 때 정점에 이른다. 중학교까지는 학생의 능력과 성향 및 기호가 별로 반영되지 않는다. 그렇지만 고등학교 선택은 학생의 잠재 가능성 실현과 대학 선택에 영향을 주기 때문에 고민이 깊어질 수밖에 없다.

4장에서는 우리나라 고등학교의 유형을 알아보고 특목고의 현황을 세세하게 제시했다. 일반고 선택에서 유의할 사항만이 아니라 특성화고, 마이스터고, 국제고, 외국어고, 과학고, 영재고, 자사고 등을 선택할 때 고려할 사항을 제시하였다. 학생이 어떤 선택을 하는 것이 자신에게 가장 적합한 것인지 찾을 수 있도록 다양한 학교 정보를 제시하였다.

Chapter 4

고등학교 선택하기

01 고등학교 유형 살펴보기

중학교를 졸업하거나 중학교를 졸업한 사람과 동등한 학력을 인정받으면 고등학교에 입학할 수 있다. 어느 고등학교로 진학하느냐에 따라 대학 진학에 많은 영향을 받게 되므로, 고교 선택은 학부모의 주요 관심사가 된다. 어떤 경우는 미리 고교진학을 결정하고 이에 따라 중학교 생활을 맞춰 가기도 한다. 중학교 생활을 잘해야 원하는 고등학교 진학과 대입에서 유리한 자리를 선점할 수 있다. 따라서 중학생과 학부모는 고등학교 유형과 고교 선택 시 고려할 사항이 무엇인지 고민이 많아진다.

고등학교 유형은 크게 볼 때 일반고등학교, 특성화고등학교, 특수목적고등학교, 자율고등학교로 아래와 같이 구분할 수 있다. 학생 선발 방법은 시·도 또는 학교 유형별로 차이가 있어 주의가 필요하다. 고교유형과 상세한 내용은 고입정보포털(http://www.hischool.go.kr)을 이용하면 유용한 정보를 얻을 수 있다.

〈고등학교 유형별 현황〉

<table>
<tr><th colspan="2">고교유형</th><th>학교 수</th><th>입시 일정</th><th>재적 인원(명)</th><th>비고</th></tr>
<tr><td rowspan="7">특목고</td><td>영재학교</td><td>8</td><td>6~8월</td><td rowspan="7">64,493</td><td rowspan="10">• 재적 인원은 3개 학년 총 학생 수임
• 2020년 기준 고교생 약 1,337,320명
(중학생 1,315,846)
• 영재학교는 특목고로 분류했음</td></tr>
<tr><td>과학고</td><td>20</td><td>9~11월</td></tr>
<tr><td>예술고</td><td>26</td><td>9~10월</td></tr>
<tr><td>체육고</td><td>17</td><td>9~10월</td></tr>
<tr><td>마이스터고</td><td>52</td><td>10~11월</td></tr>
<tr><td>국제고</td><td>8</td><td>12월</td></tr>
<tr><td>외국어고</td><td>30</td><td>12월</td></tr>
<tr><td colspan="2">특성화고</td><td>489</td><td>11월</td><td>212,130</td></tr>
<tr><td colspan="2">일반고</td><td>1649</td><td>12월</td><td>957,320</td></tr>
<tr><td colspan="2">자율고</td><td>80</td><td>12월</td><td>103,200</td></tr>
</table>

일반고등학교

흔히 인문계고등학교라고 불리고 가장 일반적인 교육을 실시하는 학교이다. 고교유형 중에 가장 많고 공립고와 사립고, 여고와 남고 또는 공학 등으로 분류되어 있다. 지역마다 약간의 차이는 있지만, 중3 12월 중순 정도에 원서를 접수하고 전산으로 추첨 배정하여 다음 해 1월 말경에 배정학교가 발표되고, 배정된 고등학교에서 임시 소집을 하여 입학과 고교생활을 자세하게 안내한다. 일반고 중에서 과학중점학교, 예술중점학교, 체육중점학교, 영어중점학교, 창의융합중점학교 등 특정 과목의 심화 과정을 운영하는 학교도 있다. 일반고 진학자 중에서 중점학급을 희망한다면, 별도로 희망 원서를 쓰고 고교 입학 후에는 일반 학급으로의 변경이 원칙적으로 불가하다.

특수목적고등학교

특정 분야의 전문적인 교육을 목적으로 설립한 고등학교를 말한다. 과학계열의 인재 양성을 위한 과학고등학교, 외국어에 능통한 인재를 양성하는 외국어고등학교, 국제 분야 전문가를 양성하는 국제고등학교, 예술인을 양성하는 예술고등학교, 체육인을 양성하는 체육고등학교, 산업계의 수요에 연계된 맞춤형 교육을 운영하는 마이스터고등학교가 이에 해당한다.

특수목적고는 해당 영역에 부합하는 능력을 지닌 학생을 선발하기 위해 학교생활기록부, 자기소개서, 추천서, 면접, 실기 등 다양한 사항을 반영하기에 사전에 정확한 정보를 확인하고 준비하는 것이 필요하다.

특성화고등학교

특정 분야의 소질과 적성 및 능력이 있는 학생을 중심으로 체험 위주의 교육을 전문적으로 실시하는 학교를 특성화고등학교라고 한다. 국어, 수학, 영어, 사회 등과 같은 보통 교과 이외에 농·생명 산업, 공업, 상업정보, 수산·해운, 가사·실업 등 학교의 특성에 따라 다양한 직업 전문교육을 실시하고 있다. 일반전형과 특별전형으로 나누어 고입 석차연명부의 내신 성적이나 면접, 실기 등으로 학생을 선발한다.

자율고등학교

다른 고등학교에 비해 학교 교육과정의 자율성을 보장하는 학교가 자율형공립고와 자율형사립고이다. 특히 민사고, 하나고, 용인외고, 상산고 등 전국단위 자사고가 탁월한 대입 실적을 거두고 있어서 학부모들 사이에서 선망의 대상이 되기도 한다. 자율형공립고는 지역에 따라 전산 추첨 방식으로 배정하거나 내신 성적 등으로 선발하지만 자율형사립고는 학교생활기록부, 추천서, 자기소개서, 면접, 실기 등 다양한 방식으로 선발하고 있다. 전국단위 자사고에 관심이 있는 학생은 고입 경쟁과 성공적인 고교생활을 위해 중학교에서도 많은 준비를 해야 한다.

02 일반고 선택 시 고려할 것

중학교는 주거지 중심으로 배정되었지만, 고등학교는 학생이 선택할 수 있어서 생각이 많아진다. 더구나 고교유형이 다양하고 학교 선택에 따라 고등학교 생활과 대학 진학에 영향을 미치는 요소가 많아 학부모의 고민은 깊어진다. 중학교 입학부터 고교 진학을 염두에 두고 중학교 생활을 설계하는 학부모도 있지만, 대다수 학부모는 자녀의 진로를 계속 고민하다가 중3이 되면 숙제하듯 진학을 결정한다.

우선 일반고를 선택할 때 고려할 사항부터 살펴보자. 이런 고민을 하는 학부모가 제일 어려울 것이다. 그만큼 고려할 요인이 많고 이것과 저것 모두 선택이 가능한 접점에 있기 때문일 것이다. 일반고 선택을 '특목고로 진학할까?', '일반고 중에서 어떤 학교가 더 좋을까?'로 나눠서 생각해 보자.

일반고와 특목고 중에 어디가 더 좋을까?

이 질문에는 자녀의 능력과 특성을 냉정하게 객관적으로 판단하자고 말하고 싶다. 자녀를 있는 그대로 평가하기는 어렵다. 좀 더 긍정적이고 발전적으로 생각하고 싶은 부모 마음은 다 같을 것이다. 우선 자녀의 중학교 성적을 다음과 같이 종합적으로 판단해 보자. 모든 과목 성취평가에서 'A'를 받은 것은 중요하지 않다. 가장 잘했던 한 번의 성적이 기준이 되어서는 안 된다. 보통 20% 이상의 학생이 A를 받는다면 고등학교 성적으로는 2~3등급 정도이다. '전 과목 만점 근처인가, 잘하는 정도가 아니고 전교권 성적인가, 국영수사과 교과성적 중 특별한 재능과 흥미를 보여 탁월한 능력이 있는가, 많은 독서와 스스로 공부하는 습관이 잘 형성되어 있는가, 중1 때부터 성적이 가파르게 향상되어 중3 현재 최상위권까지 올라왔는가' 등으로 자녀의 고교 성적을 가늠해 보자. 위와 같은 질문에 긍정적이라면 특목고를 우선 고려해 보자.

다음으로 자녀가 특목고와 일반고 중에서 어디를 가야 대학 진학이 유리할 것인지 판단해 보자. 이는 지금 대학 입시의 방향을 생각하고 결정해야 한다. 지금 생각하고 있는 특목고와 일반고 중에서 어디가 더 대학을 잘 보내고 있는가 비교해 볼 수 있다. 지금은 특목고가 대입 실적이 좋다고 해도 특목고로 쉽게 결정해 버리는 것이 아니라, 내 자녀가 어디로 가야 원하는 대학에 합격할 가능성이 클 것인지 예측해야 한다. 서울 소재 대학의 정시 비중이 높아지고 있으니, 수능 성적이 잘 나오는 학교 또는 국영수 과목 1등급 비율이 일정 정도는 나오는 학력 수준이 되는 학교인지를 판단해야 한다. 다음으로 수시에서 교과전형, 학생부종합전형으로 자녀를 판단해 보자. 교과전형은 내신 성적이 절대적으로 중요한 입시 전형이다. 즉 일반고 가서 모든 과목을 1등급(4%/ 100명 중 4등까지)으로 성적을 관리해서 대학을 갈까, 아니면 학생부종합전형으로 특목고에서 일정 정도 등급을 유지하며 비교과 활동으로 진로를 개척해 볼까 등으로 나눠서 비교해 볼 수 있다. 일반고에서 1점대 초반의 성적을 거둔 경우 수시에서 6개의 원서를 쓰는 것을 고려한다면 최상위권 대학에 합격할 것이다. 물론 특목고와 일반고 관계없이 좋은 내신을 거둘 수 있다면 특목고를 권하고 싶다.

끝으로 일반고와 특목고 중에서 어떤 학습 환경에서 자녀가 더 많은 성장을 할 것인지 생각해 보자. 우선 특목고는 경쟁이 치열하고 학습 분위기가 잘 정착되어 있으며 기숙사 생활이라는 특성이 있다. 자녀가 경쟁하며 치열하게 공부하는 것을 견디며 멘탈 관리를 잘한다면 특목고를 생각할 수 있다. 그리고 부모와 정서적으로 갈등하는 일이 있고 독립심이 강하며 기숙사 생활을 즐길 것 같다면 특목고가 좋을 것이다. 반면에 성실하게 주어진 활동을 잘하고 부모와의 유대감 속에 정서적으로 안정되어 있으며 친구들과의 공동생활을 좋아하지 않는다면 일반고가 좋을 것이다. 일반고에서 좋은 성적을 거두고 인정받으며 긍정적으로 자아존중감을 키울 것 같다면 일반고 선택도 나쁘지는 않을 것이다.

일반고 중에서 어떤 학교가 더 좋을까?

이 질문은 다음과 같이 풀어보자. 우선 진학을 고민하는 몇 개 학교의 대입 실적을 비교해 본다. 고등학교 홈페이지나 학교알리미 사이트 또는 주변에서 들리는 이야기, 고등학교 평판으로도 판단이 가능하다. 자녀가

고등학교를 졸업할 즈음의 대학 실적을 가늠해 보기 위해서는 고등학교 교육과정, 학교 프로그램, 교사들의 분위기, 교장과 교감 등 관리자와 진로 진학실의 열의, 학교생활기록부 관리 등 다양한 요소로 비교할 수 있다.

다음으로 학교 현황을 고려할 수 있다. 남학교, 여학교, 공학, 사립, 공립, 중점학교, 학년별 학생의 증감, 중도 탈락 학생, 창의적 체험활동 프로그램, 교복, 급식 등 고려할 요인이 많다. 이런 것은 학부모가 관여할 필요가 없고 자녀의 의견을 들어주면 된다. 자녀가 공학이 좋겠다고 하는데 부모가 굳이 나서서 여고 진학이 좋겠다고 하는 등의 고집을 부릴 이유가 없다. 교복이 좋아서 결정하겠다는데, 그런 것은 판단할 요소가 안 된다는 식으로 부모의 의견을 내다보면 사소한 일로 감정이 상할 수 있으니 자녀의 판단을 존중해 주는 것이 좋을 것이다.

끝으로 학교의 위치와 생활 지도 등을 살필 필요가 있다. 통학 거리와 교통편을 살펴야 한다. 고교 3년간 다녀야 하기에 날씨가 좋지 않은 날도 고려해야 하고 언덕 위에 위치하여 가파른 길을 걸어야 한다면 이것도 고려 요인이 된다. 그리고 학교가 생활 지도를 잘해서 안전한 학교인지도 세심하게 살펴야 한다. 재학생들의 학교 만족도가 높은지, 학교의 면학 분위기는 어떤지, 학생들의 자치 활동은 활발한지, 학교폭력은 없는지 등을 확인해 볼 필요가 있다.

03 특성화고와 마이스터고에 진학하려면

특성화고등학교는 1998년 3월 공포된 「초·중등교육법 시행령」 제91조에 따라 운영되는 고등학교의 한 형태로, 특정 분야 인재 및 전문 직업인 양성을 위한 특성화 교육과정을 운영하는 학교로 2012년 이후 모든 전문계고가 특성화고로 통합되었다. 보통 직업교육으로 공업계열, 농생명산업계열, 상업·정보계열, 수산·해운계열, 가사·실업계열, 예술계열, 애니메이션 계열 등 시대 변화를 반영하여 각 분야에 재능과 소질이 있는 학생들에게 그에 맞는 전문적 직업 교육을 실시하고 있다.

특성화고로 진로를 고민하는 학생은 지원 희망 학교의 장단점을 정확하게 알고 판단해야 한다. 특성화고 중에서 어떤 학교는 학생들이 선호해서 좋은 성적과 재능이 필요하기도 하지만 성적이 좋지 않은 학생이 모여 안전한 학교생활이 어렵다고 평가받는 학교도 있기 때문이다. 중학교 성적이 아니라 학생의 꿈과 끼를 보고 진로를 결정하라고는 말하지만 실제로는 중학교 성적으로 특성화고를 고민하는 것이 현실이다. 그렇지만 중학교 내신 성적에 따라 특성화고등학교 합격선이 다르고 최근에 인기가 많은 마이스터고는 좋은 성적과 많은 노력이 필요한 학교이기도 하다.

특성화고는 학생이 좋아하는 분야의 공부를 재미있게 할 수 있고, 성실한 생활을 하면 내신 성적을 잘 받을 수 있으며 일찍부터 경제적으로 독립할 준비를 할 수 있는 학교이기도 하다. 지역에 따라 아직도 특성화고에 대한 사회적 편견이 있기도 하다. 특성화고의 장점을 아래와 같이 일부 제시하니 참고해 보자. 그리고 같은 연장선에서 특목고로 분류된 마이스터고의 특성도 뒷부분에 제시했으니 심사숙고하여 결정을 내리고 꿈을 펼치면 좋겠다.

특성화고는 도제교육 즉 현장 전문교육으로 학교와 기업을 오가면서 일과 학습을 병행할 수 있다

고1 때는 일주일에 하루 정도 연계 기관에서 현장경험을 쌓고 고3 때는 학교보다 더 많은 시간을 현장에서 실습하면서 관련 능력을 연마한다. 매달 일정 정도의 근로수당을 받으면서 실습에 참여하고 고교 졸업과 함께 참여한 기업에 취업을 할 수 있으며 대학 진학을 희망하면 폴리텍 대학 등에서 무료 학비의 혜택을 받으며 전문학사를 취득할 수 있다. 남학생의 경우 산업기능 요원으로 병역특례를 받을 수도 있다. 군특성화 과정 고등학교에서는 고등학교에서 군의 첨단 기술 분야 전문교육을 이수한 후 졸업과 동시에 입대하여 전문병으로 복무한 후 부사관으로 진출할 수 있다. 예를 들면 IT통신과는 정보통신병으로, 기관시스템과에서는 기관병으로, 자동차과에서는 상륙장갑차예비부사관 등으로 진로를 열어갈 수 있다.

특성화고등학교에서 공공기관이나 대기업 등으로 취업하는 사례가 많았다

정부가 청년의 취업 어려움을 해소하기 위한 고졸 지원정책으로 특성화고와 마이스터고 졸업 학생에게 공기업과 대기업, 금융권에서 고졸 공채를 제도적으로 보장하고 있다. 이런 이유로 중학교에서 우수한 성적을 거둔 학생들이 특성화고로 진학하는 경우도 많아졌다. 특성화고와 마이스터고에서 성적이 우수하면 학교 추천으로 20세에 대기업, 공기업, 금융권, 공무원에 입사할 수 있고 연봉이 쌓여 25세 이후부터는 대졸 입사 초봉과 비슷하다. 고졸 공채가 활성화되었을 당시에는 공채 선발 인원이 많아 공기업이나 대기업에 입사하는 경우가 흔했었다. 그러나 지금은 고졸 공채 인원이 축소되었고 정책의 일관성을 의심하는 풍조와 특성화고에 대한 부정적인 이미지가 남아 있다. 특성화고 지원은 시대의 변화를 민감하게 반영하고 있음에 유의하자.

대학교 진학을 희망하면 특별전형으로 대입에 응시할 수 있다

특성화고에서 수능을 공부하여 정시로 좋은 대학을 진학하는 것은 거의 불가능하다. 교육과정이 교과 수업보다는 전문과정이고 정시를 목표로 두고 있는 특목고와 재수생의 비율이 일정 정도 상존하기 때문이다. 그렇지만 수시 특별전형의 경우는 다르다. 일반고 학생들이 지원하는 일반전형과는 달리 특성화고등학교 학생에게만 주어지는 특별전형이 있다. 실제 특성화고 학생의 40% 정도가 대학에 진학하고 있다. 그리고 대학 정원에 비해 대학 진학 희망 학생 수가 적어서 대학 진학 자체만을 목표로 한다면 모든 고교생이 대학생이 될 수 있는 시대가 되었다. 또한 선취업 후학습의 특별전형도 늘고 있다. 고교 졸업과 동시에 취업해서 직업을 갖고 근무하다가 대학 진학을 희망하면, 이런 조건을 갖춘 사람들만을 수시로 뽑는 전형이 있어서 좋은 대학 진학도 가능하다.

특성화고 지원정책이 많다

직업계 고등학교 학생과 고졸 청년 지원 정책의 일환으로 다양한 금융혜택이 있다. 취업장려금을 받을 수 있고 시중에서 접할 수 없는 금융상품을 이용할 수 있다. 특성화고 학생이면 누구나 받을 수 있는 혜택만이 아니라, 특성화고등학교가 위치한 지역에 따라 자체적으로 주어지는 혜택도 다양하므로 이런 사항에 대해서는 지원하려는 고등학교 설명회 등에서 정보를 얻고 정확하게 확인한 후에 지원을 검토해야 한다.

마이스터고에서 명장의 꿈을 키우자

특성화고에 관심이 있는 학생은 마이스터고등학교를 눈여겨볼 만하다. 마이스터고등학교는 유망 분야의 특화된 산업수요와 연계하여 최고의 교육으로 젊은 기술명장(meister)을 양성하는 전문계 학교이다. 마이스터고등학교는 소질과 적성에 따라 원하는 분야의 전문가로 성장하기를 희망하는 학생을 대상으로 지역 전략 산업이나 산업계와 연계된 유망 분야에 관하여 지식과 실무 능력을 겸비한 미래형 직업분야 기술영재를 육성하기 위한 직업분야 선도학교로 다음과 같이 운영되고 있다. ① 교장을 공모제로 임용하여 학교장의 책임하에 학교를 운영한다. ② 현장의 기술명장을 교장 또는 교사로 임용할 수 있다. ③ 산업계 수요에 적절하게 탄력적으로 교육과정을 운영한다. ④ 해외 연수 취업이 가능한 실무 외국어 교육을 제공한다. ⑤ 학급 규모를 20명 내외로 한다. ⑥ 3년 단위로 마이스터고등학교로 재인증을 받도록 하여 교육의 품질을 보장한다. ⑦ 현장 수준에 맞는 시설과 기자재를 갖추어 활용한다. ⑧ 입학생에게는 학비를 면제해주고 기숙사 생활을 하도록 한다.

아래의 자료는 우리나라 마이스터고의 현황이다. 각기 다른 특색과 선발에 차이가 있으므로, 관심 있는 분야가 있다면 직접 학교를 방문하여 정확한 정보를 얻고 능동적으로 진로를 개척하는 것도 좋다고 생각한다.

지역	세부 유형	학교명	설립 구분		학급 총수	학생 총수	학급당 학생 수	교사1인 학생 수
서울	공업고	서울로봇고	공립	공학	24	466	19.4	5.8
서울	공업고	서울도시과학기술고	공립	공학	21	409	19.5	6.4
서울	공업고	미림여자정보과학고	사립	여자	18	336	18.7	7.1
서울	공업고	수도전기공업고	사립	공학	30	595	19.8	6.6

부산	공업고	부산기계공업고	국립	남자	45	902	20	7.5
부산	공업고	부산자동차고	공립	남자	18	352	19.6	6.9
대구	공업고	경북기계공업고	공립	남자	45	879	19.5	6.9
대구	공업고	대구일 마이스터고	공립	공학	18	339	18.8	6.5
인천	공업고	인천전자 마이스터고	공립	공학	24	465	19.4	5.7
광주	공업고	광주소프트웨어 마이스터고	공립	공학	14	241	17.2	5.1
대전	공업고	대덕소프트웨어 마이스터고	공립	공학	12	233	19.4	6.3
대전	공업고	동아마이스터고	사립	남자	30	589	19.6	7.5
울산	공업고	울산마이스터고	공립	남자	18	351	19.5	6.4
울산	공업고	울산에너지고	공립	공학	20	358	17.9	6.2
울산	공업고	현대공업고	사립	공학	18	346	19.2	6.7
경기	공업고	수원하이텍고	공립	공학	24	478	19.9	7.2
경기	공업고	평택기계공업고	공립	공학	26	483	18.6	6.9
강원	공업고	삼척마이스터고	공립	공학	12	229	19.1	5.9
강원	공업고	한국소방 마이스터고	공립	공학	13	146	11.2	4.2
충북	공업고	충북에너지고	공립	공학	17	276	16.2	6.9
충북	공업고	충북반도체고	공립	공학	19	349	18.4	7
충남	공업고	연무대기계 공업고	공립	공학	15	278	18.5	6
충남	공업고	공주마이스터고	공립	공학	12	231	19.3	0.0

충남	공업고	합덕제철고	공립	남자	16	277	17.3	6.4
전북	공업고	전북기계공업고	국립	공학	39	761	19.5	6.4
전북	공업고	군산기계공업고	공립	남자	21	420	20	6.6
전남	공업고	여수석유화학고	공립	공학	17	296	17.4	5.9
경북	공업고	구미전자공업고	국립	공학	42	821	19.5	6.8
경북	공업고	금오공업고	공립	남자	30	593	19.8	6
경북	공업고	한국원자력 마이스터고	공립	남자	12	231	19.3	5.8
경북	공업고	포항제철공업고	사립	남자	29	540	18.6	6.3
경남	공업고	거제공업고	공립	남자	24	467	19.5	7.2
경남	공업고	한국나노 마이스터고	공립	공학	13	207	15.9	5.9
경남	공업고	삼천포공업고	공립	공학	15	293	19.5	6.7
대구	농림 업고	대구농업 마이스터고	공립	공학	21	345	16.4	6.3
충북	농림 업고	한국바이오 마이스터고	공립	공학	20	358	17.9	6.2
충남	농림 업고	한국식품 마이스터고	공립	공학	10	179	17.9	6
전북	농림 업고	김제농생명 마이스터고	공립	공학	16	248	15.5	5
전북	농림 업고	한국경마축산고	공립	공학	6	100	16.7	4.8
전남	농림 업고	전남생명과학고	공립	공학	17	251	14.8	4.7

경북	농림 업고	경북식품과학 마이스터고	공립	공학	9	170	18.9	5.3
대구	상업고	대구 소프트웨어고	공립	공학	9	179	19.9	6
경기	상업고	경기게임 마이스터고	공립	공학	15	202	13.5	4.9
전남	상업고	한국항만물류고	공립	공학	15	277	18.5	6.6
경북	상업고	한국국제통상 마이스터고	공립	공학	5	60	12	5
전남	상업고	완도수산고	공립	공학	15	240	16	5.7
광주	실업고	광주자동화설비 공업고	공립	공학	12	239	19.9	5.8
강원	실업고	원주의료고	공립	공학	18	350	19.4	6
부산	해양고	부산해사고	국립	공학	24	450	18.8	7.4
인천	해양고	인천해사고	국립	공학	18	345	19.2	6.8

*2020년 특목고 자료를 편집한 것으로 실제 차이가 있을 수 있으니 진학을 희망하는 학생은 직접 확인해야 함.

04 국제고와 외국어고에 진학하려면

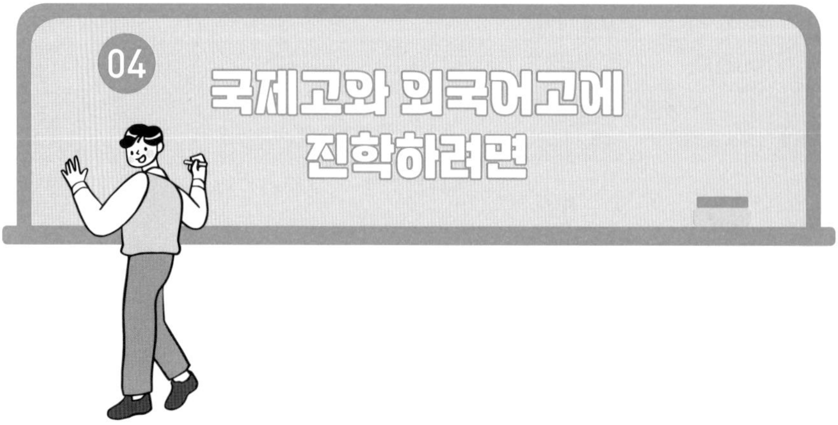

국제고등학교와 외국어고등학교의 차이점을 궁금해하는 학생과 학부모가 많다. 중학교 때 공부를 좀 잘하고 인문, 사회, 어학 계열에 관심이 있는 학생들이 진로를 고민할 때 두 학교에 대한 궁금증이 많아진다.

우선 설립 목적과 학교 교육과정 운영에 차이가 있다. 국제고와 외고는 모두 특수한 목적을 달성하기 위해 설립된 학교 즉 특목고라는 공통점이 있으나 설립 목적이 다르기에 교육과정에 차이가 있다. 외국어고등학교는 외국어에 능통한 선도적 인재 양성을 목표로 한다. 국제고는 국제 계열의 전문가 양성을 목적으로 한다. 특목고는 전문교과 72단위(3년간 72시간, 6개 학기로 나누면 12시간 즉 일주일에 12시간을 관련 교과목을 이수한다는 의미)를 편성하여 운영한다. 따라서 국제고는 국제 정치, 국제 경제, 국제법, 지역 이해, 한국 사회의 이해, 비교 문화, 세계 문제와 미래 사회, 국제 관계와 국제기구, 현대 세계의 변화, 사회 탐구 방법, 사회과제 연구 등 인문 사회 교과목을 다수 배우게 된다. 외고는 영어, 중국어, 일본어, 독일어, 프랑스어, 러시아어, 스페인어과, 베트남어과 등 외국어를 많이 배운다는 특징이 있다.

국제고와 외고의 전형 방법은 같으나 국제고는 일반선발을 하고 외고는 모집학과별로 선발한다는 차이가 있다. 전형 요소는 영어와 면접으로 이뤄지고 있고 제출서류와 자기소개서의 형식도 같다.

국제고는 아래와 같이 8개 학교인데 청심국제고만 사립고등학교이다. 외고에 비해 국제고등학교 간 편차가 적은 편이고 학급수가 적으며 교육환경이 평균적으로 좋다는 특징이 있다.

연번	학교명	구분	학급 수	학생 총수	여학생 수	학급당 학생 수	입학자 수	졸업자 수
1	고양국제고	공립	24	603	453	25.1	206	188
2	동탄국제고	공립	24	594	449	24.8	205	192
3	부산국제고	공립	24	505	358	21	171	168
4	서울국제고	공립	18	447	326	24.8	154	143
5	세종국제고	공립	15	296	228	19.7	97	96
6	인천국제고	공립	18	400	279	22.2	129	142
7	청심국제고	사립	12	304	180	25.3	98	101
8	*대구국제고	공립	18	360	220	20	120	120
계				3,509	2,493		1,180	1,150

*대구국제고는 2021년 개교하여 학생 수는 평균값으로 짐작하여 작성한 수치임.

외국어고는 아래와 같이 30개 학교인데 공립과 사립이 반반이다. 서울에 있는 외고와 수도권 외고 간에도 학력 편차가 많은 편이고 일부 지역의 외고는 일반고보다 선호도가 낮은 경우도 있으므로, 외고라고 묶어서 고민하는 것보다는 진학을 희망하는 특정 외고를 세세하게 분석할 필요가 있다.

연번	학교명	구분	학급 수	학생 총수	여학생 수	학급당 학생 수	입학자 수	졸업자 수
1	강원외국어고	사립	15	347	216	23.1	115	117
2	경기외국어고	사립	24	598	434	24.9	198	203
3	경남외국어고	사립	24	591	393	24.6	199	201
4	경북외국어고	공립	15	343	237	22.9	113	118
5	고양외국어고	사립	30	721	516	24	252	254
6	과천외국어고	사립	30	663	499	22.1	224	240
7	김포외국어고	사립	24	505	304	21	180	175
8	김해외국어고	공립	15	376	287	25.1	130	124
9	대구외국어고	공립	18	409	316	22.7	131	138
10	대원외국어고	사립	30	755	507	25.2	253	274
11	대일외국어고	사립	30	750	567	25	257	252
12	대전외국어고	공립	30	745	583	24.8	258	244
13	동두천외국어고	공립	24	598	402	24.9	207	204
14	명덕외국어고	사립	30	724	550	24.1	255	248
15	미추홀외국어고	공립	24	565	406	23.5	199	190
16	부산외국어고	사립	30	724	474	24.1	251	243

17	부일외국어고	사립	24	582	375	24.3	199	198
18	서울외국어고	사립	30	664	480	22.1	229	209
19	성남외국어고	공립	24	620	482	25.8	206	204
20	수원외국어고	공립	24	626	506	26.1	216	209
21	안양외국어고	사립	30	676	490	22.5	223	239
22	울산외국어고	공립	21	456	323	21.7	162	159
23	이화여자외고	사립	18	406	406	22.6	139	128
24	인천외국어고	사립	27	605	351	22.4	202	218
25	전남외국어고	공립	15	361	257	24.1	124	117
26	전북외국어고	공립	24	463	337	19.3	157	153
27	제주외국어고	공립	12	277	170	23.1	96	92
28	청주외국어고	공립	23	546	367	23.7	178	183
29	충남외국어고	공립	21	403	302	19.2	143	160
30	한영외국어고	사립	30	668	535	22.3	230	216
계				16,767	12,072		5,726	5,710

수학과 과학 교과에 능력이 있다면 영재고와 과학고, 자사고 진학을 권하게 된다. 영어와 함께 국제 분야 사회계열에 관심이 있다면 국제고, 영어와 외국어에 재능이 있다면 외고를 추천하게 된다. 특목고와 일반고, 국제고와 외고 중 어떤 선택을 할까 고민하는데, 이것을 좀 더 세분화하여 자세하게 분석하는 것이 현실적인 답을 준다.

서울의 경우 서울국제고와 대일외고, 명덕외고와 이화여자외국어고, 한영외고와 일반고 등 구체적으로 몇 개 학교를 올려놓고 고민을 하는 것이 좋다. 대부분 대입 실적과 학교 프로그램을 살핀 후, 자녀가 그 학교에 진학했을 때 어느 정도의 성적을 거둘 것인가를 보고 선택하게 된다. 인천의 경우 인천국제고와 미추홀외고, 미추홀외고와 인천외고, 인천외고와 일반고 등을 놓고 고민하는 것도 마찬가지이다. 경기권이나 다른 지역도 비슷한 양상이다. 국제고와 외고라고 통으로 비교하기보다는 학생이 선호하는 학교를 놓고 구체적으로 비교하는 것이 좋다. 겉으로 드러난 진학 실적만으로 판단하지 말고 학생 수와 교육 여건 등 세부 내용까지 잘 분석할 필요가 있다.

05 영재고와 과학고에 진학하려면

영재학교와 과학고는 비슷한 듯 많은 부분에서 차이를 보이는 학교이다. 영재학교는 「영재교육진흥법」에 따라 영재교육을 목적으로 설립한 학교이고, 과학고는 「초·중등교육법」에 따라 설립된 특목고이다. 영재학교는 자율적인 교육환경 속에서 창의력과 연구 활동에 강점이 있는 학생에게 적합하고, 과학고는 수학과 과학에 탁월한 재능을 보이고 깊이 있게 학습을 진행한 학생이 강점을 보인다고 한다.

영재고와 과학고 모두 합격을 위해 초등학교 때부터 많은 준비를 하고 최상위 대학으로 진학한다는 면에서 선망의 대상이 되는 교육기관이다. 수학과 과학에서 선행과 심화 학습을 잘해야 합격이 가능해서 스스로 공부한다는 것이 어렵다. 사교육기관이나 이미 영재고와 과학고 진학을 경험한 사람들의 도움으로 입시 로드맵을 짜고 그에 따라 장기적인 학습을 진행해야 한다. 그만큼 힘든 과정과 경제적 지출을 감당해야만 합격의 영광을 누릴 수 있다. 우리나라 조기교육과 사교육 열풍의 진원지라는 오명을 받기도 하고 대학 진학 후에도 의대나 로스쿨로 진로를 바꿔 다시 공부하는 일들이 있어서 사회적인 문제라고 지적받기도 한다.

영재고는 아래와 같이 전국에 8개 학교 중 하나의 학교만 지원이 가능하며 6~8월에 전형이 진행된다. 1단계에서 학생부와 자기소개서, 추천서 등으로 지원자의 약 2/3가 통과를 하면 2단계에서 영재성 평가로 수학과 과학의 깊이 있는 문제를 풀고 3단계에서 합숙하면서 면접과 토론 등 영재 캠프에서 최종 합격자를 가린다.

연번	학교명	학급 수	학생 총수	여학생 수	학급당 학생 수	입학자 수	졸업자 수
1	경기과학고	24	379	46	15.8	127	127
2	광주과학고	18	287	53	15.9	97	97
3	대구과학고	18	284	59	15.8	96	93
4	대전과학고	18	275	23	15.3	93	95
5	서울과학고	24	380	31	15.8	128	123
6	세종과학예술영재학교	18	275	68	15.3	88	91
7	인천과학예술영재학교	15	229	36	15.3	79	77
8	한국과학영재학교	36	400	64	11.1	122	127
계			2,509	380		830	830

과학고는 전국에 20개 학교가 모두 공립이고 과학과 수학에 중점을 둔 교육과정을 운영한다. 영재고 입시가 끝나고 9~11월까지 1단계 서류전형과 2단계 면접으로 합격자를 가린다. 영재고가 서울대 진학이 많은 것에

비해 과학고는 2학년 때 조기 졸업을 하고 KAIST로 진학하거나 3학년까지 과정을 모두 마치고 최상위 대학을 노리기도 한다.

영재고는 180학점 이상을 이수하기 위해 1학년은 필수과목, 2학년부터 대학교와 유사하게 선택과목을 수강하는 형태로 사실상 조기 졸업이 불가능한 것에 비해, 과학고는 20% 정도의 인원이 조기 졸업을 하고 과학연구중심 특수대학으로 진학한다. 과학고는 차원이 높은 과학, 수학 공부와 대회가 많고 상대평가로 경쟁이 심하며 전원 기숙사 생활을 한다는 것을 고려하여 진로를 정해야 할 것이다. 전국에 있는 과학고의 현황은 다음과 같다.

연번	학교명	학급 수	학생 총수	여학생 수	학급당 학생 수	입학자 수	졸업자 수
1	강원과학고	9	162	40	18	60	57
2	경기북과학	15	274	56	18.3	101	97
3	경남과학고	15	269	72	17.9	102	99
4	경북과학고	6	100	25	16.7	39	38
5	경산과학고	9	157	32	17.4	61	55
6	대구일과학고	12	206	41	17.2	81	77
7	대전동신과학고	15	220	55	14.7	82	75
8	부산과학고	15	282	67	18.8	103	93
9	부산일과학고	15	270	64	18	102	91
10	서울과학고	24	380	31	15.8	128	123
11	세종과학고	23	435	86	18.9	161	156

12	울산과학고	12	192	42	16	73	64
13	인천과학고	12	211	40	17.6	80	76
14	인천진산과학고	12	210	41	17.5	83	77
15	전남과학고	12	243	68	20.3	86	65
16	전북과학고	9	157	45	17.4	60	57
17	제주과학고	6	105	20	17.5	41	38
18	창원과학고	12	211	40	17.6	82	81
19	충남과학고	12	202	60	16.8	73	69
20	충북과학고	9	142	25	15.8	55	49
계			4,428	950		1,653	1,537

06 자율형사립고 선택 시 고려할 것

자율형사립학교는 다양한 교육수요를 수용하겠다는 명분을 내세워 2010년에 도입한 고등학교 모델이다. 교육과정을 비롯하여 학교의 자율성을 보장해주고 정부에서의 재정지원은 줄이며 학생으로부터 많은 학비를 받아 양질의 교육을 제공하는 것을 목표로 하고 있다.

자율형사립고의 대표적인 성공모델인 전국단위 자사고가 선행학습을 유발하고 교육 양극화를 심화시키는 부정적인 면이 있으나 놀라운 대입 실적으로 인해 학부모의 많은 관심을 받고 있다. 자사고를 일반고로 전환하는 문제가 찬반으로 나뉘어 대립하고 있지만 쉽게 정리될 것 같지는 않다. 지역 소재 자사고가 일반고로 자율적으로 변경하지 않는 한 강제로 학교 형태를 바꾸기는 어려울 것으로 예상된다. 교육비가 일반고의 3배 정도라고 하지만 실제 학생이 교육활동을 하는 비용만으로 1년에 3천만 원에 가깝고 사교육 비용까지 감안하면 교육 지출이 과다하다는 비판을 받을 수 있다. 이에 공립 학교에 자율성을 부여하는 자율형 공립고등학교가 생겼으나 일반고에 가깝다는 평가를 받는 학교가 대부분이라 유명무실하다.

대학 입시에서 절대 강자로 군림하고 있는 전국단위 자사고의 현황은 아래와 같다.

연번	학교	전국모집	지역모집	사회통합	계	비고
1	광양제철고	190	26	24	240	전남
2	김천고	96	96	48	240	경북
3	민족사관고	143	1	16	160	강원
4	북일고	151	137	72	360	충남
5	상산고	249	67	20	336	전북
6	인천하늘고	25	155	45	225	인천
7	하나고		160	40	200	서울
8	한국외대부고	196	84	70	350	경기
9	포항제철고	240	30	30	300	경북
10	현대청운고	166		14	180	울산
계		총 1,456명(2023년 모집인원 기준)				

지역 자사고는 학교가 위치한 지역에 거주하는 학생을 선발한다. 서울 지역에는 강남구에 위치한 휘문고, 중동고, 현대고 등이 있는데 일부 학교는 정시로 의대 진학이 많아 인기가 높다. 서울 이외 지역 자사고로는 대구 계성고·대건고, 대전 대성고·대신고, 부산 해운대고, 안산 동산고, 인천 포스코고, 충남 삼성고 총 8개교가 있다.

서울지역 자사고는 성적과 무관하게 추첨과 면접으로 전형을 실시하고 전국단위 자사고는 1단계 성적과 2단계 면접이 중심이 되지만 경쟁률이 그렇게 높은 편이 아니다. 그렇지만 중요한 것은 입학이 아니라 고교생활을 잘 견딜만한 실력을 이미 갖추었는지가 지원의 고려 요소가 된다. 대학 실적이 좋은 것은 사실이지만 내가 좋은 대학을 가지 못한다면 이야기는 달라진다. 전국단위 자사고의 열풍은 지속될 것으로 예상된다. 대입에서 수능이 강화되면 이런 학교를 따라갈 학교가 거의 없다. 교과전형은 내신 경쟁으로 불리하다. 그렇지만 다양한 프로그램을 운영하는 전국단위 자사고는 학생부종합전형에서 타의 추종을 불허하는 학교가 있다. 하나고, 민족사관고, 외대부고가 대표적인 학교이다.

전국단위 자사고는 이미 선행학습을 마친 학생들이 입학했고 최상위 대학을 목표로 모인 집단이기에 과열 경쟁의 가능성은 상존한다. 동일한 그룹의 집단이 열심히 공부하여 실적을 낼 수도 있으나 다른 한편으로는 적응하지 못하고 낙오하면 이도 저도 아닌 실패를 감당하기도 어렵다. 모두가 열심히 하기에 내신 문항의 난도가 상당히 높으며, 고2 정도까지 다양한 교육활동과 진도를 마치고 고3 때 다시 수능에 몰입하는 구조는 가히 비인간적이라는 비판을 받을 수도 있다. 도전 정신이 강하고 친구들과 경쟁하는 과정에서 더 큰 발전을 이뤄낼 자신이 있다면 자사고 선택은 좋은 결정이지만 그렇지 않을 수 있다는 것도 염두에 두고 판단할 필요가 있다.

현행 교육제도에서 특목고 진학은 진로 선택과 대학 진학에 유리하기에 학생과 학부모의 관심은 커지고 있다. 특목고가 모든 학생에게 유리한 것만은 아닐 것이다. 어떤 학생이 특목고에서 성공할 가능성이 큰지, 좋은 학교의 조건은 무엇인지 알아보자.

학생이 영재고, 과학고, 국제고, 외국어고, 자사고로 진로를 선택했다면 특목고 합격을 위해 무엇을 준비해야 할지 정보를 찾는 것이 필요하다. 5장에서는 특목고 합격을 위해 자기주도학습전형의 특성과 자기소개서 작성 그리고 면접으로 합격에 이르는 비법을 제공하였다.

Chapter 5

특목고 합격 비법

01 특목고 입학사정관이 선발하고 싶은 학생은 따로 있다

저자는 특목고 입학사정관(담당관)을 했었고 자기주도학습전형을 실시하는 특목고 입시담당자를 연수했으며, 한국교육개발원 업무 지원으로 특목고 컨설팅과 평가를 진행했던 경험이 있다. 입학사정관을 할 때는 우수한 학생을 어떻게 선별할 수 있을까 관심을 가졌고, 앞서가는 특목고를 보면 그 학교의 교육력은 어디서 나오는지 궁금했다. 특목고 입학전형을 진행하면서 우수한 학생이라는 열매만을 수확하려는 것이 아니라, 지역 사회에서 특목고가 담당해야 할 몫이 있다고 생각하여 관내 거의 모든 중학교를 방문했었다. 중학교를 방문하여 현관문을 지날 때면 대부분 '글로벌 인재 양성', '미래형 창의 인재 육성'과 같은 문구를 쉽게 접할 수 있었다. 그러나 실제 학교의 전반적인 모습은 과거와 현재에 머물러 있다는 생각이 들었고 그럴 때면 떠오르는 장자의 문구가 있었다.

"우물 안 개구리에게는 바다에 대해 말할 수 없다(井蛙不可以語海). 그 개구리는 우물이라는 공간에 갇혀 있기 때문이다(拘於虛也). 한여름에만 사는 매미에게는 얼음에 대해 말할 수 없다(夏蟲不可以語氷). 그 곤충은 자신이 사는 때에 매여 있기 때문이다(篤於時也). 편협한 지식인에게는 진정한 도(道)에 대해 말할 수 없다(曲士不可以語道). 그 사람은 자신이 알고 있는 가르침에 묶여 있기 때문이다(束於敎也)."

글로벌 시대라고 말하고 미래형 학력 신장을 말하면서도, 공간과 시간과 인식의 한계 속에 갇혀 있는 인간의 어리석음에 대한 깨달음을 준다. 국경의 의미가 없는 지구촌 시대라지만 학교가 위치한 지역에 갇혀 있고, 기성세대와 교사들이 의미를 뒀던 가르침이 미래를 살아갈 학생들에게 어떤 의미가 있을지 깊이 있는 고민이 이루어지지 않고 있다는 생각이 들어 중학교 교문을 나설 때 어깨가 무거웠다.

"그렇다면 우리 학교가 뽑고 싶어하는 우수한 학생은 어떤 특성이 있을까?"

특목고에서 입학담당관의 부담감 중 하나가 우수한 학생을 선발해야 한다는 스트레스이다. 실제 명성을 떨치는 학교는 해당 학교의 교육력이 있기도 하지만, 기본적으로는 우수 학생을 선점한다는 선발효과가 있다. 입학담당관 이전에, 공교육을 담당해 온 교사이기에 우수 학생을 선발한다고 할 때, 어떤 학생이 우수하다고 할 수 있는지 계속 나에게 묻곤 했다. 그리고 선발하고 나서 학교생활을 하는 재학생들의 모습을 지켜보면서, 우리 학교의 선택이 옳았는지 검증해 보기 위해 노력했다. 특목고에서 소기의 성과를 거두고 있는 우수 학생은 다음과 같은 특성을 가지고 있었다.

우수 학생은 자기 주도성이 강한 학생임에 틀림없다

중학교 때 1등의 경험을 해 본 학생들이 많다. 그런데 그 성적이 부모에 의해 만들어졌다면, 기숙형 학교에서 지속적인 성과를 내는 것은 쉽지 않다. 스스로 공부하는 이유가 있고 자신의 학습 방법을 만들어 가며 성과를 내는 학생들이 있다. 자신의 부족함을 교사와 학생들에게 드러내 놓는 것을 부끄러워하지 않고 하나라도 더 배우려고 노력하는 학생들이 성장한다. 모르는 것을 쌓아 놓고 주말에 집에 가서 학원과 부모와 상의하려는 학생은 분명히 한계가 있다.

우수 학생은 공부를 즐기는 학생이다

비슷한 능력으로 선행학습을 했고 주변의 기대와 응원 속에 저마다 특목고에서 성공하려고 경쟁한다. 쉬운 일은 아니다. 성적 스트레스가 일정 정도를 넘어서게 되고 불안함이 가중되면 집중력을 잃고 아파한다. 자신의 경쟁 대상자가 친구들이 아니라, 자신의 나쁜 습성과 적당주의에 있음을 알고, 자신과 싸워 이겨 내며 현재를 즐기는 학생은 성장해 간다. 중학교 때 전교 최상위권이었는데, 고1 들어와서 시험을 보고 크게 당황하여 일반계고등학교로 바로 전학을 고민하는 학생도 있다. 자신이 공부해야 하는 이유를 자신에게서 찾고 친구들과 함께 공부를 생활처럼 즐기는 학생이 성공한다.

우수 학생은 인성이 훌륭한 학생이다

인간의 일을 인공지능과 로봇이 대신해 주는 세상에서 인성의 중요성은 더욱 강조된다. 혼자 할 수 있는 일은 줄고 인성의 개념은 개인의 특성이기보다는 사회성에 가깝다. 경쟁하고 있으나 협업을 통해 경쟁력을 키우는 것이 중요한 시대가 되었다. 공부만 잘하면 무엇하겠는가? 사회에 기여하지 않을 생각이라면 차라리 능력이 없는 사람이 나을 수도 있다. 오늘을 있게 해준 부모님께 감사하고, 자신의 정체성과 삶의 의미를 배우며 실천하는 정신력이 강한 학생이 성공한다. 부모를 떠나 기숙사 생활을 하면서도 자신만을 더 생각하고 존대받으려는 학생, 잦은 감정 변화로 주변 친구들을 불안하게 하는 학생은 가정에서 부모님과 함께 지내며 집에서 가까운 학교를 다니는 것이 더 좋을 수 있다. 배워서 남 주고, 혜택받고 공부하는 것에 대한 감사함으로 사회와 국가 나아가 인류를 위해 기여하는 사람이 되겠다고 마음을 먹은 학생이 우수 학생이다. 바른 인성과 좋은 습관은 좋은 성적과 행복한 삶으로 이어진다.

"그렇다면 학생과 학부모 입장에 특목고가 좋다고 생각하는 이유는 무엇일까?"

특목고에 입학하기만 하면 정말 좋겠다던, 학생들이 자신과의 싸움을 하는 시간들이 계속된다. 중학교나 일반고등학교와는 차원이 다른 생활에 감사하면서도, 여전히 잘하고 싶다는 욕심과 부모님의 기대는 학생을 힘겹게 만든다. 특목고는 다른 학교에 비해 교육 여건이 좋은 학교이다. 학생의 잠재 가능성을 키워주는 학교이다. 입학생 중 중도 탈락 학생이 거의 없는 학교는 이미 좋은 학교라고 인정받은 셈이다. 특목고 입학 후 바로 학교를 그만두는 학생이 나온다. 입학식 즈음하여 전학 가는 학생이 나온다. 이유는 다양하지만, 합격하고 좋아하다가 부담을 느끼게 되면 다양한 핑계를 만들어 부모님을 설득하고, 자식 못 이기는 부모는 다른 생각 없이 자기 자식 상처를 덜 입히려고 막무가내로 입학식 날부터 전학을 추진한다. 그리고 1학년 1학기 중간고사 전후로 일반고로 전학을 희망하는 경우가 있다. 소수의 학생이 해외 유학이나 검정고시 등 일신상의 이유로 학교를 그만두기도 한다. 그 이외에는 거의 변화 없이 서로 아파하고 보듬으며 성장해 간다. "내 힘들다"를 거꾸로 읽으면 "다들 힘내"가 된다는 것을 알고 이를 실천하는 분위기가 되어 간다. 공동체와 독립된 개인이 아니라, 관계 속에서 자신을 보고 상생, 공생의 가치를 창출해 나간다.

나는 좋은 학교로 '3H'를 말한 적이 있다. 첫째는 'High', 즉 학력이 높은 학교라는 것이고, 둘째는 'Human', 곧 인성을 강조하는 학교이며, 마지막으로 육체적, 정신적으로 건강한 아이들을 키워내는 'Healling'의 학교이다. 학생을 명문대에 한 명 더 보내기 위한 학교가 아니라, 진정한 교육을 실현하는 학교, 아이들이 즐거운 학교를 만드는 것이 특목고 교직원의 목표여야 한다고 말했다. 그러면 자연스럽게 대입 성과는 나온다. 특목고에 근무하면서 바랐던 좋은 학교가 갖추어야 할 모습은 다음과 같다.

'상생(相生)'의 가치 추구이다

교사는 학생에게 "너희는 '경쟁자'가 아니라 함께 노력하는 '동반자'가 돼야 한다."고 가르쳐야 한다. 각종 프로젝트와 멘토링 프로그램이 활성화되어야 한다. 졸업생과 재학생, 선·후배 재학생 간은 물론이고 동급생 간 멘토링 프로그램까지 진행하는 것이 좋다. 동급생 멘토링은 특정 과목을 잘하는 학생이 같은 학년 친구를 돕는 것이고, 졸업한 선배들은 수시로 학교를 방문하여 멘티들에게 희망을 준다. 좋은 특목고에 다니는 학생들은 함께 자기 주도적으로 공부하는 게 생활화돼 있다. 성적이 비슷한 학생임에도 교실과 기숙사에서 시험정보를 공유하는 일이 많은 학교가 좋은 학교이다.

'융합(融合)'형 교육과정이다

창의 융합의 시대이다. 융합은 두 가지 이상의 분야가 모여 새로운 것을 만들어 낸다. 여러 분야를 결합하고 통합하여 새로운 분야를 창출하는 것이 창의성이다. 내가 좋아하는 일, 흥미롭게 빠져드는 일, 나에게 중요한 문제, 내가 이루고 싶은 일들을 찾고 그것들을 풀어내는 일을 할 때 창의성은 발휘된다. 학교와 학생의 교육목표를 달성하기 위한 과정과 경로는 다양할 수밖에 없다. 따라서 학생의 선택을 확대하고 진로가 바뀐다면 계열을 변경하고 나아가 자신의 진로에 맞는 교육과정을 설계할 수 있는 방향으로 나아가야 한다. 교육과정상 넘나들기와 아우르기가 가능한 통합과 통섭의 교육과정이어야 한다는 의미이다.

'자율(自律)'적인 학생 문화이다

자율이란 남의 지배나 구속을 받지 않고 자신의 원칙에 따라 스스로 조절하는 능력이다. 타인의 명령이나 학교의 규율에 의존하지 않고, 학생의 자율적 의지로 자신과 학생의 문화를 만들어 가는 학교가 좋은 학교이다. 학교가 학생을 통제하고 학생의 미래를 설계하여 방향을 제시하는 것은 한계가 있다. 급변하는 교육환경에서는 학생의 능동적인 대응과 변화에 적응하는 능력이 필요하다. 이제는 학생 개개인의 자율성을 존중하고 학생들이 모여 자기 앞에 놓인 과제를 능동적으로 수행하고 공동의 과업을 수행하면서 상호 성장할 수 있는 풍토가 조성되어야 한다. 학생이 스스로 자신들의 일에 몰입하고 협력하며 자신들의 문화를 조성할 수 있도록 학교는 도움을 주고 지지하며 기다려줘야 한다.

'책임(責任)'을 다하는 교직 문화이다

학교는 학생을 선발하면 그만이라고 생각하지 않는다. 선발한 만큼, 그 책임을 다하기 위해 노력한다. 교직원은 학생의 발전과 행복을 누구보다 갈망한다. 장자라는 책에 "곤(鯤)이 붕(鵬)이 된다."는 말이 있다. 북쪽 바다에 살던 곤이라는 물고기가 변해서 붕새가 된다. 여기서 곤은 명란(明卵)을 말하고, 붕은 봉황이다. 붕새는 날개의 길이가 삼천 리이며 하루에 9만 리를 날아가고, 6개월을 날아야 한 번 쉰다는 매우 큰 새이다. 작은 곤이 큰 붕이 된 것이다. 곤이 붕이 되듯, 학생들이 자신의 내면에 있는 잠재 가능성을 발견하고 키워나가 전 세계 온 인류를 주름잡는 글로벌 인재가 되길 소망하는 교직원이 득실거려야 한다.

02 특목고 진학 정보는 어디에서 찾아야 할까?

고등학교의 유형이 다양하고 같은 유형의 고등학교라고 하더라도 선발 전형에 차이가 있을 수 있다. 영재고와 과학고, 국제고와 외국어고, 전국단위 자사고와 인기 학교의 입시는 중학교 초기부터 준비해도 만만치 않다. 성공적인 고입을 위해서는 우선 지원 희망 학교군의 정보를 입수하는 것부터 시작해야 한다. 그렇다면 어디서 정보를 찾아서 어떻게 준비해야 하는지 차례대로 알아보자.

고등학교와 고입 정보를 알아보는 방식은 다양하다. 가장 기본이 되는 정보는 고등학교 홈페이지와 학교알리미에서 얻을 수 있고 특목고 입시정보를 얻으려면 고입정보포털을 이용하면 된다. 고등학교 홈페이지는 인터넷 포털에서 학교명만 치면 쉽게 접속할 수 있다. 관심을 두고 있는 학교는 학생과 학부모 모두 평소에 시간이 있을 때 이런저런 정보를 부담 없이 클릭하다 보면 그 학교의 기본 정보와 실제 운영의 모습을 확인할 수 있다. 입학 정보만을 모아 놓은 곳이 있고 고입 전형과 세부 사항 및 입시설명회 일정 그리고 문의 사항을 묻고 답변하는 코너가 있다.

고교 입시설명회는 꼭 참석할 것을 권한다. 중3 때 참여하는 것보다는 저학년 때부터 참석하여 학교 현장을 방문해 보고 학교에서 제공하는 다양한 정보를 접하며 학교의 실제 모습도 보고 학교에서 제공하는 입시정보를 미리 접하는 것이 좋다. 단순하게 합격을 위한 정보를 얻기보다는 합격 후 성공적인 고교생활을 하기 위해서 만반의 준비와 실력을 갖추는 것이 더 중요하다. 합격이 눈앞에 목표로 보일 수 있으나 더 중요한 것은 특목고 진학 이후 학생이 원하는 고교생활을 할 수 있도록 능력을 갖추는 일이다.

학교알리미(www.schoolinfo.go.kr) 사이트는 전국 모든 학교의 일반적인 정보를 비교하는 데 도움이 된다. 인터넷 포털에서 학교알리미를 치고 접속해서 몇 번만 살펴보면 필요한 정보를 쉽게 찾아볼 수 있다. 학교알리미 서비스는 교육부에서 정한 공시 기준에 따라 매년 1회 이상 정보를 공시하고 있으며, 학생·교원현황·시설·학교폭력 발생현황·위생·교육여건·재정상황·급식상황·학업성취 등과 같은 학교의 주요 정보들을 쉽게 확인할 수 있다. 학교 현황과 학업성취도를 보면 그 학교의 대략적인 수준을 가늠해 볼 수 있다.

고입정보포털(www.hischool.go.kr)은 고입 특히 특목고를 준비하는 데 유용한 정보가 거의 다 모여 있다. 지역별 입시정보가 모여 있고, 전형 요강과 입시 일정, 자기주도학습전형과 선행학습 영향평가, 공지사항 등 공신력이 있는 정보를 제공하고 있다. 영재학교, 과학고, 자사고, 국제고, 외고, 마이스터고 등의 입학 정보를 제공하고 있기에 유튜브나 다른 사이트에 접속하지 않아도 필요한 정보를 모두 찾을 수 있을 것이다.

유튜브와 학원에서 진행하는 특목고 입시설명회는 잘 선택해야 한다. 참고만 하는 정도면 좋겠다. 너무 많은 정보는 오히려 학부모의 걱정을 늘게 하고 결국 유튜브와 업체에서 의도한 그대로 움직일 가능성이 커진다. 특목고 입시를 학생 혼자 준비하는 것이 어렵고 학교에서 도와주지 못하는 영역이 분명히 있다. 그렇지만 학습의 주도권을 업체에게 넘기고 좌지우지되는 것은 장기적인 관점에서 볼 때 결코 바람직하지 않다.

03 자기주도학습전형이란 무엇인가

자기주도학습전형이란 학생의 자기주도학습 결과와 학습 잠재력을 중심으로 입학전형위원회에서 창의적이고 잠재력 있는 학생을 선발하는 고등학교 입학전형 방식이다. 외국어고, 국제고, 과학고, 자율형사립고, 일부 일반고 등이 학생을 선발하는 방식이다. 대학 입시에서 학생부종합전형과 유사한 형태의 선발 방식이고 의미상으로는 자기주도학습 능력이 있는 학생을 선발하겠다는 취지의 고입 방식이다. 여기서 자기주도학습이란 학습자가 자신의 학습 목표를 설정하고 그 이후 학습 설계, 학습 전략의 수립, 학습 결과의 평가와 같은 학습의 모든 과정에 주도적으로 참여하는 학습 형태를 말한다. 자기주도학습의 특징은 학습의 통제권을 학습자 스스로에게 위임함으로써 자신의 관점으로 수업을 설계하고 운영에 참여한다는 것이다.

복잡한 설명을 아주 단순하게 현실적으로 표현하면 자기주도학습전형은 특목고에서 학생을 선발하는 방식이고, 특목고에서 성공하기 위해서는 자기주도학습 능력이 필요하다는 것이다. 학생이 자기주도학습의 경향성이 있는지는 아래 사항을 자가 체크해 보자.

내용	자가 점검(∨)
나는 나만의 공부목표를 미리 세운다.	
나는 공부에 얼마만큼의 시간과 노력을 투자할지를 계획한다.	
나는 내 공부 목표를 향해 잘 나아가고 있는지 확인한다.	
나는 내가 공부하면서 생기는 문제점이 무엇인지 파악하려고 한다.	
나는 상황에 따라 적절한 학습전략을 선택한다.	
나는 공부를 해야 할 때는 놀고 싶은 유혹이 생겨도 참는다.	
나는 내가 세운 공부 목표를 잘 달성했는지 스스로 평가해본다.	
나는 현재의 결과에 비추어 내 공부 목표와 계획을 조정한다.	

* 위 내용은 고입정보포털의 자기주도학습 경향성을 인용한 것이다.

자기주도학습전형에서는 중학교 내신 성적뿐만 아니라 자기소개서, 학교생활기록부, 교사추천서(과학고만 해당) 등의 자료를 활용하여 학생의 자기주도학습 능력(꿈과 끼)과 인성을 평가하는 데는 학교 유형에 따라 아래와 같이 4가지 전형방식이 있다.

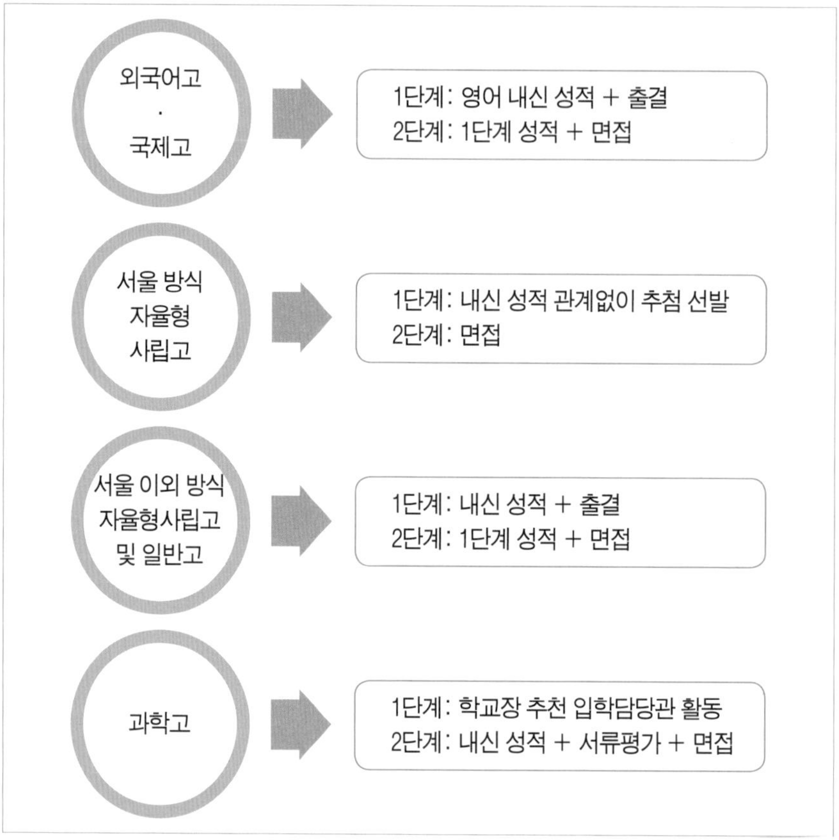

가. 외국어고·국제고 선발 방식

1) 1단계

영어 내신 성적(160점)과 출결(감점)로 면접대상 학생을 선발한다. 영어 내신 성적은 중학교 2, 3학년의 원점수, 과목 평균(표준편차)을 제외한 성취도 수준을 활용한다.

▶ 영어 내신 성적 학기별 반영 비율

2학년 1학기	2학년 2학기	3학년 1학기	3학년 2학기	총 점
25%(40점)	25%(40점)	25%(40점)	25%(40점)	160점

▶ 내신 성적 산출 방법

영어 내신 성적은 4개 학기(2-1, 2-2, 3-1, 3-2) 성취도 수준별 부여 점수의 합으로 한다.

성취도 수준	A	B	C	D	E
부여 점수	40	36	32	28	24

▶ 출결점수 산출 방식

미인정 결석 일수	없음	1일	2일	3일	4일	5일	6일	7일	8일 이상
출결점수	0	-0.2	-0.4	-0.6	-0.8	-1.0	-1.2	-1.4	-1.6

2) 2단계

1단계 성적 + 면접(40)이고 면접의 평가 내용은 다음과 같다.

▶ 자기주도학습 영역(꿈과 끼 영역)

① 자기주도학습 과정: 학습을 위해 주도적으로 수행한 목표설정·계획·학습 그리고 그 결과와 평가까지의 전 과정(교육과정에서 진로 체험 및 동아리 활동, 꿈과 끼를 살리기 위한 활동 및 경험 등 포함)

② 지원동기 및 진로 계획: 학교 특성과 연계해 고등학교에 관심을 갖게 된 동기, 꿈과 끼를 살리기 위한 활동 계획과 진로 계획

▶ **인성 영역**

① 핵심 인성 요소에 대한 중학교 활동 실적: 자기소개서, 학교생활기록부 행동특성 및 종합의견에 기재된 핵심 인성 요소(봉사·체험활동을 포함한 배려, 나눔, 협력, 타인 존중, 규칙 준수 등 학생의 인성을 나타낼 수 있는 다양한 요소를 의미함)에 대한 중학교 활동 실적

② 인성 영역 활동을 통해 느낀 점: 중학교 활동을 통해 배우고 느낀 점

나. 자율형사립고 선발 방식

서울형 자사고는 1단계에서 내신 성적에 관계없이 정원의 1.5배수 추첨 선발하고 2단계 면접으로 최종 합격자를 선발한다. 만약 1단계에서 지원율이 100% 이하인 경우에는 2단계 면접을 생략한다. 1단계 지원율이 100~150%인 경우 면접의 실시 여부를 학교가 결정한다. 1단계에서 지원율이 150% 이상인 경우는 추첨을 실시하여 정원의 1.5배수를 선발한 후, 2단계에서 면접을 실시하여 최종 합격자를 선발한다.

서울형 자사고 이외의 전국단위 자사고는 1단계에서는 내신 성적과 출결(감점)로 면접 대상 학생을 1.5배수에서 2배수를 선발한다. 내신 성적 반영과목과 학년, 내신과 면접의 반영 비율은 교육청의 승인을 받아 학교에서 자율로 결정하되, 내신 성적은 원점수, 과목 평균(표준편차)을 제외한 성취도 수준을 활용한다. 2단계는 다른 특목고와 유사한 방식으로 면접을 실시하여 학생의 자기주도학습 영역과 인성 영역을 평가한다. 전국단위 자사고의 선발 전형은 학교별로 차이가 있으므로 해당 학교 홈페이지에서 정확한 입시요강을 확인해야 한다.

다. 과학고 선발 방식

1단계에서는 서류평가 및 개별 면담으로 소집 면접 대상자를 선정한다. 서류평가와 개별 면담으로 면접 대상자를 선정한다. 서류평가는 학교생활기록부Ⅱ, 자기소개서, 교사추천서의 내용을 토대로 하고, 개별 면담은 입학담당관이 지원자와의 면담을 통해 제출서류의 사실 여부를 확인하고 아래와 같은 내용의 정보를 수집한다. 개별 면담의 내용 및 규모, 방식, 대상자 등은 지역의 여건을 고려하여 교육청과 학교가 협의하여 결정한다. 과학고의 경우, 자기주도학습전형 진행 절차가 시·도별로 상이하므로, 각 시·도별 고등학교 입학전형 기본계획을 참고해야 한다(고입정보포털사이트 〉 고교 입시정보 〉 시·도별 입시정보).

영역	내용
지원동기 및 진로 계획	과학·수학 분야의 관심과 흥미, 과학고 지원동기, 꿈과 끼를 살리기 위한 활동 계획과 진로 계획
자기주도학습 과정	학습을 위해 주도적으로 수행한 목표설정 계획 → 학습과정 → 결과 및 평가에 이르는 전 과정과 내용 등
탐구·체험 활동	탐구(과학·수학) 및 체험 활동에 따른 독자적 성장과 성숙한 가치관 내신 성적 + 출결
독서활동	과학·수학, 진로, 교양 관련 독서 결과 및 활동에 따른 지적 성장과 성숙한 가치관
봉사활동 및 핵심 인성 요소 관련 활동	자기소개서, 학교생활기록부 행동특성 및 종합의견, 봉사, 교사추천서에 기재된 핵심 인성 요소 관련 주도적 활동 및 자아성장

라. 사회통합전형

사회통합전형은 자율형사립고, 특수목적고(외고, 국제고, 과학고)에서 입학 정원의 일정 비율을 국가적으로 보호가 필요한 학생을 대상으로 별도로 선발하는 전형으로 기회균등전형과 사회다양성전형으로 구분된다.

「초·중등교육법 시행령」 제91조의3 제3항 1~4호 및 특수목적고 지정 및 운영에 관한 훈령 제17조에 근거하여, 시·도교육청 대상자의 범위, 전형 방법 등에 차이가 있다.『특수목적고등학교의 지정 및 운영에 관한 훈령』에 따라 입학 정원의 20% 이상을 선발해야 한다. 그 예시를 아래와 같이 제시하니 참고하되 대상자는 반드시 지원 학교의 입학요형을 정확하게 확인해야 한다.

▶ 사회통합전형 지원 자격

전형 구분		대상자	지원 자격
기회균등전형	50% 우선선발	(법령)기초생활수급자 또는 자녀	「국민기초생활보장법」 제2조 제1호
		(법령)차상위계층의 자녀	「국민기초생활보장법」 제2조 제10호에 따른 행정복지센터에 등록된 가구의 학생
		(법령)한부모가족 지원대상자	「한부모가족지원법」 제5조에 따른 한부모가족 지원대상자
		(법령)국가보훈대상자 또는 자녀	「국가보훈기본법」 제3조 제2호에 따른 대상자로 '국가보훈대상자 확인원' 제출(교육지원대상자가 아닌 자)
		기준 중위소득 50% 이하인 가구의 자녀(차상위계층)	「국민기초생활 보장법」 제12조에 따른 교육급여 수급자
		기준 중위소득 60% 이하인 가구의 자녀(차차상위계층)	「초·중등교육법」 제60조의4에 따른 교육비 지원자
		학교장 추천자	가정 형편이 어려운 학생 중 학교장이 추천한 자(단, 기준 중위소득 160% 가구원 수에 따른 소득기준 이하 가정의 자녀)

사회다양성전형	기준 중위소득 160% 이하	다문화가정 자녀	「다문화가족지원법」 제2조 제1호 및 제14조의2에 따른 다문화가정의 자녀
		한부모가정 자녀	「한부모가족지원법」 제4조 제1호~제5호(한부모가족 보호대상자 증명서 미발급자)
		북한이탈주민 또는 자녀	「북한이탈주민의 보호 및 정착지원에 관한 법률」 제2조 제1호
		특수교육대상자	「장애인 등에 대한 특수교육법」 제2조 제3호
		아동복지시설보호 아동	「아동복지법」 제3조 제10호에 따른 아동복지시설에서 보호받는 아동
		도서·벽지 소규모학교 출신자	해당 지역 관내 중학교 중 졸업학생 수가 50명 이내인 학교에서 2학년 3월 1일부터 원서 접수일까지 계속 재학 중인 자
		소년·소녀 가장, 조손가정의 자녀	소년·소녀 가장인 학생, 조손가정의 자녀,
		입양 자녀	입양된 자녀(입양된 자녀만 해당)
		순직 공무원(군인·경찰·교원·소방관·교정 등) 자녀	순직 군경, 순직 교원, 순직 소방관, 순직 교정 공무원 등의 자녀
		군인, 경찰, 소방공무원, 환경미화원, 우편집배원의 자녀	10년 이상 장기근속자의 자녀
		장애의 정도가 심한 장애인 자녀	장애의 정도가 심한 장애인의 자녀[(구)장애등급 1급~3급 중증장애]
		다자녀가정(3자녀 이상) 자녀	첫째 자녀부터 가능(자녀의 수 산정 시 다른 자녀의 나이, 혼인 여부, 거주지역 무관)
		산업재해근로자 자녀	「산업재해보상보험법」에 따른 산업재해근로자의 자녀
		무형문화재 보유자 자녀	국가 또는 시·도 지정 무형문화재 보유자

사회다양성전형 대상자의 지원 자격은 기준 중위소득 160% 이하 가정의 자녀로 가구의 최근 6개월간 건강보험료 납부액 평균이 아래 표와 같이 일정액 이하인 가구의 학생이다.

가구원 수	소득기준(원)	건강보험료 본인부담금(원) *노인장기요양보험료 제외		
		직장가입자	지역가입자	혼합
2인	5,216,000	182,739	190,860	185,461
3인	6,712,000	235,821	258,283	240,332
4인	8,194,000	287,535	320,986	296,681
5인	9,639,000	350,228	386,763	370,489
6인	11,051,000	398,320	435,141	434,898
7인	12,449,000	473,200	511,899	511,709
8인	13,847,000	511,709	549,554	567,870
9인	15,244,000	567,870	602,760	663,895
10인	16,642,000	663,895	684,512	850,979

04 자기소개서 준비는 이렇게 하자

자기소개서는 특목고 전형에 있어서 매우 중요한 자료이다. 좋은 자기소개서는 학생의 고교 입학에 도움을 주고, 잘못 작성한 자기소개서는 시간과 에너지를 낭비할뿐더러 고교 입시에 걸림돌로 작용할 수 있기 때문이다. 특목고 지원 학생들의 1단계 성적은 같거나 다르더라도 미미한 수준이기에, 자소서 평가와 자소서에서 추출한 면접 문항은 특목고 입시의 당락을 결정하는 중요한 요소가 된다는 것이다. 좋은 자소서를 작성하기 위해서 자소서 작성의 이론과 실제 그리고 실제 지도 사례를 차례로 제시한다.

가. 자기소개서란 무엇인가?

'자기소개서'란 내가 나를 소개하는 글이다. 즉, 자신이 누구인지, 고교 합격을 위해 자신을 소개하는 글이다. 다른 사람과 구별되는 자신만의 특성을, 지원한 특목고에서 공부하기에 적합하다는 것을 인정받기 위해, 지원자가 고등학교에서 제시한 형식에 맞게 작성하는 입학전형 자료이다.

'학교생활기록부'가 교사의 관점에서 학생의 학교생활을 객관적으로 기록하는 장부라면, '자기소개서'는 학생의 관점에서 자신의 특성과 능력을 고교에 제공하는 평가 자료이다. 학교생활기록부가 학생의 교육활동을 사실적으로 묘사한다면, 자기소개서는 자신의 교육적 경험을 통해 배우고 느낀 점을 지원 학교와 연결하여 작성하는 자기 우수성 자료이다. 학생이 작성한 자소서는 아래와 같은 형식으로 평가를 받는다.

평가 영역	평가 요소	평가 영역 점수	채점			총점
			미흡	보통	강함	
자기주도 학습과정 및 진로 계획	자기주도적 학업능력	2	1.0	1.4	2.0	
	지원동기 진정성	1	0.3	0.6	1.0	
	학습 계획 구체성	1	0.3	0.5	1.0	
	진로 계획의 의미성	1	0.3	0.6	1.0	
인성 영역	인성 영역 활동의 의미성	1	0.6	0.9	1.0	
	배려적 사고와 진취성	1	0.6	0.9	1.0	

자기소개서 작성은 학생과 학부모 나아가 지도하는 교사도 어려워하는 부분이다. 자기소개서 작성이 어려운 이유는 학생이 자기소개서를 작성해

본 적이 없기 때문이다. 누구나 처음 하는 일은 생소하고 익숙하지 않아 잘 해내기 어렵다.

자기소개서 작성이 어려운 본질적 이유는 자기소개서에 담을 '자기'가 없기 때문이다. 자기소개서는 '자기+소개+서'라는 형식을 취하고 있다. 학생들에게 "우리 학교가 학생을 선발해야 하는 이유를 3가지 말해 보세요." 라고 말하면 쉽게 답변하지 못한다. 자신이 선발되어야 하는 이유를 알지 못하기에 답변이 어렵다. 말로 답변하지 못하니 글로 표현하는 것은 더 어려울 것이다. 이를 좀 더 구체적으로 분석해 보자.

먼저 자기소개서에서 '자기'란 다른 사람과 구별되는 자신만의 고유한 특성이나 능력 즉 자아정체성(自我正體性, ego-identity)을 의미한다. 자아정체성은 인간관계를 맺으며 가지게 되는 '나는 누구인가?'에 대한 해답이다. 자아정체성은 자아라는 개념이 발달하면서 스스로 자신의 독특성을 자각한 상태를 말한다. 쉽게 표현하면 '내가 생각하는 나'이다. 타인이 바라보는 자신에 대한 표현이 아니라 스스로 자신에 대해 알고 표현한 특성이다. 흔히 "자신의 특성을 가장 잘 드러내는 단어를 3가지 말하고, 그렇게 말한 근거를 구체적으로 표현해 보세요."라고 요청하면 학생이 답변하기는 어렵다. 그 이유는 평소 자신에 대해 생각해 본 일이 거의 없기 때문이다. 청소년기에는 '나'에 대해 많이 생각해 봐야 하는데, 학생들은 자기 내면을 돌아볼 여유를 갖지 못한다. 수학 문제를 잘 푸는 학생은 많은 수학 문제 풀이를 통해 수리적 개념이 형성되어 있다. 수학을 잘하는 학생에게 수학 문제를 물어보면 답변을 잘한다. 그런데 그 친구에게 "너는 누구니?" 하고 물으면 잘 답변하지 못한다. 수학 문제는 많이 풀어 봤지만, 자신에 대해 질문을 하고 풀어 본 경험이 없기 때문이다. 내가 나에 대해 잘 모르는데, 누가 나에 대한 해답을 제시할 수 있겠는가? 그렇기에 자신에게 닥친 문제가 있으면 부모님이나 친구, 교사, 인터넷 등에 묻게 되고 타인에게 의존하게 되는 것이다. 자기소개서가 잘 써지지 않는 이유가 바로 여기에 있다. 결국 자기소개서를 잘 쓰려면 자신에 대해 먼저 묻고 답을 구해야 한다. 입시를 앞둔 현실 앞에서 스스로 묻고 또 물어야 한다. 자기소개서를 쓰는 것도 교육이며, 입시는 자신을 발견하는 소중한 계기가 됨을 알아야 한다.

다음으로 '소개'에 대한 부분이다. 자기소개서란, 글이라는 형식으로 자신을 소개하는 것이다. 자기소개서를 읽으면 '자기' 즉 '어떤 학생이구나!' 하는 모습이 그려져야 한다. 자기소개서를 작성하기 전에 '나는 어떤 사람인가?', '짧은 시간에 전혀 모르는 사람에게 자신의 매력을 표현해 보는 모습 상상하기' 등 자신에 대해 많이 생각해 보는 시간을 가져 볼 것을 권한다. 그렇다면 이제 그런 자신을 어떻게 소개할 것인지 고민해야 한다. '소개'에서 가장 중요한 것은 '왜 소개하는가?'에 대한 목적이 분명해야 한다는 점이다. 단순하게 표현하면, 뽑히기 위해서 소개하는 것이다. 내가 왜 뽑혀야만 하는지를 강렬하게 표현하는 것이다. '소개'는 '목적'을 생각하며 글을 쓰는 것이 가장 중요하다.

끝으로 '서' 즉, 글이 남았다. 이 부분은 의외로 쉬워질 수 있다. 스스로 글을 써 보는 것 이외에 별다른 방법이 없다. 자신이 글을 쓰고 선생님이나 지인의 도움을 청하면 된다. 여기서 중요한 것은, 초고는 지원자가 써야 한다는 것이다. 그리고 충분히 검토하며 교정할 시간을 확보해야 한다. 글을 작성할 때 주의할 점은 글의 균형과 조화를 생각해야 한다는 것이다. 사람도 몸의 균형과 얼굴의 이목구비가 조화로우면 더 아름답게 보이듯이, 글도 일정한 틀과 조화를 생각해야 한다. 각 항목에 문단이 보여야 하고, 문단을 시작할 때는 어떤 내용을 쓰겠다고 한 문장 정도로 간결하게 표현한다. 그리고 끝에는 그런 경험을 통해 무엇을 배우고 느꼈는지를 쓴다. 글을 아주 성실하게 잘 쓰고도 통문장의 아주 긴 글을 보면, 본의 아니게 답답하고 장황한 느낌을 줄 수 있다. 그렇게 되면 내용이 지루하여 입학사정관이 건성으로 넘길 가능성도 생긴다.

나. 자기소개서를 어떻게 쓸까?

글을 잘 쓰고 말을 잘하는 학생도 자기소개서 작성을 어렵게 생각한다. 자기소개서에 꿈과 끼를 쓰다 보면 인성을 쓸 때 이미 지친다. 그렇다면 자기소개서 작성은 어떻게 해야 할까?

첫째, 창의적으로 써야 한다. 다른 사람이 아닌, 나를 소개하는 글이기에 나의 자기소개서는 다른 학생의 자기소개서와 달라야 한다. 그러나 많은 학생의 자기소개서는 거의 동일한 형태를 띠게 되고 그 학생만의 고유한 특성이 잘 드러나지 않는다. 그렇기에 창의적인 자기소개서의 중요성이 더 커지는 것이다. 내가 창의적으로 글을 쓰겠다고 해서 자기소개서가 창의적으로 만들어지는 것이 아니다. 창의적일 수 있는 방법은 솔직하게 나의 이야기를 쓰는 것이다. 대리 작성하거나 인용한 자료는 이미 자기소개서가 아니다. 입학사정관은 수없이 많은 자기소개서를 평가해 왔고, 해당 학년 입시에서도 많은 학생의 자기소개서를 검토한다는 것을 알아야 한다.

둘째, 자기소개서 문항의 질문에 대답할 수 있어야 한다. 자기소개서의 질문을 옆에 있는 사람이 물었을 때, 간단명료하게 답변하지 못한다면 아직 글을 써서는 안 된다. 이것은 생각이 정리되지 않았다는 것이다. 정리되지 않은 생각을 글로 쓰다 보면 미사여구와 상투적인 표현이 나오게 되고 분량을 채운 후 만족하지만, 이미 그런 글은 자기소개서로서의 가치를 잃은 문장들이다. 자기소개서를 작성하기 전에 어떤 이야기를 어떻게 쓸 것인지 구상해야 한다. 그리고 그 질문에 간명하게 답해야 한다. 한 문장으로 답변하면 더 좋다. 그리고 그 답변에 대해 왜 그렇게 말했는지, 입학사정관이 쉽게 이해할 수 있도록 구체적인 근거로 설득력 있게 설명해야 한다.

셋째, 학생부와 유기적 연관성을 고려해야 한다. 자기소개서는 학생부와 연계하여 평가하기에 상호 보완적인 기능을 한다. 자기소개서는 고등학교가 자신을 선발해야 한다고 설득하는 글이다. 학생부에 기록된 평가 결과에 드러나지 않은 과정상의 노력, 불충분하게 기술된 내용을 소명하는 기회이다. 학생부에 나타난 내용을 부연하거나 평가 결과를 분석하는 것은 의미가 없다. 학생부를 꼼꼼히 분석하여 입학사정관에게 자신의 특성과 능력, 체험과 성장, 결과를 향한 열정과 노력 등을 알려야 한다. 학생부와 자기소개서 내용이 조화를 이루어 지원자를 더 멋지게 드러내야 한다.

넷째, 구체적인 이야기로 자신의 변화와 성장을 묘사해야 한다. 지나치게 자신을 미화하는 상투적인 표현이나 과장된 내용은 지양해야 한다. 예를 들어, 수업 시간에 친구들과 함께 수행한 프로젝트나 동아리 활동으로 공동 수상한 경력을 자신의 실적으로 포장하는 것은 좋지 않다. 실적을 만들게 된 구체적인 동기, 과정, 영향, 변화 등을 표현해야 한다. 학년 전체 학생이 참여한 자율활동이나 진로활동을 인용하는 것은 좋은 평가를 받을 수 없다.

▶ 자기소개서 작성 권장 사항

질문의 요지를 파악하자	질문을 읽고 무엇을 묻는지 의도를 정확히 이해한 후 생각한다.
짧고 간략하게 작성하자	어려운 단어보다 자신이 이해한 단어로 간명하게 글을 쓴다.
구체적으로 작성하자	추상적인 정보는 의미가 없고 구체적이어야 설득력이 있다.
두괄식으로 작성하자	단락을 글의 소재로 구별하고 주제는 말머리에 쓴다.
일관성 있게 작성하자	글의 균형을 생각하고 단락의 일관성을 유지한다.
한 번 더 검토하자	글의 교정과 퇴고의 순간까지 정성을 다한다.

▶ 자기소개서 작성 지양 사항

나열하지 않기	경험을 열거하지 말고 맥을 유지하며 배우고 느낀 점을 기술하라.
식상한 표현 쓰지 않기	누구나 쓸 수 있는 뻔한 이야기가 아니라 나의 이야기를 써라.
비약하지 않기	주장을 하고 힘 있는 근거를 제시하며 논리적으로 글을 써라.

다. 특목고 자소서를 어떻게 써야 하나?

자기소개서에 눈이 가거나 알고 싶어지는 학생이 있는가 하면, 합격이 가능한 학생임에도 자기소개서에서 두드러진 면모가 드러나지 않아 면접의 기회를 얻지 못하는 경우도 발생할 수 있다. 좋은 자기소개서를 쓰는 것도 중요하지만, 더 중요한 것은 자기소개서 유의 사항을 준수해야 한다는 것이다. 무심코 쓴 표현과 금지된 용어를 사용하여 자기소개서를 제대로 평가받지 못하는 일이 생길 수 있다.

1) 자소서 작성 요령

- 자기소개서는 지원자 본인이 직접 작성하여야 한다.
- 자기소개서 작성 시 띄어쓰기를 포함하여 1,500자 이내로 기술한다.
- 지원자 스스로 학습 계획을 세우고, 학습해 온 과정과 이를 통해 느꼈던 점을 기술한다.
- 지원 학교에 관심을 갖고 지원한 동기 및 입학 후 학습 계획과 졸업 후 진로 계획에 대해 기록한다.
- 지원 학교의 교육과정 및 교육프로그램에 대한 충분한 이해와 열정이 나타나도록 쓴다.
- 중학교 학습과정, 지원동기, 고등학교에서의 학업 계획이 장래 진로와 연계성을 가지고 있음을 구체적으로 서술한다.
- 지원자가 봉사·체험활동, 학급 활동, 동아리 활동 및 기타 중학교 생활을 통해 경험한 구체적인 사례를 중심으로 핵심 인성 요소를 추출하여 작성한다.
- 중학교 생활 중 배려, 나눔, 협력, 타인 존중, 갈등관리, 관계 지향성, 규칙 준수 등의 인성 요소가 포함된 실천 사례를 통해 배우고 느낀 점을 구체적으로 기술한다.
- 모든 인증시험 성적, 경시대회, 자격증, 수상 실적, 영재교육원 교육 및 수료 여부 등은 기재하지 않는다.

2) 자소서 작성 유의 사항

- 자신의 경험이나 사례 등을 들어 구체적으로 작성하되, 지원자 본인을 식별할 수 있는 내용은 기재하지 않도록 한다.
- 각종 창의적 체험활동의 경험은 지원동기와 연관되어 있을 경우 기록

할 수 있다.

- 중학교 시절 자기주도 학습 경험 등 학교생활을 얼마나 충실하게 해왔는가를 보여줄 수 있는 사례를 제시하여 기술한다(교과활동 및 방과후 활동 등).
- 대리 작성을 하는 일이 없어야 하며 중학생의 수준 및 시각에서 본인이 직접 작성하도록 한다.
- 미사여구의 나열보다는 구체적인 사례나 일화를 인용하여 인성을 나타냄으로써 신뢰도를 높인다.
- 자기소개서 작성 시 허위 사실 기재, 대리 작성, 기타 부적절한 사실이 발견되는 경우 불합격, 합격 취소 또는 입학허가 취소 등의 불이익을 받을 수 있으므로 정직하고 정확하게 작성하여야 한다.

3) 자소서 배제사항

- TOEFL·TOEIC·TEPS·TESL·TOSEL·PELT, HSK, JLPT 등 각종 어학인증시험 점수, 한국어(국어)·한자 등 능력시험 점수
- 교내·외 각종 경시대회 입상 실적, 영재교육원 교육 및 수료 여부 등
- 부모(친·인척 포함)의 사회·경제적 지위를 암시하는 내용

  예) 부모(친·인척 포함)의 직장명이나 직위, 소득수준, 고비용 취미 활동(골프, 승마 등), 학교에서 주관하지 않은 프로젝트 활동(사설 학원 및 기관에서 추진하는 교과 관련 활동) 등

4) 자소서 잘못 작성 사례

- 중학교 1학년 때 처음 TOEIC 시험에 응시해 450점을 받았습니다. 이후 영어공부에 매진한 결과 850점을 얻으며 "노력은 결과를 배신하지

않는다."라는 깨달음을 얻게 되었습니다.

- 중2 겨울방학 중 OOO에서 주최하는 OOOO 경시대회에 참가해 2위 입상이라는 쾌거를 올렸습니다.
- 어렸을 적부터 영어 공부를 열심히 해서 영어인증시험에서 최고 수준에 도달하였고, 전국 단위의 대회에 출전하여 매우 우수한 결과를 얻었습니다.
- OO지검 검사장이신 아버지를 따라 어렸을 때부터 법조인의 꿈을 키웠습니다.
- OO학교 학생회 간부로서의 자부심을 갖고 성실하게 활동했습니다.

라. 특목고 자기소개서 문항은 어떻게 구성되어 있나?

특목고에서 사용하는 자기소개서 문항은 아래와 같다. 학교에 따라 차이가 있으므로 지원하는 고등학교의 홈페이지에서 정확하게 문항을 확인하고 작성하는 것이 필요하다.

▶ 나의 꿈과 끼, 인성(1,500자 이내 – 띄어쓰기 제외)

본인이 스스로 학습 계획을 세우고 학습해 온 과정과 그 과정에서 느꼈던 점, 학교 특성과 연계해서 우리 학교에 관심을 갖게 된 동기, 고등학교 입학 후 자기 주도적으로 본인의 꿈과 끼를 살리기 위한 활동 계획 및 고등학교 졸업 후 진로 계획에 관하여 구체적으로 기술하십시오. (1,200자)

본인의 인성(배려, 나눔, 협력, 타인 존중, 규칙 준수 등)을 나타낼 수 있는 개인적 경험 및 이를 통해 배우고 느낀 점을 구체적으로 기술하십시오. (300자)

꿈과 끼 작성 요령

본인이 스스로 학습 계획을 세우고 학습해 온 과정과 그 과정에서 느꼈던 점, 학교 특성과 연계해서 우리 학교에 관심을 갖게 된 동기, 고등학교 입학 후 자기 주도적으로 본인의 꿈과 끼를 살리기 위한 활동 계획 및 고등학교 졸업 후 진로 계획에 관하여 구체적으로 기술하십시오. (1,200자)

① 지원하는 학교에 대해 정확히 알자

지원동기를 쓰기 위해서는 가장 먼저 지원하는 학교에 대한 정보를 정확하게 파악하고 있어야 한다. 지원하고자 하는 학교의 특성, 학교에서 원하는 인재상과 같은 내용을 아는 것이 중요하다.

② 지원하는 이유를 생각하자

지원동기를 쓸 때 가장 중요한 것은 왜 그 학교에 지원하고자 하는지에 대한 명확한 이유를 밝히는 것이다. 일반적이고 정형적인 내용보다는 자신만의 특별한 지원동기를 가지고 작성해야 한다.

③ 노력한 과정을 쓰자

그 학교에 지원하기까지의 자신의 노력을 보여주는 것 또한 놓쳐서는 안 될 부분이다. 자신이 그 학교에 지원하기 위해 했던 노력 및 그 정도에 대한 전체적인 과정을 구체적으로 쓰는 것이 중요하다.

④ 앞으로의 비전을 쓰자

그 학교에 지원하게 된 이유를 밝히는 것만큼, 그 학교에 입학한 후 어떠한 비전을 갖고 자신의 꿈과 끼를 키워나갈 것인지를 쓰는 것도 중요하다. 지원하는 학교에서 제시하는 비전과 자신의 비전이 일치한다면 더 좋을 것이다.

⑤ 체계적으로 쓰자

그 학교에 지원하는 이유와 노력의 과정은 중학교 때의 모습을 보여줘야 하고, 비전과 진로 계획 등은 고등학교 입학부터 졸업 후 모습을 보여주어야 한다. 두 개의 큰 틀로 나누어서 체계적으로 자신의 지원동기를 보여준다면 좋은 점수를 받게 될 것이다.

◈ 첨삭 지도 사례 1

▶ 자소서 1번 문항은 3개의 질문으로 구성되어 있습니다. 각 질문에 대답을 입으로 하고, 생각을 정한 후, 글로 작성합니다.

- 우리 학교 지원동기가 무엇인가요? 합격하고 나서 어떻게 공부할 거예요? 고등학교 졸업 후 진로 계획이 뭐예요?

▶ 글에도 균형과 조화를 이루면 좋지요

- ① 지원동기, ② 학업 계획, ③ 진로 계획 각각 300자 정도씩 쓴다고 생각해 보세요.

▶ ① 지원동기는 수정할 필요가 있어요.

- 자기소개를 하는 것인데, 학교 이념을 소개하고 있어요. "지원 학교가 제 마음에 들었어요."보다 중요한 것은 "그 학교가 왜 나를 뽑아야 하는지?" 생각하고 나의 매력, 장점, 능력을 써야 합니다.

▶ 900자 분량을 채우는 것이 중요한 것이 아니라, 내가 무슨 이야기를 할 것인지 명료하게 생각을 정리한 후 글을 작성해 봅니다.

▶ 이번 문항의 의도가 무엇인지 생각해 봐야 합니다.
- 쉽게 말하면 "이 학생 공부 잘하네" 이렇게 판단할 수 있는 근거를 써야지요.
- '국어, 영어, 수학 아주 잘하네, 수학 과학은 과학고 가는 수준까지 공부가 되었네, 미리 기초를 탄탄하게 공부했네, 수학적 개념이 잘 잡힌 것 같아' 등의 평가를 받을 내용을 쓰자.
▶ 나의 약점, 개선점을 쓰려고 하기보다는 '능력 있는 학생이다, 고교 진학 후 공부 잘하겠다, 대학 잘 가서 우리 학교 명예 드높이겠다' 등 이런 판단을 할 수 있는 사례를 찾아보세요.

◈ 첨삭 지도 사례 2

▶ 1번 문항을 분석하면 4개의 질문이 있습니다.
본인이 스스로 학습 계획을 세우고 학습해 온 과정과 그 과정에서 느꼈던 점, 학교 특성과 연계해 우리 학교에 관심을 갖게 된 동기, 고등학교 입학 후 자기 주도적으로 본인의 꿈과 끼를 살리기 위한 활동 계획, 고등학교 졸업 후 진로 계획 이상입니다.
▶ 4개의 질문이 평가 요소입니다. 각 요소를 모두 반영하고 있어야 좋은 점수를 받는 것입니다. ① 학습 계획과 과정에서의 자기 주도성(2.0점) ② 학습 경험을 통한 학생의 학업 능력(2.0점) ③ 지원동기(1.5점) ④ 진학 후 학업 계획과 진로 계획(1.5점) *평가 요소와 배점은 예시입니다.
▶ 아래의 질문을 해 주시고 학생이 답해 보세요. 부모님께서 먼저 질문을 합니다. 학생이 구두로 답변을 합니다. 답변이 막히면 아직 글을 쓸 준비가 안 된 것입니다. 답이 나오면 정리를 합니다. 생각을 다듬어 갑니다. 글을 작성합니다. 첨삭을 합니다. 다시 점검하며 완성도를 높입니다.
질문 1) 중학교 때 학습 계획을 세워 학습한 과정을 말해 보세요. (350자)
질문 2) 학습 경험을 통해 배우고 느낀 점을 말해 보세요. (350자)
질문 3) 우리 학교를 지원한 동기를 말해 보세요. (250자)
질문 4) 우리 학교 진학 후 학업 계획과 진로 계획을 말해 보세요. (250자)

인성 영역 작성 요령

본인의 인성(배려, 나눔, 협력, 타인 존중, 규칙 준수 등)을 나타낼 수 있는 개인적 경험 및 이를 통해 배우고 느낀 점을 구체적으로 기술하십시오. (300자)

① 기본적인 것들로만 채우지 말자

인성 영역을 쓸 때, 많은 친구들이 오해하고 실수하는 부분이 바로 본인의 인성을 설명하는 형식으로 쓴다는 것이다. 학교에서 원하는 것은 본인이 직접 경험했던 몇 가지 일화에 관한 것이다. 기본적인 정보만 나열해서 쓰는 것은 독이 될 수 있다.

② 사례나 에피소드를 쓰자

인성 영역을 쓸 때, 앞서 말한 것처럼 기본적인 정보들이나 사실들을 쓰는 것은 위험할 수 있다. 성장하는 과정에서 자신의 인성을 형성하는 데 영향을 주었던 사례나 에피소드를 구체적으로 기술해야 한다.

③ 그 학교에 필요한 사람임을 어필하자

지원하는 학교마다 학생들에게 원하는 인재상이 있다. 성장 과정에서 형성된 본인의 모습이 지원하고자 하는 학교의 인재상과 맞는 사람임을 어필하는 것이 중요하다.

◈ 첨삭 지도 사례 1

▶ 최근 인성의 포인트는 개인의 특성이 아니라 사회성입니다. 즉 성실성, 착함, 준법성, 책임감과 같이 개인적인 특성보다는 공동으로 과업을 수행하는 능력, 협업이 포인트입니다.
▶ 솔직하게 작성하는 것도 좋지만, 나의 장점, 나의 특성이 그 직업을 갖는데 어떤 면에서 적합하다고 평가받을 수 있는 것인지 그것에 맞는 소재를 선택하는 것이 좋겠어요.
▶ 협업 능력, 두 사람 이상이 힘을 모아 무엇인가를 수행한 것이 있는지 생각해 보세요.

◈ 첨삭 지도 사례 2

▶ 인성 영역 문항을 분석하면 2개의 질문이 있습니다.
인성 영역의 개인적 경험(250자), 경험을 통해 배우고 느낀 점(50자)
▶ 인성 문항을 2개의 질문을 하고 답을 해 보세요.
질문 1) 인성 영역(배려, 나눔, 협력)과 관련한 경험을 구체적으로 말해 보세요.
질문 2) 그런 경험을 통해 배우고 느낀 점을 말해 보세요.
▶ 인성 영역 문항의 평가 요소는 다음과 같을 수 있습니다.
인성 영역의 경험에 진정성이 있나(1.5점), 그 경험의 다양성과 구체성이 있나(1.5점)

05 특목고 면접 준비는 어떻게 해야 할까?

고입 전형 1단계에서 일정 배수 안에 들어 면접 대상자가 된다면 착실하게 준비해야 한다. 그리고 어떤 특목고에 지원한 학생들의 1단계 성적은 거의 같기에, 합격을 원한다면 면접을 준비하는 것은 필수적인 일이다. 중학교 3년간의 준비가 되었다면 다행이지만 그런 과정에 소홀했다고 생각하면 더더욱 고입 전형 기간에 최선의 노력을 다해야 한다. 면접을 통해 당락을 결정하기 위한 평가 영역과 평가 요소 및 영역별 점수 등은 학교마다 제각각이다. 아래의 표는 하나의 예시이니 참고만 하기 바란다.

평가 영역	평가 요소	평가 영역 점수	채점					총점
			매우 부족	부족	보통	우수	매우 우수	
자기주도 학습 과정 및 진로 계획	학습 의지 및 자기 주도성	5	1.0	2.0	2.8	4.0	5.0	
	지원동기의 진정성	4	2.0	2.5	2.9	3.5	4.0	
	학습 계획의 구체성	3	1.0	1.5	2.0	2.5	3.0	
	진로 계획의 실현성	3	1.0	1.4	1.9	2.5	3.0	
인성 영역	인성 영역 활동의 유의미성	4	2.0	2.5	3.5	3.8	4.0	
	배려적 사고와 진취성	3	1.0	1.5	2.5	2.8	3.0	

면접의 공통 문항 이외에 개인에게 묻는 면접 문항은 지원자의 학생부와 자기소개서에서 주로 출제가 된다. 면접 전형이 시작되면 면접관은 합숙하면서, 지원자의 자기소개서를 평가하고 면접 문항을 출제한다. 그리고 고등학교에서 제공한 평가용 노트북에 내장된 면접 평가 프로그램에 면접 문항을 입력한다. 공통 문항은 면접 고사 본부에서 출제하고 관리하지만, 수험생 개인에 대한 면접 문항은 개인의 자소서에 기초하고 있다. 아래와 같은 요령으로 고교에 제출한 자소서에서 학생이 직접 면접 문항을 뽑아내서 연습하는 것이 좋다. 하나의 예시이므로 참고만 하고 수험생들은 지원한 고등학교의 면접을 정확하게 분석하고 이에 맞게 대비를 해야 한다.

▶ 지원동기 및 진로 계획

1. '세상에 헌신하는 사람이 되자.'는 비전을 가지고 있다고 했는데요. 무엇으로 세상에 헌신할 것인지 말해 보세요.
2. 학생이 생각하는 '창의인(창의적인 사람)'은 어떤 사람인지 말해 보세요.
3. 학생이 생각하는 '전인적 인재'란 어떤 사람인지 말해 보세요.
4. 컴퓨터 공학자의 꿈을 갖게 된 계기와 특별히 관심 있는 분야를 말해 보세요.
5. 학생의 꿈을 실현하기 위해 우리 학교에 입학한다면 어떻게 학습할 것인지 진로 계획을 구체적으로 말해 보세요.

▶ 자기주도학습 과정

1. 가장 감명 깊게 읽은 책에 대해 말해 보세요.
2. 유전자 가위 기술이 의학 발전에 어떻게 기여할 것이라고 생각하는지 말해 보세요.
3. 우리나라 크리스퍼의 현 단계와 앞으로의 발전 방향에 대해 말해 보세요.
3. EBS 나비효과 입문편을 왜 공부했는지, 공부를 통해 무엇을 성취했는지 말해 보세요.
4. 국어, 영어, 수학 중 가장 부족한 과목은 무엇인지, 부족함을 극복하기 위한 학생만의 학습법이 있다면 말해 보세요(가장 잘하는 과목은 무엇인지, 자신만의 학습법 소개).

▶ 인성 영역

1. 중학교 3년 동안 가장 의미가 있었던 봉사활동을 소개해 보세요.
2. 출석부 봉사를 하면서 어려움은 무엇이었는지, 그것을 해결한 과정과 배운 점을 말해 보세요.
3. 분리수거 봉사를 왜 하게 되었는지, 그 봉사를 통해 배우고 느낀 점을 말해 보세요.
4. 학급 친구들이 분리수거를 잘하지 않을 때 어떻게 문제를 해결했는지 말해 보세요.
5. 탄소 배출을 줄이기 위해 학생이 (학급에서) 실천할 수 있는 사례를 말해 보세요.

면접 시 꼭 알고 가야 할 면접 문항 7가지

알고 대비하면 자신감이 생기고 다른 답변도 잘할 수 있다. 학교마다 면접 문항은 다르지만 기본적으로 면접에서 준비해야 할 문항이 있다. 아래의 면접 문항은 거의 모든 면접자가 예상할 수 있는 문항이기에 답변 포인트는 일반적인 이야기가 아니라 자신의 이야기를 하는 것이다. 그렇지만 중요한 것은 면접자의 학교생활과 제출서류를 중심으로 준비해야 한다는 것이다. 시중에 공개된 면접 문항과 답변 팁을 보는 것보다는 자신의 학생부를 한 번 더 살펴보고 어떤 질문이 나오더라도 "나를 묻는 문항은 내가 가장 잘 알고 있다."는 자신감으로 나의 이야기를 풀어가는 것이 중요하다. 다음에 제시한 면접 문항에 답을 달아보고 모의 연습을 하는 영상을 찍어보면서, 자신의 답변을 객관적으로 평가하고 부족한 부분을 보완해 간다면 좋은 면접 점수를 받을 것이다.

① 간단하게 자기소개를 해 보세요

질문의 조건은 두 가지이다. '자기소개'와 '간단하게'이다. 나의 활동, 나의 성격, 나의 현재, 나의 진로, 나의 꿈 등 누구나 할 수 있는 대답으로는 부족하다. 다른 사람 즉 다른 면접자와 구분되는 나만의 고유한 특성이 무엇인가 고민해야 한다. 나의 정체성 즉 나를 나이게끔 하는 무엇을 말해야 하는데, 그것이 어렵다면 나의 어떤 면을 보여줘야 합격에 가장 가까울지 고민하면 된다. 그리고 간단하게 말해야 한다. 장황하게 떠벌리지 말고 논리적으로 표현해야 한다. 생각이 많으면 처음부터 말이 꼬인다. 나를 가장 잘 드러내 주는 세 가지 특성을 논리적으로 연결하여 가장 중요하다고 생각하는 것부터 말하는 것도 괜찮다.

② 학생 성격의 장점과 단점을 말해 보세요

이 질문은 세 가지를 생각해야 한다. 성격, 장점, 단점이다. 성격(性格)은 개인의 개성과 관련이 있는 독특한 심리 체계로 상대방과 상호작용을 하는 과정에서 일정한 태도나 의견, 성향이나 기분 등으로 표출된다. 즉 어떤 역량이라기보다는 개인적 특성이기에 솔직하게 자신의 장점과 단점을 말하면 된다. 단, '가장'이라는 조건이 숨어 있다고 생각하고 여러 개의 장점과 단점 중에서 가장 큰 특성 하나만을 말하는 것이 좋다. 다른 질문에 답변할 시간도 필요하기 때문이다. 이 질문은 면접자의 학업태도나 의지와 관련이 있고 발전 가능성을 평가해 볼 수 있는 문항이다.

③ 지원동기, 학업 계획, 진로 계획을 말해 보세요

이 질문은 '왜(why), 어떻게(how), 무엇을(what)' 형식으로 답변을 구상해 보자. '왜 우리 학교에 지원하게 되었나요? 입학 후 어떻게 공부를 해나갈 것인가요? 졸업 후 무엇을 할 것인가요?' 이 세 가지 질문에 답을 해서 지원동기가 타당하고 학업 계획이 구체적이며 진로 계획이 실현 가능한지에 대해 긍정의 평가를 받을 만한 답을 준비하자. 지원동기는 지원자의 과거 이야기이고 학업 계획과 진로 계획은 미래를 말하는 것이다. 이 질문에 답을 하기 위해서는 지원 학교의 인재상과 학교특성을 지원 학교 홈페이지를 통해 평상시에 살펴보는 것도 좋다.

④ 가장 좋아하는 과목과 학습법을 말해 보세요

중학교에서 배운 과목 중에서 '가장 좋아하는 과목', '학업성취도가 가장 높은 과목', '장래 희망과 가장 관련이 깊은 과목' 중에서 어떤 것을 답할지 결정해야 한다. 중학생이니 순수하게 자신이 가장 좋아하는 과목을 말하는 것이 좋다. 면접 질문에 솔직하게 답변하는 것이 가장 좋다. 그렇지만 기출문제로 예측이 가능한 문항이라면, 그 질문의 의도를 파악하고 좋은 평가를 받을 만한 답변을 준비하는 것이 합격에 가까워지는 길이다. 가장 좋아하는 과목이 어떤 과목인지는 그렇게 중요한 것이 아니다. 그 과목이 왜 좋은지, 자신에게 어떤 의미가 있는지 설득력 있게 답변하는 것이 더 중요하다. 그리고 학습법은 예습과 복습, 독서와 문제 풀이와 같은 일반적인 학습법이 아니라, 학생의 자기 주도성과 탐구력, 학습 태도와 의지를 평가하려는 문항임을 고려해야 한다.

⑤ 자신의 진로를 선택하는 데 가장 영향을 준 교내활동을 말해 보세요

이 질문은 기본적으로 진로 역량을 묻고 있다. 수업 시간에 이루어진 학습 경험은 주로 학업역량과 관련이 깊고, 교내활동은 진로활동, 동아리 활동, 자율활동, 봉사활동 등을 하면서 자기 주도적으로 진로를 탐색한 관심과 열정이 드러난다. 학생이 교과 수업 이외에 학교에서 즐겁게 활동한 사례를 말하면 된다. 이왕이면 지적 호기심을 갖고 수행한 학습 경험이 교내활동으로 확장되어 미래에 하고 싶은 일이 생겼다는 흐름으로 답변을 구상하면 된다. 답변할 활동을 선택했다면 그 활동이 왜 가장 기억에 남는 활동인지를 면접관에게 설득력 있게 구체적으로 표현해야 한다. 활동의 계기, 과정, 결과 그리고 그 활동에서 자신이 어떤 역할을 수행했는지를 명확하게 답변해야 한다. 동아리 부장이라면 자연스럽게 리더십과 연결하면 좋을 것이다. 공동의 프로젝트를 수행하는 과정에서 협업 능력을 보여주는 내용과 어려움을 해결하는 과정에서 창의적 문제해결 능력을 보여준다면 더없이 좋은 답변이 될 것이다.

⑥ 학급에서 배려와 나눔을 실천한 경험을 말해 보세요

위와 같은 질문은 공동체의 일원으로서 갖춰야 할 바람직한 사고와 행동을 할 수 있는지를 알아보려는 인성 영역의 문항이다. 배려와 나눔의 경험이라고 했지만 답변하는 학생의 협업과 의사소통 능력, 표현력 등을 평가하려는 의도이다. 학급으로 범위를 제한했으므로 학생부에 기록된 자율활동에서 답변 사례를 찾아보면 된다. 학급에서 친구를 배려하고 양보한 구체적인 경험은 무엇이 있는지, 학급 친구들과 나눔을 실천한 사례를 답변하면서 타인을 이해하고 존중하는 태도를 지닌 학생이라고 평가받으면 된다. 개인적 경험을 묻는 문항의 답변 포인트는 진솔하게 구체적으로 답변하는 것이다. 답변하는 사례의 좋고 나쁨이 중요한 것이 아니다. 면접관은 답변자의 의사소통 능력을 평가하기 위해 답변하는 자세와 태도에 주목하고 있으니 정직하게 자신의 이야기를 하면 된다. 누구나 답변하는 상투적인 표현이나 추상적인 문구를 인용하는 것은 좋지 않다. 에피소드를 말하는 문항일수록 수다스럽고 산만한 느낌이 들지 않도록 간단하게 말하되 밝은 표정과 시선 처리가 중요하다는 것을 생각하고 답변하자.

⑦ 끝으로 하고 싶은 말이 있다면 말해 보세요

면접을 마치면서 마지막으로 하고 싶은 말을 할 수 있는 기회이다. 준비한 자가 기회를 잡는 법이다. 준비한 발언 기회를 주지 않는 학교도 있지만, 미리 잘 준비해 뒀다면, 발언 기회가 왔을 때 당황하지 않고 답변할 수 있을 것이다. 마지막 합격의 순간까지 긴장을 풀지 말고 면접의 화룡점정(畵龍點睛)이 될 수 있는 멘트를 준비하도록 하자. 마지막 발언이기에 짧고 임팩트가 있어야 하며 진정성이 전해져야 한다. 진학 의지를 드러내되 감정적인 표현이나 울먹이는 듯 말끝을 흐리는 모호한 표현은 좋지 않다. 힘

주어 또박또박 말하는 사전 연습이 필요하다. 면접 자리에서 말을 하고 있다는 자부심과 꼭 합격하고 싶다는 진학 의지 그리고 잘 해낼 수 있다는 자신감을 담은 발언을 준비하자. 자부심, 진학 의지, 자신감이 담긴 3문장을 만들어 보자. 마지막 발언 기회를 나에게 줬다는 것은 모든 면접 대상자에게도 똑같은 기회가 주어졌다는 것이다. 따라서 면접관이 나와 다른 면접자를 같은 기준으로 평가할 수 있다는 것이므로 차별성 있게 나만의 멘트를 준비하여 합격의 영광을 누리길 기원한다.

면접 전에 꼭 확인해야 할 체크리스트

면접 일정과 전형 방법 등은 지원 학교 홈페이지에 공지되어 있으므로 면접 대상자가 되었다면 단기간에 밀도 있게 준비하는 것이 필요하다. 말을 통해 평가하는 것이므로 발표를 많이 하고 평소에 말하는 연습을 하는 것이 좋다. 그렇지만 고입을 치르며 많은 것을 신경 쓰는 수험생에게 면접고사의 원론적인 이야기를 하는 것은 실효성이 떨어진다. 현실적으로 면접 대상자가 되고 세부 면접 사항이 발표되면 자신의 일정을 고려하여 면접 준비에 몰입하는 것이 좋다. 면접을 준비하면서 점검해야 할 사항을 정리하면 다음과 같다.

연번	점검 내용	확인
1	면접 날짜, 시간, 장소	
2	면접 준비사항, 주의사항	
3	면접 평가 방식과 방법	
4	학생부, 자소서 제출 서류 숙지	
5	학생부, 자소서 면접 문항 뽑기	
6	모의 면접 횟수, 방법, 일정 계획하기	
7	모의 면접 영상 찍기	
8	모의 면접 영상 평가	
9	모의 면접 피드백(인사, 자세, 시선, 말, 표현 등)	
10	면접일 머리 모양은 결정했나?	
11	면접일 복장과 신발은 미리 준비했나?	
12	면접 시간과 장소는 정확하게 확인했나?	
13	면접장 교통편은 여유 있게 계산해서 확인했나?	
14	수험표와 신분증은 준비했나?	
15	면접일 보온을 생각해서 외투를 준비했나?	
16	면접 대기시간에 이용할 메모, 책, 필기구 등은 준비했나?	

학생부에서 면접 문항 추출하기

면접은 학생부와 자소서의 내용을 토대로 고교 면접담당자가 출제한 문항을 수험생이 답변하는 형식이다. 학생부와 자소서의 기록에 대한 진실성을 확인하고 입학 후의 수학능력과 적응력을 평가하는 구술 평가라고 보면 된다. 학생부에 기록된 학업성취도와 활동 경험, 활동에서의 학생의 역할과 가치관 등을 확인하고 지원자의 답변을 관찰하여 개인적 특성과 잠재력을 평가한다. 따라서 자신의 학생부에 기록된 내용에 대해 답변할 수 있는 만반의 준비를 다하는 것이다. 학생부 기록에서 어떤 문제가 출제되는지, 다음 내용을 참고하여 자신의 학생부를 보고 면접 문항을 직접 출제해 보자. 내가 면접관이라고 생각하고 나의 학생부에서 면접 문항을 출제해 보자.

① 출결사항

학교생활의 성실성과 인성을 보는데 특별한 사항이 없다. 미인정 출결 상황에 대해 질문한다면 간단하게 답변하면 되고, 학생 대부분은 출결에 특이사항이 없어서 질문이 없다. 출결에 어떤 문제가 있다면 핑계를 대지 말고 솔직하게 답변하고 그 문제를 개선하기 위해 노력한 사례를 말하고 다음 질문으로 넘어가는 것이 좋다.

② 자율활동

학교교육계획에 의해 실시한 교육활동을 기재하는 항목으로 인성과 발전 가능성의 근거가 된다. 학급 활동, 학생회, 도우미 활동 등에서 학생의 기여도와 활동을 통해 배우고 느낀 점을 질문한다. 예를 들면 "학급 반장을 하면서 창의적으로 문제를 해결한 경험이 있다면 말해 보세요."와 같은 형태의 질문에도 활동 사례의 과정을 구체적으로 답변하면 된다.

③ 동아리 활동

진로와 관련이 있는 활동으로 자주 출제되는 영역이다. 예를 들면 "3년 동안 과학탐구반 활동을 하면서 과학 부스를 운영했는데 그 내용과 학생의 역할을 말해 보세요"처럼 활동의 세부 내용과 학생의 역할을 통해 탐구력과 협업 능력 등을 평가한다.

④ 진로활동

진로 탐색과 자기 주도성을 평가하기 좋은 영역이다. 학교에서 공통적으로 시행한 진로활동은 의미가 없다. 학생 스스로 자신의 진로를 개척하기 위한 적극성과 주도성을 파악한다. 예를 들면 "고교 연계 프로그램에 참여했는데, 활동의 내용과 결과에 대해 구체적으로 말해 보세요."처럼 진로 탐색에 관심과 열정을 주로 확인한다.

⑤ 봉사활동

학교교육계획에 따라 교내에서 실시한 봉사활동을 통해 나눔과 배려 등 인성을 평가한다. 예를 들면 "학교 급식 도우미 활동을 하면서 어려웠던 점과 활동을 통해 어떤 성장을 이루었는지 말해 보세요."와 같은 형태로 활동의 내용보다는 활동을 통해 배우고 성장한 면에 주목한다.

⑥ 교과학습 발달상황

학년별·학기별 성적과 세부능력 및 특기사항이 기재되어 있다. 교과성적으로 학업역량을 알 수 있다. 세부능력 및 특기사항은 과목별로 다양한 활동이 기록되어 있기에 학업역량, 발전 가능성, 인성을 모두 평가할 근거로 활용되는 만큼 철저한 준비가 필요하다. 예를 들면 "장애인 차별을 금지하기 위한 영상 제작을 통해 박수를 받았다고 하는데 어떤 내용이었는지 구체적으로 말해 보세요."처럼 교과 세특에 기록된 모든 내용은 출제가 가능하다. 특히 진로 희망과 관련이 있는 교과 활동은 필수 출제 문항으로 활용된다.

⑦ 행동특성 및 종합의견

담임교사가 작성하는 학생에 대한 종합평가이기에 교사의 추천서와 같은 의미를 지닌다. 주로 인성 영역에 대한 평가가 이뤄지고 있고, 고등학교가 학생을 평가한 신뢰도를 검증해 보는 질문과 깊은 관련이 있다. 예를 들면 "시간 관리와 자기 통제력이 강해 발전 가능성이 높은 학생이라고 담임선생님께서 평가했는데, 그렇게 평가한 근거가 무엇인지 말해 보세요." 처럼 담임 평가의 이유를 설명하는 문항이 자주 출제된다.

면접관을 사로잡는 답변 전략을 세우자

전략은 단순해야 하고 필수적인 사항을 선별해서 구성해야 한다. 좋은 답변을 하기 위한 과다한 요령과 비법 등은 면접이라는 실제 상황에서 사용하지 못하고 오히려 말문을 막히게 하는 역효과를 낳을 수 있다. 면접장에서 여러분이 꼭 기억했으면 하는 사항만을 아래와 같이 정리하였다.

① 자신 있게 말하려면 면접 준비를 철저히 해야 한다

자신감은 철저한 준비에서 나온다. 자신의 서류를 정확하게 이해하고 면접 예상 문제를 뽑아 실전과 같은 연습을 한다면 다른 전략은 굳이 필요하지 않다. 학생부의 내용을 면밀하게 분석하여 3년간의 학교생활을 통한 교과 활동과 비교과 활동을 꼼꼼히 살펴야 한다. 또한 지원동기, 입학 후 교육과정에 따른 학업 계획과 졸업 후 진로 계획, 진로와 관련한 시사 문제에 대한 입장과 근거 등 예상 질문에 대한 철저한 준비가 필요하다. 면접은 학교에 따라 전형 유형과 평가 방법이 다르므로, 지원 학교 홈페이지에 공개된 내용을 활용해서 출제경향을 파악하고 대비해야 한다. 선배들의 조언이나 인터넷에 이미 많은 자료가 공개되어 있다.

② 질문의 의도를 정확하게 파악하고 잠시 생각한 후 답변한다

면접의 출발은 문제가 무엇인지를 정확하게 이해하는 것이다. 면접은 단순해 보이는 질문 속에도 평가 요소가 숨어 있다. 면접관이 질문하는 의도를 파악하고 대답의 방향을 정한 후 답변해야 한다. 많이 아는 것이 문제가 아니라 잘 대답하는 것이 중요하다. 아는 것을 차근차근 조리 있게 설명한다. 주장이나 의견을 묻는 문제라면 근거가 충분해야 설득력이 생긴다. 설명형 문제는 문제의 핵심인 정의나 개념 설명 등을 먼저 단답형으로 짧게 대답한다. 이어서 구체적인 예를 들거나 부연 설명을 통해 내용을 상세화한다. 의견 주장형 문제는 자기의 의견을 먼저 정확하게 밝힌다. 원칙적으로 어떤 주장인가는 평가의 대상이 아니다. 주장은 힘 있는 논거가 바탕이 되어야 한다. 양비론이나 절충형의 대답은 주의해야 한다. 그리고 면접관이 나의 논리를 반박하고 문제점을 지적하더라도 당황하지 말고 차근차근 상대방 논리의 문제점을 공격하거나, 자기주장의 일관성을 유지하려 노력해야 한다.

③ 두괄식으로 결론을 먼저 말하는 것이 좋다

제한된 시간 안에 모든 문항을 답변해야 하므로 면접관의 질문 의도를 파악한 후 결론을 먼저 말하고 그렇게 말한 근거를 논리적으로 설명하는 것이 좋다. 한 가지 질문에 너무 길게 답변하면 다른 질문에 답할 기회를 놓치게 되고 그 문제에 대한 점수를 획득하지 못할 수 있다. 결론을 먼저 말한 다음, 이를 뒷받침하는 주장이나 다른 사례를 근거로 제시하면 논리적 답변으로 좋은 점수를 얻을 수 있다. 면접 연습 때부터 두괄식으로 자신의 주장과 생각을 먼저 말하고 이를 뒷받침할 수 있는 근거를 제시하는 습관을 들이는 것이 좋다.

④ 구체적인 답변으로 신뢰성을 높인다

일반적이고 추상적인 질문이 나왔다면 답변을 구체적으로 해야 한다. 면접은 수험생 자신의 이야기를 하는 것이므로 직접 경험한 사례를 구체적으로 답변하는 것이 좋다. 자기소개, 지원동기, 학업 계획, 진로 계획 등 면접자에게 공통적으로 적용되는 문제일수록 자신의 이야기를 구체적인 활동이나 사례로 설명해야 좋은 점수를 받게 된다. 여러 가지 활동을 나열하는 형태라면 그중에서 가장 중요한 것을 먼저 말하고 사례 간의 유기적인 연결도 고려해야 한다.

⑤ 시종일관 자신감 있는 태도로 최선을 다한다

면접에서 제일 중요한 것은 자신감 있는 태도이다. 면접에서는 자기가 아는 것을 아는 만큼 대답하는 것이 최선이다. 모르는 질문이 나오면 할 수 없지만 아는 것이라도 최선을 다해 대답할 수 있어야 한다. 하지만 많은 수험생이 면접관 앞에서 위축되어 자기가 아는 것도 제대로 대답하지 못하는 경우가 많다. 자신감 있게 도전하는 자세로 면접에 최선을 다하자. 자신감이 승패의 관건이다.

호감을 주는 외모와 신뢰감을 주는 복장은 따로 있다

사람을 평가하는 것은 쉬운 일이 아니다. '열 길 물속은 알아도 한 길 사람 속은 모른다.'는 말이 있다. 면접은 공식적인 자리에서 묻고 답하는 과정을 통해 수험생을 평가하는 것이다. 제한된 시공간에서 깊이 있는 대화가 이루어지기 어려운 만큼 첫인상이 평가에 미치는 영향을 무시할 수는 없다. 외모와 복장은 첫인상을 좌우하기도 하므로 면접 평가에 직간접적으로 반영될 수 있다. 하지만 외모와 복장이 좋은 평가를 받는 요인은 아니다. 오히려 과한 치장으로 인해 나쁜 평가를 받지 않도록 다음과 같은 사항에 주의하도록 한다.

- 화장과 액세서리는 하지 않는 것이 좋다. 귀걸이, 피어싱, 반지 등 확연히 드러나는 액세서리, 머리 염색과 퍼머는 면접 평가자에게 부정적인 선입견을 줄 수 있으니 주의해야 한다.
- 복장은 단정한 사복이 좋다. 블라인드 면접에서 교복이나 신분이 드러나는 표식이 있는 옷을 입어서는 안 된다. 면접을 위해 특별히 옷을 준비하기보다는 평소에 자신과 잘 어울린다고 생각해서, 입으면 마음이 편해지는 무난한 복장이면 된다.
- 색깔이나 디자인이 튀지 않는 복장이 좋다. 예를 들면, 흰색이나 남색 계통의 셔츠나 블라우스에 베이지색 면바지나 청바지를 입어도 무난

할 것이다. 온화하고 단정한 느낌이 드는 복장이면 된다.

- 따뜻한 외투를 준비하는 것이 좋다. 추워지는 날씨와 면접이라는 긴장된 상황을 고려하여 보온에 신경을 써야 한다. 면접 대기장까지 가볍고 따뜻한 외투를 입고 있다가 면접실에 들어갈 때 벗어놓고 입장하면 된다.
- 모자, 반바지, 두꺼운 외투, 짧은 치마 등은 면접 복장으로 적절하지 않다. 신발은 단화를 신거나 흰색 계통의 깨끗한 운동화를 신는 것이 좋다.

면접의 기본자세를 갖추자

면접은 인터뷰(interview)라 하여 면접자 상호 간(inter) 서로 보고(view) 대화를 나누는 것을 의미한다. 면접은 면접 평가자와 수험생의 상호작용이지만 기본적으로는 수험생의 답변을 평가하는 것이다. 수험생은 합격을 결정짓는 중요한 시험이기에 평소처럼 자연스럽게 말하지 못할 수 있다. 예상한 문제가 나올 수도 있지만, 면접 상황에서 너무 긴장하여 실력 발휘를 못할 수도 있다. 수험생은 면접에서 답변할 내용을 잘 준비해야 하는 동시에 면접에서 기본이 되는 자세를 몸으로 익숙하게 체화하려는 노력도 해야 한다. 면접에서 기본이 되는 자세를 마음가짐, 언어, 비언어적 요소로 구분하여 정리하면 다음과 같다.

① 면접의 기본자세는 마음에서 시작된다

수험생이 면접에서 여유를 갖기란 어려운 일이다. 그러나 면접에서 좋은 평가를 받으려면 자신감 있고 당당한 태도를 보여야 한다. 일단 면접 대상자가 됐으니 충분히 합격할 자격이 있고, 최소한 면접장에 들어서기까지 노력한 자신에게 박수를 보내도 좋다. 면접 고사라고 심리적으로 위축될 필요는 없다. 지나치게 걱정하거나 불안해하지 말고 자기의 생각을 아는 대로 최선을 다해서 대답한다는 마음으로 여유를 갖자. 정답이 없는 시험이다. 자신의 이야기를 자연스럽게 하면 되는 것이다. 면접 평가자가 자신에 대해 모든 것을 알고 있지 않다. 예상하지 못한 질문을 받는다면 당황하지 말고, 심호흡한 뒤 여유를 갖고 다시 질문에 집중하면 된다. 질문 자체가 이해되지 않는다면, 면접관에게 다시 한 번 설명해줄 것을 정중하게 요청하도록 한다. 면접에서 중요한 것은 진정성과 절실함이다. 절실함보다 중요한 것은 없다. '능력 있는 자는 노력하는 자를 이기지 못하고 노력하는 자는 즐기는 자를 이기지 못한다.'는 말이 있다. 그런데 즐기는 자를 이기는 것은 절실한 자라고 생각한다. 꼭 합격하고 싶다는 절실함이 진정성으로 드러나면 대답에 힘이 실리고 면접관에게 좋은 인상을 줄 수 있을 것이다.

② 면접은 언어를 통해 평가하는 것이다

면접에서는 평소보다 좀 더 크게 말한다는 생각으로 답변하는 것이 좋다. 작은 소리는 자신감이 없어 보이고 전달력이 떨어진다. 수험생도 모르게 긴장할 수 있으므로 연습할 때부터 성량을 좀 더 크게 할 필요가 있다. 말할 때 말끝을 흐리거나 어물쩍 넘어가는 것은 좋지 않다. 또한 확신이 들지 않는 '~ 같아요'와 같은 표현이나 '음~, 에~'와 같이 쓸데없는 감탄사를 쓰지 않는 것이 좋다. 시작한 말은 어미를 명확하게 끝맺어야 한다. 말이 길어지면 중언부언하게 되고 본질에서 벗어나는 말을 할 수도 있으니 가능하면 간결하고 명확하게 답변하는 것이 좋다. 한 가지 사안을 길게 말하면 다른 말을 할 수 있는 시간적 여유가 없어지고 시간 안배를 못하여 당황하는 일이 생길 수 있으니 너무 길게 말하지 않도록 주의한다.

③ 비언어적 표현은 면접의 태도 점수를 좌우한다

짧은 면접 시간을 고려하면 비언어적 표현의 영향력은 매우 크다. 수험생의 비언어적 표현은 첫인상과 면접 태도 점수를 좌우한다. 안정적 자세, 시선 처리, 습관적인 몸동작 등을 주의해야 한다. 면접장에 들어서며 면접관 모두를 향해 미소를 지으며 인사한다. 임시 번호를 말하거나 간단한 인사말을 하고 두 손을 공손하게 모아 단전 위에 놓고 고개 숙여 인사한다. 지정된 자리로 천천히 이동하여 자리에 앉는다. 허리를 곧게 세우고 어깨를 펴며 엉덩이를 의자 끝에 붙인다. 발끝을 붙이고 무릎을 모은 후 손을 허벅지 위에 가볍게 올려놓는다. 안정된 자세를 해야 다리를 떨거나 손을 만지작거리는 등 불안한 심리를 드러내는 동작을 사전에 막을 수 있다. 면접관과 시선을 맞추면 자신감이 있어 보인다. 시선을 분산하지 말고 질문하는 면접관의 눈 아래 콧등부터 인중까지 적당한 지점을 응시하면 된다. 면접이 끝났다고 바로 일어서거나 바쁜 동작으로 면접장을 빠져나오려 하지 말고, 입장 때보다 더 시간적 여유를 두고 천천히 퇴장하는 것이 좋다.

모의 면접 이렇게 연습하자

면접에서 합격하기를 원한다면 반드시 모의 연습을 해야 한다. 면접에서 실력을 발휘하려면 충분한 연습이 필요하다. 실전보다 더 좋은 연습이 없기에 실제 면접이 이루어지는 상황을 설정하고 모의 연습을 해야 효과가 크다. 연습을 많이 할수록 실수할 가능성이 작아지고 합격 가능성이 그만큼 커진다. 면접 유형은 학교에서 정하지만, 누구와 면접을 연습하는가는 결국 수험생의 선택에 달려 있다. 혼자 연습하기, 친구나 가족 등 지인과 연습하기, 학교에서 선생님과 연습하기, 사교육 기관에서 강사 선생님과 연습하기 등 연습 형태는 다양하다. 누구와 연습하더라도, 궁극적으로는 다른 사람의 도움을 받아 수험생 개인이 연습하는 것임을 명심해야 한다.

① 혼자 연습하기

면접 준비가 되었다면 휴대전화로 면접 영상을 찍어본다. 누군가 면접관의 역할을 해주면 좋지만, 혼자서 연습한다면 예상 질문에 답변하는 자기 모습을 실제로 촬영해본다. 예상 질문 뽑기, 답변하기, 거울 앞에서 말해보기 등 미리 연습한 후, 면접장과 유사한 형태에서 준비한 답변을 영상으로 찍는 것이다. 촬영이 모두 끝나고 면접 영상에 찍힌 자기 모습을 보면 모든 것이 어색할 수 있다. 답변 태도, 목소리, 말투, 행동 등 마음에 들지 않는 부분을 적어 놓고 점차 개선해 나가도록 한다. 혼자 연습한 것으로 끝마치기보다는 객관적으로 자신을 평가해 줄 수 있는 타인에게 영상을 보여주고 피드백을 받는 게 좋다. 혼자 연습은 기본이고 타인과의 연습을 통해 실전 감각을 높이도록 한다.

② 아는 사람과 연습하기

가족이나 친구 등 여건이 되는 사람과 면접을 연습하는 것이다. 가족은 여러 가지로 어려움이 있다. 냉정하게 평가하기가 어렵고 감정이 상하는 일도 생길 수 있기에 가능하면 친구들과 연습하는 것이 좋다. 특목고를 지원했거나 유사한 계열에 지원한 친구와 연습한다면 더욱 좋다. 방과 후에 교실이나 특별실을 면접장과 유사하게 만들어 놓고 질문하고 답변하는 영상을 찍은 후 상호 평가하면서 부족한 점을 보완해 가는 것이다. 스터디그룹처럼 소수의 친구와 공동으로 모의 면접을 하면서 면접관과 수험생의 역할을 하다 보면 자신을 객관적으로 바라보고 부족한 점을 개선하는 데 많은 도움이 된다. 친구와 피드백을 주고받으면서 면접에 대한 실전 감각을 익힐 수 있다.

③ 학교에서 선생님과 연습하기

학교 선생님이나 인근 학교와의 연합 프로그램에 참여하는 형태의 면접 연습이다. 모의 면접에 참여하는 선생님은 수험생의 서류를 미리 분석해서 면접 질문을 뽑고 예고 없이 질문을 하기에 면접의 효과가 매우 크다. 또한 면접을 마친 후 전문가적 소견으로 수험생을 평가해 주기에 기회가 된다면 반드시 참여할 것을 권한다. 요즘은 학교 선생님만이 아니라 지원하는 고등학교에서 면접 프로그램을 진행하는 경우도 많아지고 있다. 지원 고교와 주변 학교 연합, 교육청에서 실시하는 프로그램 등 다양한 형태의 프로그램이 있으니 가능한 범위에서 여러 번 프로그램에 참여한다면 면접의 두려움이 줄어들 것이다.

④ 사교육 기관에서 연습하기

자신이 지원한 특목고에서 면접을 미리 경험한다면 가장 좋을 것이다. 그러나 대부분의 학생은 지원 고교에서 실시하는 면접에 미리 참여해 볼 기회를 갖지 못할 수 있다. 3학년 초나 여름방학에 고교에서 실시하는 면접 프로그램이 있다면 적극적으로 참여해야 한다. 원서를 내고 나면 실질적으로 지원 고교를 방문하여 면접을 경험하는 것이 불가능하다. 사교육 기관이나 전문 컨설턴트와 면접을 연습하는 것도 효과가 있다. 그러나 다양한 기관이 있기에 선택하느라 시간 낭비를 할 수도 있고 사교육 기관에 무조건적으로 의존하면 오히려 역효과가 날 수도 있다. 만약 사교육 기관에서 모의 연습을 했다면 피드백을 자신의 것으로 체화하기 위한 시간과 노력이 필요하다.

⑤ 블라인드 면접 주의사항 알고 가기

블라인드(blind) 면접이란 면접자의 정보를 모두 가린 상태에서 이루어지는 면접이라는 뜻이다. 면접자의 이름, 출신 학교, 부모의 사회·경제적 지위 등 개인 신상을 드러내지 않고 공정하게 면접을 진행한다는 의미이다. 고입 전형에서 학생부와 면접에서 개인 신상 정보를 모두 보이지 않게 처리하여 학생을 선발한다. 이는 지원자들을 선입견 없이 공정하게 대하고 객관적으로 평가하기 위해서이다. 수험생은 개인 신상을 말하지 말아야 하고 면접 평가자 역시 수험생의 개인 신상 정보를 모르고 평가에 임해야 한다. 학생 입장에서 블라인드 면접에 대해 별도로 대비할 것은 없다. 면접 대상자가 됐을 때 고교에서 블라인드 면접과 관련한 사항을 구체적으로 안내하고 있으니, 그대로 따라 하기만 하면 된다. 면접장에서도 블라인드 면접과 관련한 주의사항을 다시 안내하니 지나치게 긴장할 필요도 없고 평소 연습한 대로 면접에 임하면 된다.

MEMO

고교 다양성 정책 이후 전국에는 많은 유형의 학교가 있다. 특목고는 학교 설립 목적에 부합하는 교육과정을 운영하고 있고 일반고와 특성화고는 지역사회에서 같은 유형의 학교 간에 비교 평가되는 것이 현실이다.

여기에서는 고교 유형별로 1개 학교를 선택하여 모집 요강을 실었다. 학교마다 학생 선발 방법의 차이가 있고 해마다 입시 요강에 변화가 있다. 부록에서 제시한 모집 요강은 참고 사항이다. 학생이 진학을 진지하게 고민하는 학교가 있다면 실제 지원을 결정한 학교의 홈페이지를 방문하여 정확한 내용을 확인하고 이에 맞는 준비를 하는 것이 필요하다.

부록

고교 유형별 학교 모집 요강

• 고교유형별 1개교씩 학교 모집 요강을 고입정보포털에서 편집하여 예시로 제시함.

• 같은 유형의 학교라도 지역과 학교별로 다를 수 있고 해마다 변동사항이 있으니 정확한 정보는 해당 학교 홈페이지에서 확인이 필요함(자료는 2023학년도 모집 기준).

연번	학교 유형	학교명
1	특성화고	선린인터넷고등학교
2	마이스터고	서울로봇고등학교
3	국제고	동탄국제고등학교
4	외국어고	대원외국어고등학교
5	영재고	경기과학고등학교
6	과학고	경기북과학고등학교
7	자율형사립고	용인한국외국어대학교부설고등학교
8	예술고	서울예술고등학교
9	체육고	서울체육고등학교

*연번은 이 책의 Chapter 4 고등학교 유형의 순서대로 임의로 정한 것임.

▣ 선린인터넷고등학교 입학 전형

1. 모집 학과 및 정원

학과		학급수	모집정원	일반전형	특별전형	
					미래인재	본교 특별교육 과정이수자
			남·여	남·여	남·여	남·여
1	정보보호과	3	66명	20명	22명	24명
2	소프트웨어과	3	66명	20명	22명	24명
3	IT경영과	3	66명	20명	28명	18명
4	콘텐츠디자인과	3	66명	20명	28명	18명
계		12	264명	80명	100명	84명

※ 모집정원은 추후 변경될 수 있음.
※ 특별전형 모집정원 미달 시 일반전형에서 충원함.

2. 모집 지역

• 서울특별시, 인천광역시, 경기도

※ 본교는 기숙사가 없으므로 통학 거리·시간을 고려하여 지원

3. 지원 자격

가. 공통 및 일반전형

1) 모집 지역(서울특별시, 인천광역시, 경기도) 소재 중학교 졸업예정자
2) 중학교 졸업자 또는 중학교 졸업과 동등 이상의 학력이 있다고 인정된 자로서 원서접수일 현재 전 가족이 모집 지역에 거주하는 자

3) 검정고시 합격자는 원서접수일 현재 전 가족이 모집지역에 거주하는 자

> ※ 검정고시 합격자 미래인재전형 출결 및 봉사점수 부여 기준
> - 출결점수 : 배점의 60%
> - 봉사점수 : 서울특별시 학생 봉사활동 인정기준에 해당되는 실적 인정

4) 체육특기자는 서울특별시교육청의 야구 종목 체육특기자 배정에 의하며, 일반전형으로 선발함

나. 특별전형

1) 미래인재 특별전형

- 취업·창업 의지가 명확하고 성장 가능성, 창의성을 가진 학생

2) 본교 특별교육과정 이수자 특별전형

- 본교 SW영재교육원 이수(예정)자
- 중학생을 위한 본교 특별교육과정 이수자

다. 고입 특례대상자 전형

1) 대상자 :「초·중등교육법 시행령」제82조 제3항 제1호~제4호

구분			자격요건
외국에서 9년 이상 학교교육과정 이수자	제1호		외국 또는 군사분계선이북지역에서 9년 이상의 학교교육을 이수하거나, 초·중학교에 해당하는 학교교육과정을 이수한 자
외국의 학교에서 국내의 중학교에 전학 또는 편입학하여 졸업한 자	제2호	가목	외국의 학교에서 2년 이상 재학하고 귀국한 학생 (외국에서 부모와 함께 2년 이상 거주한 자에 한함)
		나목	정부의 초청 또는 추천에 의하여 귀국한 과학기술자 및 교수요원의 자녀
		다목	외국인 학생(부모 또는 부모 중 1인이 대한민국 국민인 경우에는 외국에서 2년 이상의 중학교 교육과정을 이수한 학생을 말함)

북한이탈주민 등	제3호	「북한이탈주민의 보호 및 정착지원에 관한 법률」 제2조 제2호에 의한 보호대상자로서 군사분계선 이북지역의 학교에서 2년 이상 재학하고 군사분계선 이남지역의 중학교에 편입학하여 졸업한 자
	제4호	교육감이 학력심의위원회의 심의를 거쳐 9년 이상의 우리나라 학교교육과정을 마친 사람에 상응한 학력을 가진 것으로 인정한 사람

2) 선발방법

- 제1호 및 제4호 해당자는 정원 내에서 선발
- 제2호 및 제3호 해당자는 모집정원 2% 범위 내에서 정원 외로 선발
- 본교 신입생선발위원회의 심의를 거쳐 선발하며 정상적인 교육과정 이수에 지장이 있다고 판단되는 자는 불합격 처리함

라. 보훈자 자녀 전형

1) 보훈처에서 보훈자 자녀 중 교육지원대상자로 지정된 자
2) 모집정원의 3% 범위 내에서 정원 외로 선발
3) 본교 신입생선발위원회의 심의를 거쳐 선발하며 정상적인 교육과정 이수에 지장이 있다고 판단되는 자는 불합격 처리함

4. 제출 서류

가. 공통 서류

1) 입학원서(온라인접수, 사진 포함)

- 서울시 중학교 재학 중이거나 졸업한 학생 : 해당 중학교에서 작성, 온라인 제출
- 검정고시, 다른 시·도 학생 : 특성화고등학교에 수기(종이)원서 제출

2) 모집지역 소재 중학교 졸업예정자를 제외한 지원자는 주민등록등본, 학력 증빙서류(검정고시 합격증명서, 성적증명서(미래인재전형 제외) 등)

나. 특별전형

1) 미래인재 특별전형

- 필수 : 학교생활기록부Ⅱ(교과성적 및 수상경력 제외) 출력물, 자기소개서 및 학업계획서
- 선택 : 포트폴리오, 증빙서류

2) 본교 특별교육과정 이수자 특별전형

- 필수 : 학교생활기록부Ⅱ(교과성적 및 수상경력 포함) 출력물, 교육과정 이수증 사본

다. 고입 특례대상자 전형

- 필수 : 고입 특례대상자 증빙자료, 포트폴리오

라. 보훈자 자녀 전형

- 필수 : 교육지원대상자 증명서, 포트폴리오

5. 전형 방법

가. 일반전형

1) 중학교 고입석차연명부의 개인별 석차백분율 성적으로 선발한다.
2) 일반전형은 학과를 4개 학과까지 지망할 수 있다.
3) 검정고시 합격자는 서울특별시교육청에서 별도 안내하는 석차백분율 산출식을 적용하여 산출한 석차백분율로 전형한다.

※검정고시 합격자는 서울특별시교육청에서 별도 안내하는 석차백분율 산출식에 의해 성적을 산출하여 전형한다.

나. 특별전형

1) 미래인재 특별전형

가) 미래인재 특별전형은 학과를 1개까지 지망할 수 있다.

나) 평가 항목 및 합격자 선발 단계

구분	평가 항목				계
평가 요소	출결	봉사활동	자기소개서 및 학업계획서 (포트폴리오 포함)	심층면접 (직업기초능력)	
반영점수	30점	10점	20점	40점	100점
전형단계	1차				

- 합격자 최종 선발 : 1차 전형 평가점수로 성적순 선발
- 동점자 처리 : 심층면접 점수, 자기소개서 및 학업계획서 점수, 출결점수, 봉사활동 점수 순으로 선발
- 검정고시 합격자 : 출결(18점), 봉사활동 실적(서류) 제출 시 인정
  ※봉사활동 실적은 점수 인정 기준일까지 제출한 서류(봉사 확인서)만 반영함.

다) 평가 기준

- 출결 배점 : 30점

출결 평가											
3년간 미인정 결석 일수	0	1	2	3	4	5	6	7	8	9	10일 이상
배점	30	27	24	21	18	15	12	9	6	3	0

※ 미인정 결석은 1회당 3점 감점, 미인정 결과, 미인정 지각, 미인정 조퇴는 1회당 1점씩 감점
※ 감점이 출결 배점을 초과하는 경우에는 출결 배점 0점 처리

• 봉사활동 배점 : 10점

봉사활동 평가						
3년간 봉사활동 시간	15 이상	14～12	11～10	9～8	7～5	5 미만
배점	10	8	6	4	2	0

• 자기소개서 및 학업계획서 배점 : 20점

자기소개서 및 학업계획서(포트폴리오 포함) 평가					
평가 등급	A	B	C	D	E
배점	20	16	12	8	4

• 심층면접 배점 : 40점 면접

심층면접(직업기초능력) 평가					
평가 등급	A	B	C	D	E
배점	40	34	28	22	14

2) 본교 특별교육과정 이수자 특별전형

가) 본교 특별교육과정 이수자 특별전형은 학과를 1개까지 지망할 수 있다.

나) 평가 항목 및 합격자 선발 단계

구분	평가 항목				계
평가 요소	출결	봉사활동	자기소개서 및 학업계획서	심층면접	
점수	30점	20점	30점	20점	100점
전형단계	1차				

• 동점자 처리 : 심층면접 점수, 자기소개서 및 학업계획서 점수, 출결점수, 봉사활동 점수의 순으로 선발

※봉사활동 실적은 점수 인정 기준일까지 제출한 서류(봉사 확인서)만 반영함

다) 평가 기준

• 출결 배점 : 30점

출결 평가										
3년간 미인정 결석 일수	0	1	2	3	4	5	6	7	8	9	10일 이상
배점	30	27	24	21	18	15	12	9	6	3	0
※ 미인정 결석은 1회당 3점 감점, 미인정 결과, 미인정 지각, 미인정 조퇴는 1회당 1점씩 감점 ※ 감점이 출결 배점을 초과하는 경우에는 출결 배점 0점 처리											

• 봉사활동 배점 : 20점

봉사활동 평가						
3년간 봉사활동 시간	15 이상	14~12	11~10	9~8	7~5	5 미만
배점	20	16	12	8	4	0

• 자기소개서 및 학업계획서 배점 : 30점

자기소개서 및 학업계획서 평가							
평가 등급	A	B	C	D	E	F	G
배점	30	26	22	18	14	10	6

• 심층면접 배점 : 20점

평가 요소	배점	평가 내용
심층면접	20	• 학과 공통 : 지원자의 소질 · 능력과 발전 가능성 • 정보보호과/소프트웨어과 : 프로그래밍 관련 기초능력 및 적성 • IT경영과 : IT · 경영 관련 기초능력 및 적성 • 콘텐츠디자인과 : 콘텐츠 관련 기초능력 및 적성

3) 특별전형 사정 기준

- 본교 신입생선발위원회의 심의를 거쳐 선발하며 정상적인 교육과정 이수에 지장이 있다고 판단되는 자는 불합격 처리한다.
- 모집정원이 충원되지 않았더라도 전형 총점의 60% 미달 시 신입생선발위원회 회의를 통해 불합격 처리할 수 있다.
- 미래인재 특별전형, 본교 특별교육과정 이수자 특별전형의 모집인원 미달 시 또는 입학사정기준 미달 시 일반전형 지원자 중에서 충원한다.

다. 고입 특례대상자 및 보훈자 자녀 전형

1) 고입 특례대상자 전형은 학과를 1개까지 지망할 수 있다.

2) 포트폴리오와 교과적합성으로 선발한다.

3) 평가 항목 및 합격자 선발 단계

구분	평가 항목		계
평가 요소	포트폴리오	교과적합성	
점수	50점	50점	100점
전형단계	1차		

4) 평가 기준

• 포트폴리오 배점 : 50점

포트폴리오 평가					
평가 등급	A	B	C	D	E
배점	50	40	30	20	10

• 교과적합성 배점 : 50점

교과적합성 평가					
평가 등급	A	B	C	D	E
배점	50	40	30	20	10

• 전형 총점의 60% 미달 시 모집정원에 관계없이 불합격 처리할 수 있다.

6. 특별전형, 일반전형 사정 방법

가. 특별전형

학과별 특별전형 지원자의 모든 평가 항목 합계 점수순으로 선발한다.

나. 일반전형

1) 1차 선발 : 특별전형 합격자와 체육특기사를 확정한다.
2) 2차 선발 : 일반전형 지원자는 전체 모집인원에서 1차 선발인원을 제외하고 내신 성적순으로 선발한다.
3) 2차 선발자를 학과별 제1지망 순으로 분류한다.
4) 3차 선발 : 학과별 모집인원에서 1차 선발인원을 제외하고, 학과별로

내신 성적에 따라 선발한다.

5) 4차 선발 : 2차 선발자 중 3차 선발에 불합격자는 지망 순으로 미달학과에서 선발한다.

6) 결원이 생기는 경우 2차 선발에서 불합격한 응시자를 대상으로 위의 나~마와 동일한 방법으로 선발한다.

7) 동점자는 중학교 3학년 2학기 교육과정 교과목(국어, 사회, 역사, 도덕)의 성취도에 따라 선발한다.

7. 유의사항

1) 이중지원 금지 : 전국 소재 전기고 중 1곳만 지원 가능

- 전기고에 지원하고자 하는 자는 전형 시기와 관계없이 1개 학교만 지원할 수 있다(단, 영재학교(서울과학고) 및 산업수요맞춤형고(마이스터고-서울로봇고, 서울도시과학기술고, 미림여자정보고, 수도전기공고)에 지원하여 불합격이 확정된 자는 특성화고에 지원할 수 있다).
- 합격자는 각 시·도교육청에서 시행하는 전·후기 고등학교 신입생 선발 전형에 응시할 수 없다.
- 특성화고 특별전형에 지원하여 불합격이 확정된 자는 특성화고의 일반전형에 지원할 수 있다.

2) 입학전형에 관련된 증빙서류는 사본을 제출하며, 원본은 접수담당자에게 제출하여 사실 여부를 확인 후 반환을 받는다.

3) 기재 착오 또는 서류 미비로 인한 불이익은 지원자가 책임지며, 제출서류에 기재된 사항이 허위인 경우 합격을 취소할 수 있다.

4) 본교는 기숙사가 없으므로 통학을 고려하여 지원해야 한다.

5) 전형요강에 명시되지 않은 사항은 본교의 신입생선발위원회의 결정

에 따른다.

6) 합격자 미등록으로 인한 결원은 신학년도 새학기 시작 후 전·편입학 또는 수시 추가 모집으로 충원한다. 단, 후기고 탈락자는 신학년도 새학기 전이라도 전기고에서 수시로 충원할 수 있다.

▣ 서울로봇고등학교(로봇 분야 마이스터고) 입학 전형

1. 모집 학과 및 정원

<table>
<tr><th rowspan="3">계열 구분</th><th rowspan="3">학과</th><th rowspan="3">학급수</th><th rowspan="3">정원</th><th colspan="3">전형별 선발인원</th><th rowspan="3">비고</th></tr>
<tr><th rowspan="2">일반전형</th><th colspan="2">특별전형</th></tr>
<tr><th>마이스터 인재전형</th><th>사회통합전형</th></tr>
<tr><td rowspan="3">마이스터 일반 계열</td><td>첨단로봇 설계과</td><td>2</td><td>36명</td><td>20명</td><td>12명</td><td>4명</td><td rowspan="4">1.마이스터 일반계열은 남·여 구분 없이 선발함
2.마이스터군특성화계열은 남자만 지원하여 선발함
3.모집정원은 추후 변동될 수 있음</td></tr>
<tr><td>첨단로봇 제어과</td><td>2</td><td>36명</td><td>20명</td><td>12명</td><td>4명</td></tr>
<tr><td>첨단로봇 시스템과</td><td>2</td><td>36명</td><td>20명</td><td>12명</td><td>4명</td></tr>
<tr><td>마이스터군 특성화 계열</td><td>첨단로봇 정보통신과</td><td>2</td><td>36명</td><td>20명</td><td>12명</td><td>4명</td></tr>
<tr><td rowspan="3">계</td><td>서울 지역</td><td></td><td></td><td>42명</td><td>42명</td><td>16명</td><td>100명</td></tr>
<tr><td>서울외 지역</td><td></td><td></td><td>38명</td><td>6명</td><td>·</td><td>44명</td></tr>
<tr><td>전체</td><td></td><td></td><td>80명</td><td>48명</td><td>16명</td><td>144명</td></tr>
</table>

① 계열 구분 없이 남자(남학생)는 4지망 학과까지 지원할 수 있고, 여자(여학생)는 3지망 학과(첨단로봇정보통신과는 지원할 수 없음)까지 지원이 가능함

② 마이스터군특성화계열 첨단로봇정보통신과는 남자(남학생)만 지원 가능함

③ 전형 기준에 의하여 1차 전형은 계열 및 전형 구분 없이 전체 모집정원수(모집정원의 1.5배수 이내)를 선발하고, 2차 전형은 지망학과 우선순위에 따라 단계별로 학과를 배정함

④ 특별전형에서 모집정원에 미달하는 경우 일반전형에서 충원함. 특별전형에서 모집정원을 초과하는 경우 일반전형으로 넘어감

⑤ 서울지역 모집정원이 미달하는 경우, 서울 외 지역 지원자로 충원할 수 있음

⑥ 서울 외 지역 모집정원이 미달하는 경우, 서울지역 지원자로 충원할 수 있음

※ ⑤, ⑥의 경우 충원방법 및 선정은 우리학교 신입생 전형 위원회의 결정에 따름

⑦ 전체 모집정원이 미달하는 경우, 추가 모집을 진행하여 학생을 선발할 수 있음

2. 모집 지역: 전국 단위

3. 지원 자격

가. 일반전형

1) 2023년 2월 중학교 졸업예정자 및 중학교 졸업자 또는 중학교 졸업과 동등 이상의 학력이 있다고 인정된 자로서 본교의 성장경로에 대한 진로지도 정책 동의서 제출이 가능한 자

2) 위의 자격 조건에 해당되면서 우리 학교의 진로지도 정책에 동의하는 자

※ 모집정원

학과	첨단로봇 설계과	첨단로봇 제어과	첨단로봇 시스템과	첨단로봇 정보통신과
서울지역	11명	11명	11명	9명
서울 외 지역	9명	9명	9명	11명
계	20명	20명	20명	20명

3) 전형 요소

가) 1차 전형: 교과성적, 출결 성적, 봉사활동 성적

나) 2차 전형: 마이스터 인·적성검사, 심층면접, 가산점(총점 외 별도)

나. 특별전형

1) 마이스터인재 전형

일반전형의 지원 자격을 갖추고, 다음 추천기준 중 하나에 해당되는 자

※ 모집정원

학과	첨단로봇 설계과	첨단로봇 제어과	첨단로봇 시스템과	첨단로봇 정보통신과
서울지역	10명	10명	10명	12명
서울 외 지역	2명	2명	2명	·
계	12명	12명	12명	12명

구분	추천 기준
마이스터 인재전형	중학교 재학 중 다음의 실적이 있는 자 또는 로봇 분야 마이스터로 성장할 수 있는 잠재력이 있는 자로 추천을 받은 자(현재 중학교에 재학 중인 자로 로봇 관련 분야에 적성과 소질이 있어 잠재적 성장가능성이 있다고 판단되어 담임 및 학교장의 추천을 받은 자, 학교별 7명까지 추천)

2) 사회통합전형(서울지역만 모집함)

서울특별시 소재 중학교 재학자 중 일반전형의 지원 자격을 갖추고, 다음 추천기준 중 하나에 해당하는 자

※ 모집정원

학과	첨단로봇 설계과	첨단로봇 제어과	첨단로봇 시스템과	첨단로봇 정보통신과
서울지역	4명	4명	4명	4명
계	4명	4명	4명	4명

4. 제출 서류

<table>
<tr><th colspan="2">전형 구분</th><th>서류목록</th></tr>
<tr><td colspan="2">공통
(※ 전형 구분 없이 제출)</td><td>• 입학원서(본교 소정 양식) 1부 (인터넷 접수)
• 성적확인서 1부(학교장 직인으로 확인)
• 학교생활기록부(Ⅱ) 사본 1부(학교장 직인으로 원본 대조필)
• 진로지도 동의서 (인터넷 접수시 동의 여부 표기)
• 개인정보 활용 동의서 (인터넷 접수시 동의 여부 표기)
• 검정고시 합격증 사본 및 고입 내신산출 평가 성적증명서 각 1부</td></tr>
<tr><td colspan="2">일반전형</td><td>• 공통 서류만 제출</td></tr>
<tr><td rowspan="2">특별전형</td><td>마이스터
인재 전형</td><td>• 학교장추천서(본교 소정 양식) 1부
• 학업계획서(본교 소정 양식) 1부</td></tr>
<tr><td>사회통합전형
(기회균등,
사회다양성)</td><td>• 학업계획서(본교 소정 양식) 1부
• 사회통합전형 대상자 학교장 확인서 1부(중학교 양식)
• 학부모 확인서(중학교 양식)
• 학교장 추천서(중학교 양식) 〈기회균등전형 해당〉
• 기회균등전형 지원 자격 증빙자료 1부</td></tr>
<tr><td colspan="2">고입 특례대상자
전형</td><td>• 고입특례대상자(고입전형 면제자) 확인서(시·도교육청 발행) 1부</td></tr>
<tr><td colspan="2">보훈자(국가유공자)
자녀 전형</td><td>• 국가보훈대상자 교육지원대상자 증명서(국가 보훈청 발행) 1부</td></tr>
</table>

5. 전형 방법

가. 일반전형

1) 전형 요소

- 1차 전형: 교과성적, 출결 성적, 봉사활동 성적
- 2차 전형: 마이스터 인·적성검사, 심층면접, 가산점(총점 외 별도)

2) 전형 요소별 배점 및 비율

전형 요소	교과 성적	출결 성적	봉사활동 성적	마이스터 인·적성검사	심층 면접	합계	가산점 (별도)
배점	75점	60점	30점	75점	60점	300점	9점
비율	25%	20%	10%	25%	20%	100%	3%

※ 가산점은 총점 외 별도로 가산되며, 3%(9점)를 초과할 수 없음

※ 가산점 대상자

가) 우리학교 주최 서울로봇·드론 경진대회 입상자(상별 종류 관계없음) - 9점

나) 우리학교 당해 연도 교육프로그램 참여자 - 1회당 3점

다) 교육청 및 산하기관과 공공기관 또는 대학교에서 주관하여 실시하는 로봇분야(로봇, 기계, 전기·전자·통신, 정보·컴퓨터, 수학, 과학) 관련 교육을 60시간 이상 이수한 자(이수시간 산출 기준일 : 10월 10일까지, 최종수료무관 산출 기준일까지 이수시간 제출가능), 단 초경량비행장치 자격증 취득을 위한 비행 교육 이수 시간은 가산점 부여 대상 교육 시간에 해당 되지 않음 - 9점

3) 교과성적

학기	2학년 1학기	2학년 2학기	3학년 1학기	가중치 점수	합계
배점	18.75	18.75	22.5	15	75점
비율	25%	25%	30%	20%	100%

※ 가중치 적용 과목 : 수학, 과학, 기술·가정

가) 「중학교학업성적관리시행지침」에 따라 산출한 졸업(예정)자의 학교생활기록부의 교과(2학년 1학기부터~3학년 1학기까지 이수한

교과)의 교과 성취도에 의한 환산점수를 반영함

※ 교과 평점 산출

5단계 평가 교과					
학교생활기록부 성취도	A	B	C	D	E
환산 점수	5	4	3	2	1

나) 평균점수 산출 시 소수 자릿수는 소숫점 이하 여섯째 자리에서 반올림

다) 조기진급 및 조기졸업(예정)자는 이수한 최종학년(최종학기) 성적을 100% 반영함

라) 성적을 반영할 수 없는 학기가 있는 경우(자유학기제 등)에는 성적이 없는 학기의 직후(또는 직전) 성적을 반영함.

마) 검정고시 합격자는 서울특별시교육청에서 별도 안내하는 석차백분율 산출식을 적용하여 산출한 석차백분율로 하고, 그에 따른 세부사항은 신입생 전형위원회에서 결정하여 전형한다.

4) 출결 성적

결석 일수	출결점수	결석 일수	출결점수	결석 일수	출결점수
0일	60	6일	48	12일	36
1일	58	7일	46	13일	34
2일	56	8일	44	14일	32
3일	54	9일	42	15일	30
4일	52	10일	40	16일	28
5일	50	11일	38	17일 이상	26

가) 3개 학년의 미인정 결석 일수와 환산 결석 일수를 합산하여 총 결석 일수를 산출함

나) 환산 결석 일수는 미인정지각, 미인정조퇴, 미인정결과를 합산하여 3회를 결석 1회로 환산함(소수점 이하 버림)

5) 봉사활동 성적

가) 2023학년도 신입생 입학전형에서는 시수와 상관없이 만점(30점)으로 산출함

6) 인·적성검사 성적

가) 영마이스터로서의 자질과 역량을 평가할 수 있는 인·적성검사를 실시함

나) 채점 기준표

항목	A	B	C	D	E	F
인성	15	12	8	5	2	0
언어이해력	10	8	5	3	1	0
수리이해력	15	12	8	5	2	0
공간이해력	10	8	5	3	1	0
창의력	15	12	8	5	2	0
관찰·탐구력	10	8	5	3	1	0

※ 인·적성검사 항목 및 배점은 변경될 수 있음

※ 미응시자는 0점 처리함

7) 심층면접 성적

가) 심층면접을 통하여 영마이스터로서의 자질과 진로 적합성 등을 종합적으로 평가함

나) 채점 기준표

요소	A	B	C	D	E	F
기본자세	15	13	11	9	7	0
지원 분야 이해	20	18	16	14	12	0
로봇분야 마이스터로서 발전 가능성	15	13	11	9	7	0
품성	10	9	8	7	6	0

※ 심층면접 평가 항목 및 배점은 변경될 수 있음

※ 심층면접에 성실하게 참여하지 않는 경우 심층면접 점수를 0점으로 부여함

나. 특별전형

1) 전형 요소

가) 1차 전형 : 교과성적, 출결 성적, 봉사활동 성적

나) 2차 전형 : 마이스터 인·적성검사, 심층면접, 학업계획서

2) 전형 요소별 배점 및 비율

전형 요소	교과 성적	출결 성적	봉사활동 성적	마이스터 인·적성검사	심층 면접	학업 계획서	합계	가산점
배점	45점	60점	30점	75점	60점	30점	300점	9점
비율	15%	20%	10%	20%	25%	10%	100%	3%

※ 가산점은 총점 외 별도로 가산됨

※ 가산점 대상자

가) 우리학교 주최 서울로봇·드론 경진대회 입상자(상별 종류 관계없음) - 9점

나) 우리학교 당해 연도 교육프로그램 참여자 – 1회당 3점

다) 교육청 및 산하기관과 공공기관 또는 대학교에서 주관하여 실시하는 로봇분야(로봇, 기계, 전기·전자·통신, 정보·컴퓨터, 수학, 과학) 관련 교육을 60시간 이상 이수한 자(이수시간 산출 기준일: 10월 10일 까지), 단 초경량비행장치 자격증 취득을 위한 비행 교육 이수시간은 가산점 부여 대상 교육 시간에 해당 되지 않음 - 9점

3) 교과성적

학기	2학년 1학기	2학년 2학기	3학년 1학기	가중치 점수	합계
배점	11.25	11.25	13.5	9	45점
비율	25%	25%	30%	20%	100%

※ 가중치 적용 과목 : 수학, 과학, 기술·가정

가) 중학교 졸업 및 졸업 예정자의 학교생활기록부에 의거 모든 교과(2학년 1학기부터~3학년 1학기까지 이수한 교과)의 교과성취도 평균점수에 의한 환산점수를 반영함

※ 교과 평점 산출은 일반전형과 동일함

나) 조기진급 및 조기졸업(예정)자는 이수한 최종학년(최종학기) 성적을 100% 반영

다) 성적을 반영할 수 없는 학기가 있는 경우에는 성적이 없는 학기의 직후(또는 직전) 성적을 반영함

라) 검정고시 합격자는 서울특별시교육청에서 별도 안내하는 석차백분율 산출식을 적용하여 산출한 석차백분율로 하고, 그에 따른 세부사항은 신입생 전형위원회에서 결정하여 전형한다.

4) 출결 성적 : 일반전형과 같음

5) 봉사 활동 성적 : 일반전형과 같음

6) 마이스터 인·적성검사 성적 : 일반전형과 같음

7) 심층면접 : 일반전형과 같음

8) 학업계획서

가) 채점기준표

항목	A	B	C	D	E	F
이해 분석력	10	8	6	4	2	0
논증력	10	8	6	4	2	0
전문성	10	8	6	4	2	0

※ 학업계획서 채점 항목 및 배점은 변경될 수 있음

나) 학업계획서는 본교 소정 양식으로 작성함

다) 학업계획서에는 로봇 마이스터 인재로 성장하기 위해, 재학 중 학업 계획과 졸업 후 계획을 구체적으로 제시하여야 함

라) 타인의 글을 표절한 경우 0점 처리함

다. 군특성화마이스터계열 첨단로봇정보통신과 안내사항

1) 첨단로봇정보통신과는 정보통신분야(위성, M/W, C4I, 네트워크, TMR, 교환 등)의 군특성화 과정을 운영함

2) 군특성화 과정은 교육부, 국방부, 고용노동부, 중소기업청 등 정부부처 주관이 되어 육군 본부와 협약을 통해 유능한 전문가(전문기술병 및 전문기술부사관)를 양성할 목적으로 운영되는 과정임

3) 첨단로봇정보통신과의 교육과정 중 1, 2학년 교과는 타 학과와 동일한 교육과정을 운영하며, 3학년 때 군특성화 과정으로 정보통신분야

의 교육을 받음

4) 전문기술병 및 전문기술부사관으로 복무 중 전문학사 취득(상병 진급 이후 e-Millitary U 제도를 통한 협약대학 진학 가능)이 가능하고, 전문부사관 복무 시 월 급여 외 수당이 추가지급(60여만 원, 총 급여 200여만 원) 되며 전역 시 전직지원 프로그램을 통한 취업을 지원함

5) 군특성화 과정 3학년 때 훈련지원비(100여만 원 상당)가 지급되며 다양한 안보견학 및 강연 등의 리더십 교육을 받음

6) 입대 시 신체조건(국방부 징병 신체검사 등 검사규칙 적용)

시력	피부	체중/신장	비고
• 교정시력 좌·우 0.7 이상 • 라식수술자 지원 가능	문신 및 자해 반흔자 제외 (육군규정 판정 기준 적용)	46Kg~119Kg/ 161cm~195cm	합격/ 불합격 판정

7) 군특성화 과정은 국가 시책에 의해 변경될 수 있음

6. 지원자 유의 사항(필독)

가. 이중지원 금지 : 전국 소재 전기고 중 1곳만 지원 가능

1) 우리학교 합격자는 각 시·도교육청에서 시행하는 전·후기 고등학교 신입생 선발전형에 응시할 수 없다

2) 전기고[과학고, 외국어고, 국제고, 예술고, 체육고, 자율형사립고, 산업수요맞춤형고(마이스터고), 특성화고 등]에 지원하려는 자는 전형날짜가 다르더라도 전국 소재 전기고 중 1교에만 지원할 수 있다. 단, 우리학교에 지원하여 불합격이 확정된 자는 특성화고에 지원할 수 있다.

3) 추가모집 지원자의 경우 전기고 및 특성화고 불합격자도 지원할 수 있다.

나. 본교는 취업을 목적으로 설립된 산업수요맞춤형(마이스터)고등학교(특수목적고)로서 재학생 전원의 취업이 목표임

다. 원서 작성 시 전형 유형(일반전형·특별전형)에 따라 전형 방법 및 배점이 다르므로 원서작성 이전에 이를 반드시 확인하기 바람

라. 기재 오류 또는 서류 미비로 인한 불이익은 지원자가 책임지며, 제출서류에 기재된 사항이 허위인 경우 합격·입학·재학 중에 취소할 수 있음

마. 신입생 전형에 관련된 증빙서류는 사본을 제출하며, 원본은 사실 여부를 확인 후 반환을 함

바. 진형요강에 명시되지 않은 사항은 우리학교 신입생 전형위원회의 결정에 따름

사. 합격자 미등록에 의한 불합격으로 인한 결원은 신입생 전형 성적 차순위 순으로 추가 합격시켜 충원하거나 신학년도 새학기 시작 후 전·편입학 또는 수시 추가 모집에서 충원할 수 있음(신입생 전형위원회에서 결정함).

아. 기숙사 수용

1) 경기도의 하남시, 과천시, 성남시 소재 중학교 출신 합격자는 기숙사 입사 대상에서 제외원칙이나 통학거리에 따라 입소 가능함(기숙사운영위원회에서 결정함)

2) 단, 기숙사 수용 여유가 있는 경우, 경기도의 하남시, 과천시, 성남시 및 서울특별시 소재 중학교 출신 합격자 중 원거리 통학자는 기숙사운영위원회에서 정하는 기준에 의해 입사할 수 있음

▣ 동탄국제고등학교 입학 전형

1. 모집정원

모집단위		모집인원(명)	비고
정원 내(200명)	일반전형	120	·
	지역우수자전형	40	정원의 20%
	사회통합전형	40	정원의 20%
정원 외	특례입학대상자전형	4	정원의 2%
	(국가유공자 자녀)	(6)	(정원의 3%)

※ 사회통합전형으로 지원한 국가유공자 자녀 중 교육지원대상자는 불합격 시 정원의 3% 범위에서 정원 외로 선발함

2. 지원 자격(지원자는 다음 각 호의 하나에 해당하여야 한다)

1) 경기도 또는 국제고가 소재하지 않는 타 시·도의 중학교 졸업예정자
2) 중학교 졸업자로서 경기도에 거주하는 자
3) 중학교 졸업학력 검정고시 합격자로서 경기도에 거주하는 자
4) 중학교 졸업자와 동등 이상의 학력이 있다고 인정된 자(「초·중등교육법 시행령」 제97조)로서 경기도에 거주하는 자
5) 타 시·도 소재 특성화 중학교(전국단위 모집 자율학교 포함) 졸업예정자 중 경기도에 거주하는 자

※ 1)의 '국제고가 소재하지 않는 타 시·도'는 2023학년도 3월 국제고 신입생 모집이 없는 시·도 지역을 뜻한다.

※ 2)~5)항의 '경기도에 거주하는 자'라 함은 '원서접수일 현재 전 가족

(보호자 포함)이 경기도에 단독세대로 주민등록이 되어 있고, 실제 거주하는 자'를 뜻한다.

3. 전형별 지원 자격

전형 구분		지원 자격
정원 내	일반전형	지원 자격의 1. 공통자격과 동일함
	지역우수자전형	이전부터 화성시 소재 중학교에 재학하면서 화성시 소재 중학교 졸업 예정자 (단, 화성오산교육지원청의 학군 배정 등의 제도적 사유로 타 시의 중학교에 배정된 학생도 인정)
	사회통합전형	사회통합전형 대상자 범위 중에서 고등학교 입학 사실이 없는 자
정원 외	특례입학대상자전형	「초·중등교육법 시행령」 제82조 제3항 제2호 및 제3호 해당자
	(국가유공자자녀전형)	해당 보훈(지)청으로부터 '교육지원대상자'로 확인을 받은 자

가. 사회통합전형 전형 대상자의 범위 및 세부 지원 자격

1) 1순위(기회균등 대상자)

세부 지원 자격	
①	국민기초생활수급권자 또는 그 자녀
②	기준 중위소득 50% 이하 가구(구, 차상위계층)로 교육감이 정하는 사람 또는 그 자녀 ※ 교육급여 수급대상자 증명서 발급이 가능한 자로 제한함
③	국가보훈대상자 또는 그 자녀
④	한부모가족보호대상자 자녀 (「한부모가족지원법」 제5조에 의한 복지급여 수급권자)
⑤	기준 중위소득 60% 이하 가구(구, 차차상위계층)로 교육감이 정하는 사람 또는 그 자녀

⑥	학교장 추천 학생 ※ ①, ②, ⑤항에는 포함되지 않으나, 가정형편이 어렵다고 학교장이 판단·추천한 자 ※ '학교장추천위원회' 구성·심의·검증 후 학교장이 경제적으로 어려움이 있다고 추천한 학생에 한함. 학교장추천위원회 회의록 사본과 객관적 증빙서류 첨부 ※ '학교장추천위원회'는 학교장, 교원, 학교운영위원 중 학부모, 지역위원 등 7~9명으로 구성 학교운영위원회 학부모, 지역위원 반드시 포함. 학교규모가 200명 이하면 5명으로 구성 가능 [선정예시] - 부양 의무자의 갑작스런 실직으로 생계에 어려움이 있는 경우 - 가계파산 또는 재산 압류 등으로 생계에 어려움이 있는 경우 - 부양 의무자가 질병, 사고, 장애 등으로 근로능력을 상실하여 소득이 없거나 생계에 어려움이 있는 경우 등 [객관적 증빙서류 예시] 실직급여수급증 사본, 채권압류통지서, 법원 파산결정문 사본, 폐업확인서, 지역건강보험료 영수증, 급여명세서, 재산세납입증명서 등

2) 2순위(사회다양성 대상자)

세부 지원 자격	
①	소년·소녀가장 (형제·자매 포함)
②	조손가정 학생
③	북한이탈주민 (「북한이탈주민의 보호 및 정착지원에 관한 법률」 제2조 해당자)
④	순직군경 자녀, 순직소방대원 자녀, 순직교원 자녀
⑤	다문화가정 자녀 (「다문화가족지원법」 제2조 해당자)
⑥	아동복지시설 보호아동 (「아동복지법」 제50조의 규정에 의하여 설치된 시설에 보호된 아동)

3) 3순위(사회다양성 대상자)

세부 지원 자격		유의사항
①	농·어촌의 면단위 소재지 중학교의 3개 학년의 전 과정(1학년 3월 입학일부터 원서 접수일 현재까지)을 이수 중인 졸업예정자(단, 학생의 지원에 의해 선발하는 중학교는 제외)	소득분위 8분위(기준 중위소득 160%) 이하에 준하는 가정의 자녀에 한함. '가구원 수에 따른 월 소득 기준액에 대한 건강보험료 납입금' 기준
②	세 자녀 이상 다자녀 가정 자녀(첫째 자녀부터 가능)	
③	준사관/부사관 자녀	
④	도서벽지 중학교 졸업예정자(2022년 2월 28일 이전부터 원서접수일 현재 재학 중인 졸업예정자)	
⑤	산업재해근로자 자녀	
⑥	한부모 자녀 (「한부모가족지원법」 제4조 제1호~5호 해당자)	

나. 특례입학대상자 전형 지원 자격 : 「초·중등교육법 시행령」 제82조 제3항

※ 특례입학대상자는 학칙이 정하는 바에 따라 공정한 사정 기준을 적용하여, 학교별 모집정원의 2% 범위 내에서 정원외로 선발한다(단, 「초·중등교육법 시행령」 제82조 제3항의 제1호와 제4호에 해당하는 학생은 특례입학대상자와 동일한 전형방식을 적용하나 정원내로 선발함).

3. 전형 절차 및 방법

가. 일반전형, 지역우수자 전형, 특례입학 대상자 전형

1) 단계별 전형 요소 및 배점

단계	전형 요소	배점	선발인원
1단계	영어 내신 성적 및 출결(감점)	160	모집인원의 2배수
2단계	1단계점수(160) + 면접(40)	200	모집인원

2) 1단계 사정 방법

① 전형 요소 : 영어 내신 성적(160점) + 출결 감점(최대 0.5점)

구분	반영비율	점수	반영 방법
영어 내신 성적	100%	160	1단계 내신 성적 및 출결점수 반영 방법 참조
출결	-	감점	
합계	100%	160	

② 평가 활용 대상 : 학교생활기록부Ⅱ의 교과학습 발달상황 및 출결사항

③ 1단계 총점순으로 각 전형별 모집정원의 2배수를 2단계 전형 대상자로 선발함.

④ 동점자 사정기준

- 1단계 점수가 동점인 경우 2, 3학년 국어, 사회과목의 성취 수준을 적용하며 순서는 다음과 같음.
  (3학년 2학기 국어-3학년 2학기 사회-3학년 1학기 국어-3학년 1학기 사회-2학년 2학기 국어-2학년 2학기 사회-2학년 1학기 국어-2학년 1학기 사회)
- 사회과목을 이수하지 않은 학기의 경우 역사 과목을 반영하며, 사회와 역사과목을 동시에 이수한 경우 사회를 반영함.
- 동점자 사정기준을 모두 적용하여도 동점일 경우 해당자는 전원 2단계 전형 대상자로 선발함.

3) 2단계 사정 방법

① 전형 요소 : 1단계 점수(160점)+면접(40점)

② 평가 활용 대상 : 자기소개서, 학교생활기록부Ⅱ, 면접

③ 면접의 평가 요소 및 배점

평가 요소		반영비율	점수	비고
면접 (40점)	자기주도학습 영역	62.5%	25	자기주도학습과정, 지원동기 및 진로 계획
	인성 영역	37.5%	15	핵심 인성 요소

④ 동점자 사정기준

- 1순위 : 2단계 면접 점수가 높은 자
- 2순위 : 2단계 면접 점수 중 자기주도학습 영역 점수가 높은 자
- 3순위 : 1단계 영어 내신 성적 환산점수의 합이 높은 자
- 4순위 : 1단계 동점자 사정기준에 따라 국어, 사회 성취도 수준이 높은 자
- 5순위 : 서류평가를 통해 본교 인재상에 맞는 학생
- 위 기준에도 불구하고 동점자가 생길 경우 본교 입학전형위원회의 결정에 따른다.

나. 사회통합전형

1) 단계별 전형 요소 및 배점

단계	전형 요소	배점	선발인원
1단계	영어 내신 성적 및 출결(감점)	160	모집인원의 2배수
2단계	1단계 점수(160) + 면접(40)	200	모집인원

2) 단계별 사정 방법(일반전형의 사정방법을 활용하되 아래의 우선선발 방식을 적용한다.)

1단계	1) 1순위 지원자를 사회통합전형 모집인원의 2배수에 해당하는 인원만큼 우선 선발한다. 2) 1순위 지원자를 선발한 후 부족한 인원은 사회통합전형 모집인원의 2배수 이내에서 2순위 대상자를 우선 선발하고 미달 시 3순위를 선발한다. 3) 우선순위 모집으로 인해 지원기회를 잃은 후순위 지원자는 일반전형으로 전환하여 전형한다.
2단계	1) 1순위 지원자로 사회통합전형 모집인원의 60%를 우선 선발한다. 2) 1순위 합격인원을 제외하고 남은 모집인원은 1순위 탈락자, 2·3순위 대상자를 포함하여 순위에 관계없이 통합 선발한다.
유의사항	1) 같은 순위 내의 대상자 간에는 우선순위를 적용하지 않는다. 2) 추가모집 시에도 이 전형방법을 적용한다.

다. 국가유공자 자녀(교육지원대상자)

- 국가유공자 자녀(교육지원대상자)는 사회통합전형 모집인원에 포함하여(일반 사회통합전형 대상자와 함께 공동의 합격사정 범위 적용) 선발한다.
- 국가유공자 자녀 중 교육지원대상자의 경우에는 사회통합전형에서 탈락하더라도 모집정원의 3% 범위에서 정원 외로 별도로 선발한다.
- 정원 외 선발의 경우 일반 사회통합전형 대상자의 합격사정 범위로 제한하지 않는다.

4. 1단계 내신 성적 및 출결점수 반영 방법

가. 내신 성적 반영 방법

1) 국내 중학교 졸업(예정)자

① 영어 내신 성적은 중학교 2학년과 3학년의 4개 학기의 성취 수준을 〈표1〉에 따라 반영한다.

② 2, 3학년 일부 학기 혹은 일부 과목의 성적이 없는 경우에는 〈표2〉에 따라 반영한다.

③ 편입으로 인해 국내 중학교의 2, 3학년 영어 성적이 1개 학기도 없는 경우는 해외 중학교의 최근 4개 학기 성적을 아래와 같이 반영한다.

〈표1〉 중학교 2학년, 3학년 성취평가제 성취 수준별 영어 내신 성적 환산방식

성취평가제 성취 수준	A	B	C	D	E
학기당 환산점수	40	36	32	28	24

〈표2〉 일부 학기의 성적이 없는 자의 성적 반영 방법

구분	성적 반영 방법
4개 학기 중 1개 학기의 성적이 없는 경우	같은 학년의 다른 학기 성적을 동일하게 반영
1개 학년의 성적이 모두 없는 경우	다른 학년의 동일 학기 성적을 동일하게 반영
4개 학기 중 1개 학기의 성적만 있는 경우	1개 학기의 성적을 나머지 3학기에 동일하게 반영

〈표3〉 국내 중학교 성적이 없는 학생의 해외학교 성적 환산방식

평점 기준(만점대비)	원점수 기준(100점 만점)	등급 기준	적용 성취 수준
90% 이상	90점 이상	$A^+ \sim A^-$	A
80% 이상 ~ 90% 미만	80점 이상 ~ 90점 미만	$B^+ \sim B^-$	B
70% 이상 ~ 80% 미만	70점 이상 ~ 80점 미만	$C^+ \sim C^-$	C
60% 이상 ~ 70% 미만	60점 이상 ~ 70점 미만	$D^+ \sim D^-$	D
60% 미만	60점 미만	$E^+ \sim F$	E

※ 해외학교의 반영교과목은 본교 입학전형위원회의 결정에 따른다.

2) 중학교 졸업학력 검정고시 합격자

① 중학교 졸업학력 검정고시 합격자는 검정고시 성적표를 제출하고 6개 과목 평균점을 〈표4〉에 따라 환산하여 반영한다.

② 중학교 졸업학력 검정고시 합격자의 1단계 동점자 처리기준에 적용되는 국어, 사회 점수는 〈표5〉에 따라 반영한다.

③ 중학교 졸업학력 검정고시 합격자의 출결점수는 별도로 반영하지 않는다.

〈표4〉 중학교 졸업학력 검정고시 합격자 내신 성적 산출 환산표

6개 과목 평균점수	환산점수	6개 과목 평균점수	환산점수
98점 이상 ~ 100점 이하	160	88점 이상 ~ 90점 미만	140
96점 이상 ~ 98점 미만	156	86점 이상 ~ 88점 미만	136
94점 이상 ~ 96점 미만	152	84점 이상 ~ 86점 미만	132
92점 이상 ~ 94점 미만	148	82점 이상 ~ 84점 미만	128
90점 이상 ~ 92점 미만	144	80점 이상 ~ 82점 미만	124

※ 〈표4〉에 제시된 이하 점수도 위와 같은 방식으로 평균점수 2점 급간당 환산점수 4점 감점하되 6과목 평균점수 66점 미만은 96점으로 환산함

나. 출결점수 반영 방법

1) 국내 중학교 졸업(예정)자 : (출결 감점)=미인정 결석 일수×가중치(0.1)

미인정 결석 일수	무결석	1일	2일	3일	4일	5일 이상
출결 감점	0	0.1	0.2	0.3	0.4	0.5

※ 미인정 지각, 미인정 조퇴, 미인정 결과 3회를 미인정 결석 1일로 간주함(미인정 지각·조퇴·결과의 합이 2회 이하인 경우 감점 없음)

※ 출결 상황은 중학교 전 학년을 기준으로 반영하며, 출결마감기준일은 2022년 11월 30일로 하고, 학교생활기록부 출결 특기사항에 출결 마감 기준일을 기재하지 않은 경우에는 서류 미비로 간주함

2) 2단계 공통 제출 서류 – 모든 지원자 필수 제출 서류

구분	제출 서류	비고
공통	자기소개서 1부	온라인 입력 및 제출로 마감됨

3) 전형 및 자격별 추가 제출 서류 안내

구분	추가 제출 서류	비고
검정고시 합격자	봉사활동 확인서 1부 체험활동 확인서 1부	자기소개서에 봉사활동 또는 체험활동을 기재한 경우 이에 대한 증빙서류를 제출할 수 있음(의무사항 아님)

5. 기타 사항

- 경기도 고입전형 기본계획에서 금지하는 학교 간 중복지원을 할 수 없다.
- 전기 고등학교에 합격한 학생은 본교에 지원할 수 없다.
- 전·후기학교에 합격한 사실이 없는 자와 평준화지역 일반고에 동시

지원을 하지 않은 경우에 한해 본교 추가모집에 지원할 수 있다.

- 등록 기간 내 미등록자는 불합격으로 간주하며 합격된 자의 등록(합격)포기로 인한 결원은 입학전형 최종 총점의 차순위자로 1차 추가모집 원서 접수 전까지 보충하되, 해당 중학교와 학생에게 통지한다. 단, 등록 후 입학포기자의 결정은 입학식 이전까지로 한다(합격포기자(미등록자)에 대하여는 학부모의 합격(등록)포기서, 출신 중학교장의 확인서를 받아 처리한다).
- 입학원서 및 자기소개서, 기타 서류의 내용이 사실과 다르거나 기타 부정한 방법으로 합격한 경우에는 합격을 취소한다(※ 제출서류 확인).
- 입학전형 성적은 전형과 관련된 사항으로만 활용하며 개별공개를 하지 않는 것을 원칙으로 한다.
- 본교 합격자(합격 포기 및 등록 포기자 포함)는 다른 후기학교 추가모집에 지원할 수 없다.

▣ 대원외국어고등학교 입학 전형

1. 모집학과 및 모집인원(남여 10학급)

모집단위	학과	독일어과	프랑스어과	스페인어과	일본어과	중국어과
	학급수	2	2	2	2	2
정원내	사회통합전형(20%)	10	10	10	10	10
	일반전형(80%)	40	40	40	40	40
	합계	50	50	50	50	50
정원외	보훈자자녀전형	정원의 3% 이내(7명)				
	고입특례대상자전형	정원의 2% 이내(5명)				
	외국인전형	학급수 X 2명(20명)				
	합계	32명				

※ 지원자는 한 가지 전형에만 지원할 수 있음

※ 학과별로 선발하며(학과 복수 지원 금지), 모집인원은 추후 변동될 수 있음

※ 사회통합전형은 모집정원의 20%(50명)를 의무적으로 선발하며, 유형 순위에 따른 단계별 전형 실시

- 단계별 전형으로 전형 기회를 갖지 못하게 되는 후순위 지원자는 해당 학과 일반전형으로 전환됨
- 다자녀가족(3자녀 이상) 자녀는 사회통합전형 모집정원의 30% 이내로 제한하며, 과별 최대 모집정원을 정함

(총 15명 ; 독일어과 3명, 프랑스어과 3명, 스페인어과 3명, 일본어과 3명, 중국어과 3명)

※ '정원 외' 보훈자자녀전형은 국가보훈대상자 중 '교육지원대상자'만 지원 가능하며, 교육지원대상자가 아닌 기타 국가보훈대상자는 '정원 내' 사회통합전형(기회균등전형)에 지원해야 함

※ '정원 외' 각 전형에서, 합격자는 전원 지망학과에 배정함

※ 모든 전공어과의 제1외국어는 영어임.

2. 모집단위별 지원 자격

가. 공통사항 : 다음 중 하나에 해당하는 자

구분	지원 자격
공통 사항	1) 서울특별시 소재 중학교 졸업예정자 2) 중학교 졸업자로서 서울특별시에 거주하는 자 3) 중학교 졸업자와 동등의 학력이 있다고 인정된 자(「초·중등교육법 시행령」 제97조)로서 서울특별시에 거주하는 자 4) 다른 시·도 소재 특성화중학교 및 전국단위 모집 자율학교로 지정된 중학교 졸업예정자 중 서울특별시에 거주하는 자 ※ 위 '2)~4)'항의 '서울특별시에 거주하는 자'라 함은 원서 접수일 현재 '전 가족이 서울특별시에 주민 등록이 되어 있고 실제 거주하는 자'를 뜻함 ※ 외국인의 경우 자국에서 직접 지원할 수도 있음 5) 외국어고등학교가 없는 시·도 소재 중학교 졸업예정자 또는 해당 지역에 거주하는 졸업자(학력인정자 포함)

나. 전형 유형 및 세부 지원 자격 : '가'항의 자격을 갖추고 다음의 전형 자격을 갖춘 자

전형 구분				유형별 지원 자격
정원 내	일반전형			공통자격을 갖춘 자
정원 내	사회통합전형	기회균등전형	(60% 우선선발)	1)「국민기초생활보장법」 제2조 제1호 및 제2호에 따른 수급(권)자 또는 그 자녀 2)「한부모가족지원법」 제5조 및 제5조의2에 따른 한부모가족 지원대상자 3)「국민기초생활보장법」 제2조 제10호에 근거하여 주민자치센터에 등록된 차상위계층 또는 그 자녀 4) 기준 중위소득 50% 이하로 「국민기초생활 보장법」 제12조에 따른 교육급여 수급자 5) 기준 중위소득 60% 이하로 「초·중등교육법」 제60조의4에 따른 교육비 지원자 6) 가정형편이 어려운 학생 중 학교장이 추천한 자 - 국민기초생활수급자 또는 법정차상위대상자, 기준 중위소득 50% 및 60% 이하에는 포함되지 않았으나, 갑작스런 사유로 가정형편이 어렵다고 학교장이 판단·추천한 자 -「아동복지법」 제3조 제10호에 따른 아동복지시설에서 보호받는 아동 포함 ※ 학교운영위원회 심의 후 위원회의 의견서 작성 및 첨부 7)「국가보훈 기본법」 제3조 제2호에 따른 대상자로 국가보훈대상자임을 확인할 수 있는 서류를 제출한 국가보훈대상자 또는 그 자녀(※ 교육지원대상자가 아닌 자)
정원 내	사회통합전형	사회다양성전형	1순위	1)「다문화가족지원법」 제2조 제1호 및 제14조의 2에 따른 다문화가족의 자녀 2)「북한이탈주민의 보호 및 정착지원에 관한 법률」 제2조 제1호에 따른 북한이탈주민 또는 그 자녀 3) 지원 당시 「관할 교육지원청 특수교육운영위원회」에서 특수교육대상자로 선정된 자 4)「도서·벽지 교육진흥법」 제2조에 따른 도서·벽지의 거주자로서 해당 지역 중학교 졸업(예정)자 5)「한부모가족지원법」 제5조 및 제5조의 2에 따른 한부모가족지원대상자 이외 소년·소녀가장 또는 조손가족의 자녀 6)「장애인복지법시행규칙」 제2조의 [별표1]에 따른 장애의 정도가 심한 자의 자녀 7) 순직군경, 순직소방관, 순직교원, 순직공무원의 자녀
정원 내	사회통합전형	사회다양성전형	2순위	1)「한부모가족지원법」 제4조 제1호~제5호에 따른 한부모가족 자녀 ※ 한부모가족 지원대상자의 경우 기회균등전형으로 지원 2) 3자녀 이상의 다자녀가족의 자녀(자녀 모두 지원 가능) 3) 15년 이상 재직 중인 중령 이하 군인 자녀 4) 15년 이상 재직 중인 경감 이하 경찰(해양경찰) 자녀 5) 15년 이상 재직 중인 소방경 이하 소방공무원 자녀 6) 시·도 또는 군·구 소속으로 재직 중인 환경미화원의 자녀

정원외	보훈자 자녀전형	국가보훈처에서 교육지원대상자로 지정되거나 교육지원 대상자증명서를 발급받은 자	학비 면제 대상
	고입특례 대상자전형	「초·중등교육법 시행령」 제82조 제3항 제2호의 각목 및 제3호에 의거 『서울특별시고등학교특례입학자격심사위원회』에서 심사·선정되어 통보된 자	
	외국인전형	부모와 본인이 모두 외국인으로 한국어 수업이 가능한 자	

3. 전형 방법 및 사정 기준

가. 자기주도학습전형 절차

〈1단계〉
영어 교과성적(160점) + 출결점수(감점)
[정원의 1.5배수 선발]

➡

〈2단계〉
1단계 성적(160점) + 면접점수(40점)
[최종 합격자 선발]

1) 1단계 : '영어 교과성적(160점) + 출결점수(감점)'로 선발

가) 영어 교과성적 산출 방식

영어 교과성적 = 중학교 2~3학년 4개 학기 영어 교과성적 성취도별 부여점수의 합

※ 영어 교과성적은 중학교 2, 3학년(4개 학기)의 원점수, 과목 평균(표준편차)을 제외한 성취도를 성적 산출 기준표에 의거, 점수화하여 반영(학기별 40점)

※ 1단계 동점자 발생 시, 3학년 2학기 국어, 3학년 2학기 사회, 3학년 1학기 국어, 3학년 1학기 사회, 2학년 2학기 국어, 2학년 2학기 사회, 2학년 1학기 국어, 2학년 1학기 사회의 순서로 성취도를 반영하여 선발(사회 과목이 없는 학기의 경우 역사 과목으로 대체)

※ 1단계 최종동점자는 전원 2단계 전형 대상자로 선발함

나) 성적 산출 기준표

성취도	A	B	C	D	E
점수	40점	36점	32점	28점	24점

※ 자유학기제가 포함된 학기의 경우, 성적 산출 시 자유학기제 미운영 학기의 성적으로 대체하여 활용함(예 : 2학년 1학기에서 자유학기제를 이수한 경우 2학년 1학기 성적을 2학년 2학기 성적으로 대체)

다) 교과성적 산출 관련 유의사항

(1) 영어 교과성적 산출 유의사항

① 조기진급·조기졸업(예정)자의 교과성적은 교육과정을 이수한 최종학년(조기이수 프로그램에 의한 이수학년 제외)을 반영하되, 조기진급자는 3학년 영어 교과성적 100%의 비율을 적용·산출하고, 조기졸업(예정)자는 2학년 영어 교과성적 100%의 비율을 적용·산출함

② 2, 3학년 영어 교과성적이 부분적으로 없는 학생은 본교 입학전형위원회의 관리 규정에 따라 학년별로 최인접 성적을 반영함(단, 한 학년의 1, 2학기 성적이 모두 없는 경우 인접학년 최인접 성적으로 반영함)

(2) 해외 중학교 출신자 교과성적 산출 방법

① 최종 4학기 중 한 학기라도 국내성적이 있으면 국내성적만 반영

② 국내 중학교 2, 3학년 성적이 모두 없는 해외중학교 졸업자 : 해외 최종 4학기 영어성적을 성취도(A, B, C…)로 점수를 부여

③ 동점자 발생 시, 국어·사회 교과 대신 영어·사회 관련 교과(social

studies, geography 등)를 반영함(※ 사회 관련 교과가 없는 경우 역사 관련 교과(history 등)를 반영하며, 역사 관련 교과가 없는 경우 외국어 관련 교과(spanish 등)를 반영함).

[동점자 처리 기준]
3학년 2학기 영어 → 3학년 2학기 사회(역사/외국어) → 3학년 1학기 영어 → 3학년 1학기 사회(역사/외국어) → 2학년 2학기 영어 → 2학년 2학기 사회(역사/외국어) → 2학년 1학기 영어 → 2학년 1학기 사회(역사/외국어) 순으로 반영

④ 해외 중학교 출신자 서류 관련 사항

- 서류는 원본을 제출하여야 하나 원본 제출이 어려울 경우, 본교에서 원본대조필한 후 사본 제출 가능(원본대조 확인자 서명 날인)
- 아포스티유 가입국의 국공립학교는 성적증명서 및 재학증명서에 아포스티유 인증을 받아 제출(아포스티유 인증을 받을 수 없는 경우는 재외공관의 공증을 받아 제출)

(3) 중학교 졸업학력 검정고시 합격자 내신 성적 산출 방법

- 중학교 졸업학력 검정고시 영어, 국어, 사회 과목의 원점수를 아래의 환산표에 의해 성취도를 반영한다.

원점수	90점 이상	90점 미만~ 80점 이상	80점 미만~ 70점 이상	70점 미만~ 60점 이상	60점 미만
성취도	A	B	C	D	E

라) 출결점수 산출 방식

출결점수 = – (3개 학년 미인정 결석 일수)

(1) 중학교 졸업예정자 출결점수 산출 기준 : 2022.11.18.(금)까지의

중학교 1, 2, 3학년 출결 사항

(2) 미인정 지각, 미인정 조퇴, 미인정 결과 3회는 미인정 결석 1일로 간주하며 나머지 2회 이하는 버림

(3) 출결점수 최대 감점은 10점으로 함

(4) 출결 성적이 없는 자의 출결점수 산출 : 3학년 2학기 영어 과목 성취도로 반영

성취도	A	B	C	D	E
출결점수	0점	−1점	−2점	−3점	−4점

2) 2단계: '1단계 성적(160점)+면접점수(40점)'으로 선발

※자기주도학습전형의 면접점수 산출방식

면접=자기주도학습(꿈과 끼 영역)+인성 영역 (면접을 위한 사전단계인 서류평가도 면접점수에 포함됨)

나. 영역별 평가 요소 및 배점

1단계					2단계	총점
2-1학기	2-2학기	3-1학기	3-2학기	출결	면접	
40점	40점	40점	40점	감점	40점	200점

다. 면접 영역별 평가 내용

영역별 평가 요소	평가 내용	배점
자기주도학습 영역 (꿈과 끼 영역)	■ 자기주도학습 과정 학습을 위해 주도적으로 수행한 목표 설정·계획 수립·실천 그리고 그 결과 및 평가까지의 전 과정(교육과정에서 동아리 활동 및 진로체험, 꿈과 끼를 살리기 위한 활동 및 경험 등을 포함)	20점
	■ 지원동기 및 진로 계획 학교 특성과 연계해 지원학교에 관심을 갖게 된 동기, 꿈과 끼를 살리기 위한 활동 계획과 진로 계획	10점
인성 영역	■ 핵심 인성 요소에 대한 중학교 활동 실적 : 자기소개서, 학교생활기록부 행동특성 및 종합의견에 기재된 핵심 인성 요소에 대한 중학교 활동 실적 ■ 인성 영역 활동을 통해 느낀 점 : 중학교 활동을 통해 배우고 느낀 점	10점

라. 자기소개서 작성 방법 및 유의사항

1) 자기소개서는 자기주도학습 영역(꿈과 끼 영역)과 인성 영역 평가가 가능하도록 학생 본인이 직접 작성하여 원서접수 사이트에 입력하고 저장함(최종 저장본이 자동 제출됨)

※ 학교 등 특정 장소에서 지원자를 소집하여 자기소개서 작성 금지

※ 대리 작성, 허위 작성 혹은 표절 시에는 사후에도 입학 취소 등 불이익 부과

※ '유사도검증시스템'을 통해 표절, 대필 등이 확인될 경우 감점 처리

2) 본문에 영어 등 각종 인증시험 점수, 교과목의 점수나 석차, 교내·외 각종 대회 입상실적, 자격증, 영재교육원 교육 및 수료 여부 등 기재 시 0점 처리, 부모 및 친인척의 사회·경제적 지위 암시 내용, 지원자

본인의 인적 사항을 암시하는 내용 등 기재 시 항목 배점의 10% 이상 감점 처리함

※ 인증시험 및 경시대회 입상 증빙자료를 참고자료로 제출 시 0점 처리하며, 면접 시 관련 내용을 언급하는 경우 입학전형위원회 심의를 거쳐 감점, 심사 제외 및 불합격 처리 등 조치

4. 전형 유형별 선발 방법

가. 일반전형·보훈자자녀 전형·고입특례대상자 전형·외국인전형

본교의 지원 자격 요건을 갖춘 지원자 중 자기주도학습전형을 통해 선발함

나. 사회통합전형

1) 모집정원의 20%(50명)를 순위에 따른 단계별 전형을 실시하며, 자기주도학습전형에 의해 영어 교과성적 점수(출결 감점 포함), 면접점수를 합산한 총점순으로 선발함
2) 사회통합전형 관련 증빙 서류 및 추천 사유 등을 정확하게 검증하여 적격자를 선발함

※ 중학교에서 사회통합전형 자격이 있다고 추천받은 지원자도 지원 자격 여부를 본교에서 재심의하며 그 결과에 따라 탈락될 수 있음

3) 순위에 따른 단계별 선형 절차 준수로 기회균등전형 및 사회다양성전형 중 사회적 소수(약자) 유형을 배려하여 선발함

사회통합전형 전형 단계
1단계 : 기회균등전형 대상자를 사회통합전형 정원의 60% 우선 선발
2단계 : 1단계 탈락자와 사회다양성전형 1순위 대상자 선발
3단계 : 2단계 미충원 시 사회다양성전형 2순위 대상자 선발

4) 교육지원대상자 외 '국가보훈대상자 또는 자녀'는 기회균등전형으로 타 유형의 사회통합전형 대상자와 동일한 기준을 적용하여 선발함

5) 다자녀가족(3자녀 이상) 자녀 선발 인원은 사회통합전형 정원의 30% 이내(15명)로 함

학과	독어과	불어과	서어과	일어과	중어과	학과별 최대 선발 인원
인원	3명	3명	3명	3명	3명	30%(15명)

▣ 경기과학고등학교 입학 전형

1. 지원 자격

중학교 재학생, 졸업생 및 이에 상응하는 자격을 갖추고 수학 또는 과학 분야에서 뛰어난 재능과 잠재력이 있다고 인정되는 자로서 학교장이나 지도교사의 추천을 받은 자

2. 모집 인원

정원(일반전형)	정원 외(추천관찰전형)
120명(지역인재선발 인원 최대 47명 포함)	12명 이내

▶ 지역인재선발 관련 안내

1) 자격 : 2022.03.01. 기준 동일 지역 학교에 2년 이상 연속으로 재학 중인 일반전형 지원자
2) 선발 대상 : 2단계 전형 결과 순위가 정원의 2배수 이내이면서 각 지역별 1위인 자
3) 지역인재선발 지역(총 47개)

경기도 산하 기초자치단체 (31개)	가평군 고양시 과천시 광명시 광주시 구리시 군포시 김포시 남양주시 동두천시 부천시 성남시 수원시 시흥시 안산시 안성시 안양시 양주시 양평군 여주시 연천군 오산시 용인시 의왕시 의정부시 이천시 파주시 평택시 포천시 하남시 화성시
경기도 이외 광역자치단체 (16개)	강원도 경상남도 경상북도 광주광역시 대구광역시 대전광역시 부산광역시 서울특별시 세종특별자치시 울산광역시 인천광역시 전라남도 전라북도 제주특별자치도 충청남도 충청북도

4) 전형 방법 : 일반전형과 통합하여 모든 단계를 동일하게 진행하며,

각 단계별 전형 대상자 선발 및 최종 합격 여부는 영재교육대상자 선정심사위원회의 심의를 거쳐 학교장이 결정함.

▶ 추천관찰전형 유의사항

1) 「영재교육진흥법 시행령」 제12조 ②항에 의한 정원외 전형은 추천관찰전형 방법으로 평가하되, 각 단계별 전형 대상자의 선발 여부와 최종 합격 여부는 영재교육대상자 선정심사위원회의 심의를 거쳐 학교장이 결정함.
2) 추천관찰전형은 사회통합대상자만 지원할 수 있으며, [별첨]의 지원 자격에 해당하지 않는 경우 2단계 대상자로 선정될 수 없음.
3) 사회통합대상자는 일반전형에도 지원할 수 있으나, 일반전형과 추천관찰전형에 중복 지원은 불가함.

3. 전형 방법

구분	1단계		2단계		3단계	
	일반 전형	추천관찰 전형	일반 전형	추천관찰 전형	일반 전형	추천관찰 전형
전형 방법	서류평가		영재성검사	관찰	영재성캠프	
선발 인원	영재성이 높다고 판단되는 자		180명 내외	20명 내외	120명	12명 이내
평가 내용	- 지원자의 인성 및 영재성 - 중학교 교육과정의 수학·과학에 대한 교과지식을 바탕으로 한 융합적 사고력, 창의적 문제 해결력 - 과학적 탐구능력, 자기주도적 학습능력, 미래의 발전 가능성					

▶ 영재성검사 관련 안내

2022학년도 영재성검사 문항은 입학 안내 홈페이지(www.gs.hs.kr/entrance/)에 탑재됨.

▶ 3단계 전형 응시자 대상 안내

본교는 입학전형의 사교육 심화 문제 해소 및 출제 문항의 선행학습 유발 점검 등을 위하여 입학전형 2단계 합격자 대상 입학전형 영향평가 설문조사를 실시하며, 관련 인터넷 주소(URL)는 추후 별도 안내할 예정임.

4. 서류 제출 방법

제출 서류	제출 방법		비고	
	인터넷 입력	우편 제출		
입학원서 1부	◎	◎	- 본인 및 보호자의 서명 또는 날인 - 소속 학교장의 직인 날인	
서약서 1부	◎	◎	- 보호자와 본인의 자필 서명	
자기소개서	◎			
추천서	◎		일반전형 추천	교원 2인
	◎		추천관찰전형 추천	교원 3인
학교생활기록부Ⅱ 1부		◎	- 제외되는 내용 없이 모든 항목 출력	
사회통합대상자 증빙서류		◎	- 사회통합대상자에 한함 - 일반전형에 지원한 사회통합대상자도 전형료 환불을 받기 위해서는 증빙서류를 제출해야 함	

▶ **입학원서 및 서약서 제출 관련 안내**

1) 원서접수 사이트에서 요구하는 정보 입력을 완료한 후 전형료를 결제하면 입학원서와 서약서, 제출서류 봉투 표지 등의 출력 메뉴가 활성화됨.
2) 입학원서 출력물에 본인 및 보호자의 서명 또는 날인 후 반드시 학교장 직인을 받아야 함. 중학교 1학년 또는 2학년 재학생인 경우 학교장 직인은 본교 입학전형에 최종 합격했을 때 소속 학교의 규칙에 의거 조기진급·졸업·진학 평가위원회의 평가를 거쳐 상급학교 조기 입학 자격을 부여하겠다는 의미를 갖기도 함.
3) 서약서는 의예·치의예·한의예·약학 계열 대학의 입학 전형에 지원하지 않겠다는 내용이며, 출력한 후 반드시 본인 및 보호자가 각각 정자로 자필 서명하여 우편 제출해야 함.

▶ **자기소개서 및 추천서 작성 관련 안내**

1) 자기소개서 및 추천서 작성 시 각종 교외대회 실적, 인증시험 성적, 자격증, 영재교육원(학급) 재학 및 수료 여부는 작성할 수 없음.
2) 자기소개서는 전형료 결제 이후에도 마감 시각까지 수정이 가능하며, 수정을 한 경우 반드시 저장 버튼을 눌러야 함. 마감 시각 전 마지막으로 저장 버튼을 눌렀을 때의 내용이 1단계 전형 자료로 사용됨.
3) 추천 교원은 현직 교원(교사, 수석교사, 교감, 교장)에 한하며, 일반전형은 2인, 추천관찰전형은 3인의 추천 교원이 각각 1부씩의 추천서를 작성해야 함.
4) 추천서 제출일 현재, 휴직 중인 교원·타학교에 재직 중인 교원·학교

에 재직 중인 기간제 교원도 추천 교원이 될 수 있음.

5) 전형료 결제 후 접수번호가 부여되며, 지원자의 접수번호를 추천 교원이 알아야 추천서를 입력할 수 있음. 마감 시각이 지나면 입력이나 수정은 절대 불가하며, 본인에 대한 추천서 입력 여부는 지원자가 원서 접수 사이트를 통해 실시간으로 확인할 수 있음. 단, 추천서의 내용 확인을 지원자가 할 수는 없음.

▶ 학교생활기록부Ⅱ 관련 안내

1) 현재 학년도 학적(학년, 반, 번호, 담임 성명) 반영 및 4월 30일 기준 출결마감이 되어 있어야 함.
2) 출력할 때 '상급학교제출용'을 체크하지 않아야 함(옵션으로 제외시키는 항목 없이 출력).
3) 하단에 진본 확인 바코드가 없는 경우 소속 학교장의 직인으로 간인 처리해야 함.
4) 현재 중학교 1학년 또는 2학년 학생의 경우는 초등학교와 중학교 학교생활기록부Ⅱ를 각각 1부 발급받아 함께 제출해야 함.
5) 민원 발급으로 출력한 경우 주민등록번호가 기재되도록 발급받아야 함(민원 발급을 통한 출력물에는 매 페이지마다 진본 확인 바코드가 있으므로 간인은 없어도 됨).
6) 반드시 단면 인쇄, 인쇄된 모든 면 우측 상단에 접수번호 수기 기재 후, 클립으로 상철(스테이플러 사용 금지)하여 제출해야 함.
7) 안내된 사항을 지키지 않은 학교생활기록부 제출로 인한 모든 책임은 수험생에게 있음.
8) 학교생활기록부Ⅱ를 제출할 수 없는 아래의 경우는 제시된 서류를

추가(대체) 제출함.

- 검정고시 합격자의 경우 : 합격증명서와 성적증명서 각 1부
- 외국(인)학교 학생의 경우 : 해당 학교의 모든 학기 성적증명서 1부
- 학교생활기록부Ⅱ에 기록이 없는 학기가 있는 학생의 경우 : 기록 없는 학기의 외국(인)학교 성적증명서 1부

5. 유의 사항

가. 다음 중 하나에 해당하는 지원자는 결격(불합격) 처리하며, 합격자 발표 이후에도 합격과 입학을 모두 취소함.

1) 2023학년도 과학(예술)영재학교 입학전형에 중복지원한 사실이 발견되는 경우
2) 원서 접수 후 지원 자격에 부합하지 않는 사실이 확인되는 경우
3) 서약서 우편 제출이 누락되는 등 제출 서류가 미비하거나 기재된 사항이 사실과 다른 경우
4) 자기소개서 또는 추천서를 입력하지 않거나 작성 시 서약을 위반한 경우
5) 자기소개서, 추천서의 대필·허위 작성·표절 등 기타 부정한 방법으로 지원한 사실이 확인되는 경우
6) 서류의 위조·변조 및 허위기재, 기타 부정한 방법으로 지원하여 합격 또는 입학한 경우
7) 기타 입학전형과 관련하여 부적절한 행위가 발견되는 경우
8) 최종 합격예정자 중 학년말에 다시 제출하게 되어있는 당해 학년도 학교생활기록부Ⅱ의 평가 등을 통해 본교 교육과정 운영상 학업 수행에 지장이 있다고 판단되는 경우

나. 본교는 과학기술 분야 우수 인재 양성을 위해 설립된 과학영재학교로서 의예·치의예·한의예·약학 계열 대학 진학을 희망하는 학생은 본교 신입생 입학 전형에 지원해서는 안되며, 재학 중 하나 이상의 의예·치의예·한의예·약학 계열 모집단위의 대입전형에 지원하기만 해도 그 학생에게 본교는 다음과 같은 조치를 취함.

1) (진로·진학 지도 미실시) 대학 진학과 관련된 어떠한 진로·진학 지도도 하지 않으며, 일반고등학교 등으로 전출을 권고함. 또한 본교 교원은 어떠한 추천서도 작성하지 않음.

2) (학교생활기록부Ⅱ 제공) 상급학교 입학 전형에 필요한 학교생활기록부는 「영재교육진흥법」 제11조의4 및 「동법 시행령」 제36조에 근거를 둔 학교생활기록부가 아닌 「초·중등교육법」 및 「동법 시행규칙」, 「학교생활기록 작성 및 관리지침」에 근거를 둔 '학교생활기록부Ⅱ'를 제공함.

※ 교과학습 발달상황은 학점으로 표기되지 않고 석차 등급 등이 제공되며, '연구 활동' 등 영재학교에서 추가적으로 운영되는 교육과정은 반영되지 않음(구체적인 출력 제한 사항은 학칙으로 정함).

3) (학교 시설 이용 제한) 정규 수업 시간 이외의 시간에는 학교의 시설(기숙사, 독서실 등) 이용을 제한함.

4) (교육비 및 장학금 환수) 일반고등학교 교육과정에 포함되지 않은 영재학교 교육과정 운영을 위한 추가 교육비와 학교를 통해 지급된 장학금을 환수함.

다. 원서 접수 및 서류 제출 등 전형 지원 과정에서 안내된 제반 사항을 따르지 않아서 발생할 수 있는 모든 불이익은 지원자 본인의 책임임.

라. 합격예정자 발표 이후에 등록 포기로 인한 결원이 있을 경우, 후보

자 중에서 충원할 수 있음.

마. 제출된 서류 및 전형료는 일절 반환하지 않음.

바. 입학 전형 관련 일정 및 내용은 학교 사정 및 코로나19 감염병 상황 등에 따라 변경될 수 있음.

▣ 경기북과학고등학교 입학 전형

1. 모집정원

남녀 구분 없이 100명(학급당 20명, 5학급)이며, 자기주도학습전형으로 선발함

<table>
<tr><th colspan="2">전형 구분</th><th colspan="2">모집 인원</th></tr>
<tr><td rowspan="2">정원 내
(5학급, 100명)</td><td rowspan="2">자기주도학습전형</td><td>일반전형</td><td>80명</td></tr>
<tr><td>사회통합전형</td><td>20명</td></tr>
<tr><td rowspan="3">정원 외</td><td>국가유공자자녀전형</td><td colspan="2">3명 이내</td></tr>
<tr><td>특례입학전형</td><td colspan="2">2명 이내</td></tr>
<tr><td>특수교육대상자전형</td><td colspan="2">약간 명</td></tr>
</table>

2. 지원 자격

다음 각 항에 해당하는 학생으로 자기주도학습 역량과 창의성, 잠재력을 가지고 있으며 중학교 교육과정을 성실하게 수행하고 학교장의 추천을 받은 자

<table>
<tr><th colspan="2">구분</th><th>지원 자격</th></tr>
<tr><td colspan="2">공통</td><td>다음 조건 중 어느 하나에 해당하는 자
1. 경기도 소재 중학교 졸업예정자
2. 중학교를 졸업하고 경기도에 거주하는 자
3. 고등학교 입학자격 검정고시 합격자 중 경기도에 거주하는 자
4. 중학교 졸업자와 동등의 학력이 있다고 인정된 자(「초·중등교육법 시행령」 제97조)로서 경기도에 거주하는 자
5. 타 시·도 소재 특성화 중학교(전국단위 모집 자율학교 포함) (조기) 졸업예정자 중 경기도에 거주하는 자
6. 「초·중등교육법」 제27조 1항 및 「조기진급 등에 관한 규정」 제4조에 따른 상급학교 조기입학 대상자
※ 위 2~5항의 '경기도에 거주하는 자'라 함은 '원서 접수일 현재 전 가족(보호자 포함)이 경기도에 단독세대로 주민등록이 되어 있고, 실제 거주하는 자'를 의미한다.
※ 위 6항의 상급학교 조기입학대상자는 경기도교육청 「조기진급 및 조기졸업에 관한 시행 지침」에 따른 조기졸업 대상자 선정기준을 만족하는 경기도 소재 중학교에 재학 중인 자</td></tr>
<tr><td colspan="2">사회통합전형</td><td>다음 1, 2항 중 하나에 해당되는 자로 본교에서 수학 가능성이 있다고 판단되어 학교장의 추천을 받은 자로서 고등학교 입학 사실이 없는 자
1. 기회균등 대상자
2. 사회다양성 대상자(소득 분위 8분위(기준 중위소득 160%) 이하 가정의 자녀에 한함. 가구원 수에 따른 월 소득 환산액에 대한 건강보험료 납입금 기준)</td></tr>
<tr><td>국가유공자 자녀 [교육지원 대상자] 전형</td><td>정원 외</td><td>「국가보훈기본법」 제3조 제2호의 국가보훈대상자로 아래 하나에 해당하는 자(법정대상자로서 교육지원대상자에 한함)
• 「국가유공자 등 예우 및 지원에 관한 법률」에 의한 교육지원대상자
• 「독립유공자예우에 관한 법률」에 의한 교육지원대상자
• 「5.18민주유공자예우 및 단체설립에 관한 법률」에 의한 교육지원대상자
• 「고엽제후유의증 등 환자지원 및 단체설립에 관한 법률」에 의한 교육지원대상자
• 「특수임무유공자 예우 및 단체설립에 관한 법률」에 의한 교육지원대상자</td></tr>
</table>

특례입학 전형	정원 외	「초·중등교육법 시행령」 제82조 ③항의 다음 제2호, 제3호의 하나에 해당하는 자 제2호. 외국의 학교에서 국내의 중학교에 전학 또는 편입학하여 졸업한 자 가. 외국의 학교에서 2년 이상 재학하고 귀국한 학생(외국에서 부모와 함께 2년 이상 거주한 자에 한함) ▶ 부모의 거주기간은 2년 이상, 체류기간은 1년 이상, 학생은 2개 학년 이상 이수한 경우 나. 정부의 초청 또는 추천에 의하여 귀국한 과학기술자 및 교수요원의 자녀 다. 외국인 학생(부모 또는 부모 중 1인이 대한민국 국민인 경우에는 외국에서 2년 이상의 중학교 교육과정을 이수한 학생을 말함) 제3호. 「북한이탈주민의 보호 및 정착지원에 관한 법률」 제2조 제2호에 의한 보호대상자로서 군사분계선 이북지역의 학교에서 2년 이상 재학하고 군사분계선 이남지역의 중학교에 편입학하여 졸업한 자
	정원 내	「초·중등교육법 시행령」 제82조 ③항의 다음 제1호, 제4호의 하나에 해당하는 자 제1호. 외국 또는 군사분계선 이북지역에서 9년 이상의 학교교육을 이수하거나, 초·중학교에 해당하는 학교교육과정을 이수한 자 제4호. 교육감이 학력심의위원회의 심의를 거쳐 9년 이상의 우리나라 학교 교육과정을 마친 사람에 상응한 학력을 가진 것으로 인정한 사람
특수교육 대상자전형	정원 외	「장애인 등에 대한 특수교육법」 제15조 ①항에 따라 특수교육대상자로 선정된 자

3. 전형별 세부 사항

*지원자 전원에 대하여 개별면담 실시(필요 시 지원자가 재학 중인 중학교를 입학담당관이 방문하여 지원자 및 추천 교사, 담임교사와 면담을 실시할 수 있음.

◈ 공통 사항(특수교육지원대상자 전형 제외)

1) 전형 요소 : 학업소양, 탐구력, 핵심 인성 역량 등을 종합적으로 고려

하여 학습잠재력과 수학·과학 분야의 자기주도학습 역량을 평가

2) 전형절차 및 주요사항

가) 1단계(서류평가 및 개별면담)

- 서류평가 : 제출된 서류를 통한 수학·과학 분야의 열정 및 학업소양, 탐구력, 핵심 인성 역량 등에 대한 종합적 평가
- 내신 성적은 성취평가제로 산출된 최근 3학기의 수학, 과학 성적(성취도 및 수강자 수)을 반영하되, 3학년 2학기 성적은 반영하지 않음
- 개별면담 : 제출된 서류에 대한 사실 여부 확인
- 서류평가와 개별면담 결과를 종합하여 소집면접 대상자 선정

나) 2단계(소집면접)

- 탐구력, 창의적 문제 해결력, 의사소통능력 등에 대한 종합적 평가
- 소집면접 대상자를 본교로 소집하여 면접 실시

다) 서류평가 및 개별면담과 소집면접 결과를 종합하여 학교 입학전형 위원회의 심의·의결을 통해 최종 선발

◈ 일반전형

1) 모집정원 : 80명

2) 전형방법 : 서류평가 및 개별면담 결과를 종합하여 2배수(160명) 내외의 소집면접 대상자를 선정, 소집면접을 실시한 후 서류평가 및 개별면담과 소집면접 결과를 종합하여 최종 80명 선발

◈ 사회통합전형

1) 모집정원 : 20명

2) 전형방법 : 서류평가와 개별면담을 통해 종합적으로 평가하여 소집면접 대상자로 2배수(40명) 내외를 선정하되, 순위에 따라 단계별로 선발

가) 1단계 (서류평가 및 개별면담)

- 1순위 지원자를 사회통합전형 모집인원의 1.5배수(30명) 이내에서 우선 선발
- 1순위 우선 선발 대상자가 사회통합전형 모집인원의 1.5배수(30명) 미만인 경우 부족한 인원은 사회통합전형 모집인원의 1.5배수 이내에서 2순위 대상자를 우선 선발하고 미달 시 3순위를 선발
- 우선순위 모집으로 인해 지원기회를 잃은 후순위 지원자는 일반전형으로 전환하여 전형

나) 2단계(소집면접)

- 소집면접을 실시한 후 서류평가 및 개별면담과 소집면접 결과를 종합하여 최종 20명 선발
- 1순위 지원자로 사회통합전형 모집인원의 60%(12명)를 의무적으로 우선 선발
- 1순위 선발 인원을 제외하고 남은 모집인원은 1순위 탈락자, 2·3순위 대상자를 포함하여 순위에 관계없이 통합 선발

다) 같은 순위 내의 대상자 간에는 우선순위를 적용하지 않음

라) 2023학년도 경기도 고입 사회통합전형 선발 절차에 따름

◈ 정원 외 전형

1) 국가유공자 자녀[교육지원대상자] 전형(3명 이내)

서류평가 및 개별면담과 소집면접 결과를 종합하여 입학전형위원회에서 본교 수학 가능 여부를 심의하여 선발

2) 특례입학 전형(2명 이내)

서류평가 및 개별면담과 소집면접 결과를 종합하여 입학전형위원회에서 본교 수학 가능 여부를 심의하여 선발

3) 특수교육대상자 전형(약간 명)

평가 및 면접 일정을 사전 안내하여 실시하고 입학전형위원회에서 학생의 수학 능력을 판단한 후 학교장 의견서를 경기도교육청 특수교육과에 송부함. 최종 배치는 경기도특수교육운영위원회에서 심사하여 결정함

4. 서류 제출 시 유의사항

가. 모든 서류는 서류 제출일 기준 최근 3개월 이내 발급된 것에 한하며 일체 반환하지 않음(단, 특례입학대상자와 고입 검정고시합격자의 자격 검증 관련 서류 제외)

나. 사회통합전형 증빙서류는 제출일 이전 7일 이내에 발급한 서류여야 함

다. 등기우편 제출 서류는 9월 1일 우체국 소인분까지 인정하며, 방문접수를 받지 않음

라. 서류 제출 시 학교생활기록부에 간인, 원본대조필, 학교장 직인 등이 누락되지 않도록 확인(학교생활기록부 출력 및 제출 방법에 대해 본교 홈페이지를 통해 안내 예정)

마. 자기소개서는 자기주도학습 영역과 인성 영역 평가가 가능하도록 학생 본인이 직접 작성하여 제출하며, 대리 작성, 허위 작성 혹은 표절 시에는 사후에도 입학 취소 등 불이익을 받을 수 있음

자기소개서 작성 시 배제 사항
① 올림피아드(KMO 등), 교내·외 각종대회 등 입상 실적, 영재학급·영재교육원 교육 및 수료 여부 등 ② 부모의 사회·경제적 지위를 암시하는 내용 예) 부모의 구체적인 직장명이나 직위, 소득수준, 고비용 취미 활동(골프, 승마 등) ③ TOEFL·TOEIC·TEPS·TESL·TOSEL·PELT, HSK, JLPT 등 각종 어학인증시험 점수, 한국어(국어)·한자 등 능력시험 점수 ④ 학교에서 주관하지 않은 모둠 및 프로젝트 활동(사설 학원 및 기관에서 추진하는 교과 관련 활동) 등

※ 자기소개서에 [자기소개서 작성 시 배제 사항]의 ①, ③의 항목이 포함된 경우 해당 전형 단계의 최하 등급 처리, ②, ④의 항목이 포함된 경우 최저 등급자의 등급을 기준으로 평가 등급을 한 단계 이상 강등 처리

바. 추천 교사가 다음의 [교사추천서 작성 시 배제 사항]을 포함하여 교사추천서를 작성하여 제출한 경우, 해당 중학교에 추천서 재작성을 통보하며, 해당 중학교에서 불응하는 경우 당해 학생은 전형에서 배제됨

교사추천서 작성 시 배제 사항
① 올림피아드(KMO 등), 학교 내·외 각종 경시대회 입상 실적, 영재학급·영재교육원 교육 및 수료 여부 등 ② 부모(친인척 포함)의 사회·경제적 지위 암시내용, 개인 정보 관련 사항 등 ③ 학생의 교과성적, 각종 인증시험 점수, 한국어(국어)·한자 등 능력시험 점수 등 ④ 기타 사교육이 유발될 수 있거나 입학 전형에 불필요한 내용

사. 교사 추천서의 작성은 해당 중학교에 재직 중인 수학, 과학, 정보 교사로 한정함

※ 해외에서 9학년(18학기)을 마치고 지원하는 학생과 고입 검정고시 합격자의 교사추천서 작성 가능 대상자는 다음과 같음

1) 지원자가 재학했던 국내의 초등학교, 중학교의 교사 추천 가능
2) 지원자가 다니는 국내의 종교기관 지도자
3) 국내의 공신력 있는 상담기관 전문상담가 등(단, 학원 강사 등 사교육기관 관계자, 지원자의 가족이나 친인척 등은 원칙적으로 제외함

5. 기타 사항

가. 온라인 원서 접수 후 자기소개서와 교사추천서를 제외한 모든 제출

서류를 반드시 본교에 등기우편으로 접수하여야 함

나. 본교 지원자는 전국 소재 다른 전기고등학교에 이중으로 지원할 수 없음

※ 이중지원 금지

- 전기고등학교는 전형 시기와 관계없이 1개교만 지원할 수 있음
- 전기고등학교 합격 시 후기고등학교(외고, 국제고, 자율형 공·사립고, 일반고 등) 지원 불가

다. 필요시 추가 서류를 요청할 수 있으며, 제출 서류에 기재된 사항이 사실과 다를 경우에는 합격을 취소할 수 있음

라. 입학 전형 내용은 일체 공개하지 않음

마. 본교 합격자는 전원 기숙사에 입사하여 생활하는 것을 원칙으로 함

바. 의약학계열 진학 제재 사항

본교는 과학, 수학 분야 우수 인재 양성을 위해 설립된 학교로 의·치의·한의·수의·약학 계열 대학으로의 진학을 희망하는 학생은 본교 지원이 적합하지 않음 그럼에도 불구하고 의·치의·한의·수의·약학 계열 대학에 지원할 경우, 1) 본교 교원은 상급학교 진학을 위한 추천서를 작성하지 않으며, 모든 대학의 진로 진학 지도를 실시하지 않음 2) 해당 학생이 재학 중 받은 장학금 등 지원액을 회수함 3) 졸업 시 각종 수상 및 장학금 수여 대상에서 제외한 등의 불이익이 있을 수 있으며, 응시원서 작성과정에서 위 사항에 동의하는 경우에만 지원 가능함

사. 기타 전형요항에 명시되지 않은 사항은 관계법령, 관련지침 및 본교 입학전형위원회의 심의에 따라 학교장이 결정하여 시행함

▣ 용인한국외국어대학교부설고등학교 입학 전형

1. 입학전형 개요

가. 모집구분 및 인원

1) 정원 내 모집 : 10개 학급(350명)

2) 정원 외 모집

- 특례입학 대상자 : 7명
- 국가유공자자녀(교육지원대상자) : 10명

모집구분			모집정원(명)
정원 내 (350명)	전국단위 선발	일반전형	196
		사회통합전형	49
	지역 우수자 선발(용인시)	일반전형	84
		사회통합전형	21
정원 내 소계			350
정원 외 (17명 이내)	전국단위 선발	특례입학	7
		국가유공자자녀 [교육지원대상자]	10
정원 외 소계			17
합 계			367

※ 국가유공자자녀[교육지원대상자]는 사회통합전형모집인원(정원 내)에 포함하여 일반 사회통합전형 대상자와 함께 공동 선발하고 있으나, 일반 사회통합전형에서 탈락한 국가유공자자녀[교육지원대상자]의 경우에는 모집정원의 3% 범위에서 정원 외로 별도로 선발하며 일반 사회통합전형 대상자의 합격사정 범위로 제한하지 않음

나. 지원자 공통 유의사항

- 모집시기의 구분은 후기이며, 모집단위는 전국 단위 선발함
- 모집인원은 남녀 비율을 고려하지 않음
- 전기 모집 학교 합격자는 지원 불가하며, 각 모집 구분 간에는 중복 지원할 수 없음
- 본교 지원자 중 평준화지역 일반고에 동시 지원하고자 하는 자는 학군 내·구역 내 1지망을 본교로 하며, 2지망부터 일반고 지망 순위를 작성함
- 서류 작성 시 유의사항

- 입학원서, 개인정보활용동의서, 자기소개서는 온라인상에서 작성하여 출력함
- 자세한 온라인 접수 방법은 본교 홈페이지→입학안내→입학 관련 공지사항 참고함
- 자기소개서 작성 시 유의사항은 반드시 참고하여 작성함

- 서류 제출 시 유의사항

- 입학원서 등에는 교복사진 불가, 3개월 이내 반명함판 사진 사용함(생활기록부 제외)
- 자기소개서의 대필, 표절 여부를 가려내기 위하여 '유사도 검증 시스템'을 활용하여 검증하고, 검증 결과 유사도 최댓값이 30% 이상 수준일 경우 본교 '입학전형위원회'의 심의를 거쳐 표절 여부를 판정하고 그 정도에 따라 평가에 반영함(감점, 사정제외, 불합격 등)
- 학교생활기록부Ⅱ 출력방법
  - ○ 담임선생님은 '서울 이외 방식 자사고·일반고 입시'를 클릭하고 출결마감을 한 후 출력함

'서울 이외 방식 자사고·일반고 입시'를 클릭하여 출력 시 학교생활기록부에서 제외되는 부분
1) 수상경력(4번) 전체 2) 교과학습 발달상황(7번)의 원점수, 과목 평균(표준편차) (교과학습 발달상황의 성취평가제 성취수준(수강자 수)만 출력됨) 3) 3학년 교과학습 발달상황(7번) 내 세부능력 및 특기사항 (영재기록사항이 제외된 1·2학년교과학습 발달상황 내 세부능력 및 특기사항만 출력됨) 4) 3학년 행동특성 및 종합의견(9번)(1·2학년 행동특성 및 종합의견만 출력됨) 5) 꼬리말의 인적사항(학교명·반·번호·성명)

○ 본교에 제출 시에는 2·3학년 국, 수, 영, 사, 과 교과목의 성취도(수강자) 이외의 타 교과목 및 1학년 모든 교과목의 성취도(수강자)를 안 보이게 하여 제출함(사회통합전형 지원자는 전학년 모든 교과목 성취도(수강자)를 안 보이게 하여 제출함)

- 제출서류를 상이하거나 위조한 자, 허위 사실을 기재한 자, 기타 본교 내부 규정에 의하여 본교에서 수학이 불가능하다고 판단되는 자는 합격을 취소할 수 있음
- 단계별 전형료를 납부하지 않은 경우에는 해당 단계 전형에서 제외됨
- 입학전형 관련 성적은 공개하지 않으며, 제출된 모든 서류는 반환하지 않음
- 전형요항의 내용을 확인하지 않고 지원하여 발생하는 불이익은 지원자 본인의 책임이므로 반드시 모집 요항을 자세히 살펴본 후 지원함
- 본교에 합격한 자는 평준화지역 2지망, 비평준화지역 타학교 지원대상에서 제외가 되며, 시·도 교육청 시행 2023학년도 후기학교(추가) 모집 전형에 응시할 수 없음
- 전·후기학교에 합격한 사실이 없는 자와 평준화지역 일반고에 동시 지원을 하지 않은 경우에 한해 추가모집에 지원할 수 있음

- 입학전형에 합격된 자의 등록 포기로 인한 결원은 입학전형 최종 총점의 차순위자로 1차 추가모집 원서접수 전까지 보충하되, 해당 중학교와 학생에게 통지함

※ 등록 후 입학포기자의 결정은 입학식 이전까지로 함

- 등록기간 내에 입학금 등을 미납하였을 경우 등록을 포기하는 것으로 간주함
- 제출 서류 및 기록사항 중 허위 사실이 발견될 경우 합격을 취소함
- 본 입학 전형요항에 명시되지 않은 사항은 본교 '입학전형위원회'의 결정에 따름

2. 일반전형

가. 모집 구분별 인원

- 전국단위 선발 : 196명
- 지역우수자 선발 : 84명

나. 지원 자격

1) 전국단위 선발

- 국내 중학교 졸업자 및 졸업예정자
- 중학교 졸업자격 검정고시에 합격한 자
- 기타「초·중등교육법 시행령」제97조 ①항에 의하여 중학교를 졸업한 자와 동등 이상의 학력이 있다고 교육부 장관이 인정하는 자

2) 지역우수자 선발

- 2022년 3월 2일부터 지원시점 현재까지 주민등록등본상 양 부·모 모두와 함께(한부모가정은 제외) 용인시 지역에 거주하면서 위 해당기간

부터 용인시 관내 중학교 졸업 예정자 및 졸업

- 지원자·부·모가 용인시 관내 서로 다른 지역구에 거주 가능

다. 전형방법

- 모든 지원자는 1단계(교과성적, 출결상황) 사정하며, 1단계 점수 순서대로 2단계 응시 대상자(모집정원의 2배수)를 선발함
- 1단계 전형결과 정원의 2배수를 초과하더라도 1단계 점수 동점자는 모두 2단계 응시 대상자로 함
- 2단계 전형을 마친 후 1단계 점수를 합산하여 최종 합격자를 선발함
- 단계별 점수

단계	평가 내용	점수
1단계	교과성적, 출결상황	40점
2단계	면접 평가	60점
최종		100점

- 동점자 사정 기준

- 동점자 발생 시 '1단계 성적점수', '면접 평가 점수' 순으로 순위를 결정함

  1) 1단계

  - 평가 영역 : 교과성적, 출결상황
  - 교과성적 반영 방법

    ① 교과성적 총 점수 : 40점

    ② 반영 과목 및 내용 : 국어, 수학, 영어, 사회(또는 역사), 과학의 '성취평가제 성취 수준'

③ 반영 학기 : 2학년 1·2학기, 3학년 1·2학기

④ 한 학기 이상 성적이 없는 지원자 성적 반영 비율(자유학기제/특례 포함)은 '전형별 성적산출 방법(국내 정규과정을 모두 이수하지 않은 경우)' 참조함

⑤ 동일 학기에 사회와 역사를 동시에 이수한 경우 지원자가 두 과목 중 하나를 선택할 수 있음

⑥ 집중이수제로 동일 학년 한 학기 사회(또는 역사) 성적이 없는 경우 동일 학년의 다른 학기 성적을 반영하고 한 학년 모두 사회(또는 역사) 성적이 없는 경우 가장 가까운 학년의 학기 성적을 반영함(단, 1학년 성적은 반영하지 않음)

⑦ 5개 반영 과목 중 일부가 전체 학년에 없는 경우에는 본교 '입학전형위원회'의 결정에 따름

⑧ 평가 결과 용어상의 차이 또는 평가 방법이 일치하지 않을 경우에는 본교 '입학전형위원회'의 결정을 거쳐 처리함

⑨ 교과성적 점수

<table>
<tr><th rowspan="2">성취 수준
학기</th><th colspan="5">국어</th><th colspan="5">수학</th></tr>
<tr><th>A</th><th>B</th><th>C</th><th>D</th><th>E</th><th>A</th><th>B</th><th>C</th><th>D</th><th>E</th></tr>
<tr><td>2-1</td><td>2.0</td><td rowspan="4">A
점수의
70%</td><td rowspan="4">A
점수의
50%</td><td rowspan="4">A
점수의
30%</td><td rowspan="4">A
점수의
0%</td><td>2.0</td><td rowspan="4">A
점수의
70%</td><td rowspan="4">A
점수의
50%</td><td rowspan="4">A
점수의
30%</td><td rowspan="4">A
점수의
0%</td></tr>
<tr><td>2-2</td><td>2.0</td><td>2.0</td></tr>
<tr><td>3-1</td><td>3.0</td><td>3.0</td></tr>
<tr><td>3-2</td><td>3.0</td><td>3.0</td></tr>
</table>

<table>
<tr><th rowspan="2">성취 수준
학기</th><th colspan="5">영어</th><th colspan="5"></th></tr>
<tr><th>A</th><th>B</th><th>C</th><th>D</th><th>E</th><th></th><th></th><th></th><th></th><th></th></tr>
<tr><td>2-1</td><td>2.0</td><td rowspan="4">A
점수의
70%</td><td rowspan="4">A
점수의
50%</td><td rowspan="4">A
점수의
30%</td><td rowspan="4">A
점수의
0%</td><td></td><td rowspan="4"></td><td rowspan="4"></td><td rowspan="4"></td><td rowspan="4"></td></tr>
<tr><td>2-2</td><td>2.0</td><td></td></tr>
<tr><td>3-1</td><td>3.0</td><td></td></tr>
<tr><td>3-2</td><td>3.0</td><td></td></tr>
<tr><th rowspan="2">성취 수준
학기</th><th colspan="5">사회(또는 역사)</th><th colspan="5">과학</th></tr>
<tr><th>A</th><th>B</th><th>C</th><th>D</th><th>E</th><th>A</th><th>B</th><th>C</th><th>D</th><th>E</th></tr>
<tr><td>2-1</td><td>1.0</td><td rowspan="4">A
점수의
90%</td><td rowspan="4">A
점수의
60%</td><td rowspan="4">A
점수의
35%</td><td rowspan="4">A
점수의
0%</td><td>1.0</td><td rowspan="4">A
점수의
90%</td><td rowspan="4">A
점수의
60%</td><td rowspan="4">A
점수의
35%</td><td rowspan="4">A
점수의
0%</td></tr>
<tr><td>2-2</td><td>1.0</td><td>1.0</td></tr>
<tr><td>3-1</td><td>1.5</td><td>1.5</td></tr>
<tr><td>3-2</td><td>1.5</td><td>1.5</td></tr>
</table>

⑩ 출결 반영 방법

- 출결점수는 교과성적 총점에서 차감하는 방식으로 반영함
- 중학교 2학년부터 작성 기준일(2022년 11월 30일)까지 무단(미인정) 결석, 무단(미인정) 지각·조퇴·결과 횟수를 합산하여 결석 일수를 산출하되 질병, 전학 또는 기타로 인한 결석·지각·조퇴·결과는 제외함
- 무단(미인정) 지각, 조퇴, 결과는 그 횟수를 학년 단위로 합산하여 3회를 무단(미인정) 결석 1일로 산정함(2회 이하는 버림)
- 조기진급, 조기졸업(예정)자는 재학기간의 결석 일수로 산출함
- 무단(미인정) 결석 일수에 따른 출결점수표는 다음 표와 같음

결석 일수	출결점수	결석 일수	출결점수
0일	0	5일	-1.0
1일	-0.2	6일	-1.2
2일	-0.4	7~8일	-1.4
3일	-0.6	9~12일	-1.6
4일	-0.8	13일 이상	-1.8

2) 2단계

- 평가 영역 : 면접 평가[60점]
- 면접 평가 방법 : 3인의 면접위원이 면접 대상자 1인을 상대로 개별 면접을 진행하여 종합적으로 평가함

3. 사회통합전형

가. 모집 구분별 인원

- 전국단위 선발 : 49명
- 지역우수자 선발 : 21명

나. 지원 자격

- 전국단위 선발, 지역우수자 선발 대상 자격을 만족하며 다음 사회통합 지정대상자 범위 중 고등학교 입학 사실이 없는 자

순위	지정대상자
1순위 (기회균등 대상자)	1)「국가보훈기본법」 제3조 제2호의 국가보훈대상자 또는 그 자녀 (교육지원대상자로 통보되거나 '교육지원대상자증명서' 제출자 또는 '국가보훈해당자 확인원' 제출자)
	2) 국민기초생활수급권자 또는 그 자녀 3) 한부모가족 보호대상자 자녀 (「한부모가족지원법」 제5조에 의한 복지급여 수급권자) 4) 법정차상위 차상위 자활대상자, 차상위 본인부담경감대상자, 차상위 장애수당대상자, 차상위 장애연금대상자, 차상위 우선돌봄대상자, 차상위계층 확인서 발급대상자로 주민센터에 등록된 자 및 해당 가구의 학생
	5) 기준 중위소득 50% 이하 가구(구, 차상위계층)로서 교육감이 정하는 사람 또는 그 자녀 교육급여 수급대상자 증명서 발급가능자 6) 기준 중위소득 60% 이하 가구(구, 차차상위계층)로서 교육감이 정하는 사람 또는 그 자녀 교육비 지원 대상자 증명서 발급가능자
	7) 가정형편이 어려운 학생 중 학교장이 추천하는 자 ※ 위 1)~6)에 해당 사항이 없지만, 가정형편이 어렵다고 학교장이 판단·추천한 자 [선정예시] - 부양 의무자의 갑작스런 실직으로 생계에 어려움이 있는 경우 - 가계파산 또는 재산 압류 등으로 생계에 어려움이 있는 경우 - 부양 의무자가 질병·사고·장애 등으로 근로능력을 상실하여 소득이 없거나 생계에 어려움이 있는 경우 등 ※ '학교장추천위원회' 구성·심의·검증 후 학교장이 경제적으로 어려움이 있다고 추천한 학생에 한함 학교장추천위원회 회의록 사본과 객관적 증빙서류 첨부

2순위 (사회다양성 대상자)	1) 소년·소녀가장(형제·자매 포함) 2) 조손가정 학생 3) 북한이탈주민(「북한이탈주민의 보호 및 정착지원에 관한 법률」 제2조 해당자) 4) 순직군경 자녀, 순직소방대원 자녀, 순직교원 자녀 5) 다문화가정 자녀(「다문화가족지원법」 제2조 해당자) 6) 아동복지시설 보호아동(「아동복지법」 제50조의 규정에 의하여 설치된 시설에 보호된 아동)
3순위 (사회다양성 대상자)	1) 농어촌의 면단위 소재지 중학교의 3개 학년의 전 과정(1학년 3월 입학일부터 원서접수일 현재까지)을 이수 중인 졸업예정자(단, 학생의 지원에 의해 선발하는 중학교는 제외) 2) 세 자녀 이상 다자녀 가정 자녀(첫째 자녀부터 가능) 3) 준사관/부사관 자녀 4) 도서벽지 중학교 졸업예정자(2022년 2월 28일 이전부터 원서접수일 현재 재학 중인 졸업예정자) 5) 산업재해근로자 자녀 6) 한부모 자녀(「한부모가족지원법」 제4조 제1호~5호 해당자) 7) 전형을 실시하는 고등학교장의 요청으로 교육감이 승인한 사람 등

※ 2순위, 3순위의 경우 소득분위 8분위(기준 중위소득 160%) 이하에 준하는 가정의 자녀에 한해 지원 자격 부여

다. 전형방법

• 1단계(공개추첨)

- 공개추첨으로 모집정원의 2배수 선발함
- 1순위 대상자를 우선 추첨 선발하고, 미달 시 2순위, 3순위 순으로 추첨 선발함
- 순위별 추첨으로 인해 추첨 기회를 잃은 후순위 지원자는 일반전형으로 자동 전환함(별도 공지)
- 지원자가 2배수 이하일 경우 추첨 없이 1단계 전원 합격함

• 2단계(면접 평가) 전형을 거친 후 최종 합격자를 선발함

• 단계별 점수

단계	평가 내용	점수
1단계	공개추첨	없음
2단계	면접 평가	60점
최종		60점

- 2단계 전형방법은 일반전형의 2단계 면접 평가 방법과 동일함
- 선발인원의 60%를 1순위에서 우선 선발함
- 1순위 합격인원을 제외하고 남은 모집인원은 1순위 탈락자, 2·3순위 대상자를 포함하여, 순위에 관계없이 면접 평가 순으로 선발함

• 추가모집 시에도 이 전형 방법을 적용함

라. 단계별 서류 제출 시 유의사항

1) 1단계

- 입학원서 사진 : 반명함판 사진을 직접 업로드, 교복사진 불가, 직접 부착하지 않음
- 1단계 학교생활기록부Ⅱ 출력 및 제출 방법
  ① 학교생활기록부Ⅱ 출력 시 '서울 이외 방식 자사고·일반고 입시'를 클릭하여 제출함
  ② 단면 인쇄하여 소속 중학교장 원본대조필 및 간인을 받은 원본을 1부 제출함

2) 2단계

- 2단계 학교생활기록부Ⅱ 출력 및 제출 방법

① 학교생활기록부Ⅱ출력 시 '서울 이외 방식 자사고·일반고 입시'를 클릭하여 제출함

② 단면 인쇄하여 소속 중학교장 원본대조필 및 간인을 받은 원본을 1부 제출함

③ ②와 같은 출력물에 지원자 인적사항을 가린 사본을 1부 제출함

4. 특례입학 전형

가. 모집 인원 : 7명

나. 지원 자격

- (정원 외) 「초·중등교육법 시행령」 제82조 제3항 제2호 및 3호 해당자

다. 전형방법 : 일반전형의 전형방법과 동일함

5. 특수교육대상자전형(정원 외)

특수교육대상자로 선정받은 자는 『장애인 등에 대한 특수교육법』 제15조, 제17조에 의거하여 해당 고등학교 입학전형위원회의 심의를 통하여 수학능력이 있다고 판단될 경우 학교장 의견서를 첨부하여 경기도특수교육운영위원회에 신청한 자에 한하여 심사를 통하여 정원 외로 선배치한다.

▣ 서울예술고등학교 입학 전형

1. 모집 학과 및 모집 인원

모집학과		무용과	미술과	음악과	계
학급수		1학급	4학급	5학급	10학급
정원 내	일반전형	40명	138명	182명	360명
정원 외	보훈자자녀(모집정원의 3% 이내)	1명	4명	5명	10명
	고입특례대상자(모집정원의 2% 이내)	1명	3명	3명	7명
	특수교육대상자(모집정원의 2% 이내)	1명	3명	3명	7명

*지원자는 무용·미술·음악과 중 한 과에만 지원할 수 있음

2. 세부 전공별 모집 인원

과	전공	모집정원	계
무용과	한국무용	16명	40명
	발레	16명	
	현대무용	8명	
미술과	미술	138명	138명

음악과	피아노	46명	182명
	오르간	2명	
	하프	2명	
	기타	1명	
	바이올린	37명	
	비올라	8명	
	첼로	16명	
	더블베이스	4명	
	플루트	6명	
	오보에	5명	
	클라리넷	5명	
	바순	3명	
	색소폰	1명	
	호른	4명	
	트럼펫	3명	
	드롬본	2명	
	튜바	1명	
	타악기	3명	
	성악	24명	
	작곡(작곡)	7명	
	작곡(지휘)	2명	
총계			360명

3. 지원 자격

가. 전국 소재 중학교 졸업 예정자 및 졸업자

나. 중학교를 졸업한 자와 동등 이상의 학력이 있다고 인정된 자(「초·중등교육법 시행령」 제97조)

※ 현재 국내 고등학교에 재학 중인 자는 지원할 수 없음. 재학 중인 고등학교에서 자퇴한 경우는 지원이 가능하며 제적증명서(혹은 자퇴확인서)를 첨부함

4. 전형 방법

일반전형, 보훈자 자녀 전형, 고입특례자대상자 전형, 특수교육대상자 전형으로 구분한다.

가. 일반전형

1) 전형 요소 및 반영 비율

중학교 성적과 실기고사 성적으로 구분하고, 중학교 성적은 교과성적, 출결점수, 봉사활동 점수로 나누어 다음과 같이 실시한다.

가) 전형 요소별 반영 비율

내용 / 배점	중학교 성적				실기성적	총점
	교과성적	출결점수	봉사활동 점수	소계		
점수(점)	160점	20점	20점	200점	300점	500점
비율(%)	32%	4%	4%	40%	60%	100%

나) 교과성적 학기별 반영 비율

학기 / 반영비율	2학년 1학기	2학년 2학기	3학년 1학기	3학년 2학기
졸업예정자	균등비율 반영			해당 없음
졸업자	균등비율 반영			

2) 출결 봉사활동 점수가 있는 지원자의 중학교 성적 산출방법

가) 교과성적 산출방법 : 일반 교과성적(150점)+예체능 교과성적(10점)

- 중학교에서 교과성적이 반영되는 학기에 학생이 이수한 전 과목(성취도가 산출된 모든 과목)을 반영하되, 자유학기(년)제 운영 등으로 교과성적이 없는 경우 교과성적이 있는 해당 학기의 과목만으로 환산평균 점수를 산출한다.
- 일반 교과성적 : 중학교 학교생활기록부에 의거하여 일반교과 성취도를 〈표1〉에 따라 평정점수로 환산하여 환산평균을 산출한 후 〈표2〉의 급간에 적용한다.
- 예체능 교과성적 : 중학교 학교생활기록부에 의거하여 예체능 교과 성취도를 〈표1〉에 따라 평정점수로 환산하여 환산평균을 산출한 후 〈표3〉의 급간에 적용한다.

〈표1〉 교과 성취도에 따른 평정 점수

구분	일반교과					예체능 교과		
교과 성취도	A	B	C	D	E	A	B	C
평정 점수	5점	4점	3점	2점	1점	5점	4.25점	3.50점

〈표2〉 일반 교과 환산평균에 의한 성적 기준표

구분	환산평균	점수	구분	환산평균	점수
1	4.901~5.000	150점	11	3.751~4.000	140점
2	4.801~4.900	149점	12	3.501~3.750	138점
3	4.701~4.800	148점	13	3.251~3.500	135점
4	4.601~4.700	147점	14	3.001~3.250	131점
5	4.501~4.600	146점	15	2.751~3.000	126점
6	4.401~4.500	145점	16	2.501~2.750	121점
7	4.301~4.400	144점	17	2.251~2.500	117점
8	4.201~4.300	143점	18	2.001~2.250	114점
9	4.101~4.200	142점	19	1.501~2.000	112점
10	4.001~4.100	141점	20	1.000~1.500	110점

〈표3〉 예체능 교과 환산평균에 의한 성적 기준표

구분	1	2	3
환산평균	4.625점~5.000점	3.875점~4.625점	3.500점~3.875점
점수	10점	9점	8점

나) 출결점수 산출방법

(1) 중학교 전학년 미인정 결석 일수를 합산한 결과를 〈표4〉에 적용하여 출결점수를 산출한다(단, 미인정 지각, 미인정 조퇴, 미인정 결과는 종류를 불문하고 3회를 미인정 결석 1회로 하고 나머지 2회 이하는 버린다).

(2) 졸업예정자는 2022년 10월 4일(화)을 기준으로 한다.

〈표4〉 출결점수 평가기준표(전 학년)

구분	1	2	3	4	5
미인정 결석 일수	0일~2일	3일~5일	6일~9일	10일~12일	13일 이상
득점	20점	19점	18점	17점	16점

다) 봉사활동 점수 산출방법

(1) 중학교 전 학년의 봉사활동 총 시수를 계산하여 졸업 학년도에 따라 다르게 적용한다.

(2) 졸업예정자의 봉사활동은 시수와 상관없이 만점을 부여한다.

(근거 : 2023학년도 서울특별시 고등학교 입학전형 기본계획)

(3) 졸업자는 3년을 기준으로 하며 점수 산출 방식은 졸업 학년에 따라 상이하다.

〈표5〉 봉사활동 점수 평가기준표(2022년 2월 졸업자)

구분	1	2	3	4	5
총 시수(시간)	15 이상	13 이상 15 미만	11 이상 13 미만	9 이상 11 미만	9 미만
득점	20점	19점	18점	17점	16점

3) 실기고사 성적 산출

◈ 무용과

• 무용전공실기(300점)

- 한국무용: 동영상[전공 연결동작(160점)+기초발레(40점)]+개인작품(100점)
- 발레: 동영상[센터, 포인트 연결동작(200점)]+개인작품(100점)

- 현대무용: 동영상[바아(100점)+연결동작(100점)]+개인작품(100점)

- 공동실기는 동영상으로 출제되며 한국무용과 현대무용은 고사 2주 전, 발레는 고사 2일 전 본교 홈페이지에 탑재됨.
- 개인작품 음악은 USB에 1회 저장하여 수험번호와 이름을 부착한 후 학교 방문 서류접수일에 제출함. 실기고사 당일 여분의 USB를 지참함.
- 전공별 세부사항

실기 / 전공	공동실기	개인작품
한국무용	3분 내외의 전공 연결동작, 2분 내외의 기초발레	2분 30초 이내의 전통무 또는 창작 작품 (창작 작품은 일체의 소품사용 금지)
발레	센터, 포인트 연결동작	클래식 독무 바리아시옹
현대무용	바아(일반적인 수업형식), 2분 내외의 센터 연결동작	첫 동작에서 마지막 동작까지 2분 이내의 개인작품(일체의 소품사용 금지)

- 복장

- 일체의 분장은 금지되며 머리는 장식 없이 뒤로 넘겨 올려 빗음.
- 무용복은 아래 표와 같이 수험생이 지참함.
- 한국무용 레오타드는 레이스, 벨벳 소재 금지.

성별 / 전공		여자	남자
한국무용	전공	검정색 소매 없는 끈 레오타드, 핑크색 타이츠, 짧은 풀치마(본교 제공), 버선 *개인작품 : 긴 풀치마(본교 제공), 버선 또는 코슈즈	흰색 반팔 레오타드, 검정색 타이츠, 검정바지, 버선 *개인작품 : 버선 또는 코슈즈
	기초발레	레오타드, 타이츠(전공과 동일), 슈즈	레오타드, 타이츠(전공과 동일), 검정색 슈즈

발레	핑크색 소매 없는 레오타드, 타이츠, 슈즈 및 토슈즈	흰색 반팔 레오타드, 검정색 타이츠, 검정색 슈즈
현대무용	검정색 소매 없는 레오타드, 검정색 현대무용 타이츠	흰색 반팔 레오타드, 발 없는 검정색 타이츠

◈ 미술과

• 미술전공실기(300점)

(1) 중학교 미술교과 교육과정 내용 범위를 반영하여 아래와 같은 유형 중에서 출제함.

유형(문제 수 및 배점)		용지	시간
㉮ 드로잉과 채색화(2문제)	드로잉(150점)	3절 이내	2~4시간
	채색화(150점)	3절 이내	2~4시간
㉯ 드로잉 또는 채색화(1문제/300점)		3절 이내	4~6시간
㉰ 혼합 표현(1문제/300점)		3절 이내	4~6시간

※ 위 ㉮~㉰의 유형에 자신의 그림에 관한 해설 또는 주제 설명에 대한 서술(200자 내외)이 포함될 수 있음. 서술 부분은 별도의 배점이 없으며 '문제이해 및 창의성 평가'의 보조자료로 활용함.

(2) 준비물 : 연필, 지우개, 수채화 도구 일체

※ 문제 유형상의 필요에 따라 입학전형위원회에서 재료를 지급할 수 있으며, 이 경우 개인 재료의 사용을 제한할 수 있음.

(3) 평가 영역 및 배점

- 평가 영역 및 평가 요소

평가 영역	① 문제 이해 능력	② 표현력	③ 창의력	실기 총점
평가 요소	- 문제내용 및 범위 파악 및 문제해결 방향의 적절성 - 제한사항 또는 유의사항의 이해 및 준수	- 관찰력과 묘사력 - 재료 사용 능력 - 화면구성력 - 완성도	- 문제해결의 융통성 - 상상력 - 은유적 사고력 - 독창성	300점

- 평가 영역별 배점

출제 의도 및 평가 관점의 적절한 반영을 위하여 배점 비율을 변경할 수 있음.

◈ 음악과

• 음악전공실기(300점)

• 기악·성악과 : 실기 과제곡 연주(300점)

• 작곡(작곡) 전공

(1) 화성법 20% - 화성학 전반

(2) 청음 20% - 단선율과 2성부 청음

(3) 피아노 실기 30%

(4) 작곡 실기(2곡) 30%

① 피아노곡 쓰기(주어진 동기의 두 도막 또는 세 도막 형식)

② 가곡 쓰기(주어진 시와 반주형)

• 작곡(지휘) 전공

(1) 화성법 20% - 화성학 전반

(2) 청음 20% - 단선율과 2성부 청음

(3) 지휘 실기 60% - 다음 세 영역을 종합적으로 평가함.

① 지휘 적성 - 지휘 평가, 초견시창, 면접

② 피아노 연주 – 기본곡 1곡

③ 전공악기 연주

※ 전공악기 연주는 현악기와 관악기 등 클래식 악기와 성악이며, 전공악기가 피아노인 경우는 기본곡과 다른 자유곡 1곡을 연주하여야 함.

4) 실기우수사 우선 선발

• 무용과·음악과

- 무용과와 음악과의 일반전형 지원자 중에서 입학 실기성적이 전공별 모집인원의 상위 25% 이내인 자는 우선 선발한다.

나. 보훈자 자녀 전형(정원 외)

•「국가유공자 등 예우 및 지원에 관한 법률」 제22조에 따른 교육지원 대상자로 통보되거나 교육지원대상자 증명서를 발급받은 자

• 일반전형과 동일한 방법에 의해 산출한 총점으로 보훈자 자녀 전형 지원자 중 각 과별 모집정원의 3% 범위 내에서 정원 외로 선발한다.

다. 고입특례대상자 전형(정원 외)

•「초·중등교육법 시행령」 제82조 제3항의 제2호 각목 및 제3호 해당자

• 실기고사 성적만으로 각 과별 모집정원의 2% 범위 내에서 고입특례 대상자 전형 지원자 중에서 정원 외로 선발한다.

라. 특수교육대상자 전형(정원 외)

• 지원 당시 관할 교육지원청 특수교육운영위원회에서 특수교육대상자로 지정된 자

• 일반전형과 동일한 방법에 의해 산출한 총점으로 특수교육대상자 전형 지원자 중 각 과별 모집정원의 2% 범위 내에서 정원 외로 선발한다.

5. 동점자 사정 기준

입시 총점에서 동점자가 발생한 경우 다음의 순서로 순위를 결정한다.

가. 실기고사 성적 고득점자순

나. 중학교 성적 중 교과성적 총점 고득점자순
(검정고시 합격자는 응시과목 평균점수 활용)

다. 중학교 교과성적 중 일반교과 환산평균 고득점자순
(검정고시 합격자는 검정고시 성적 중 일반교과 평균점수 활용)

라. 중학교 성적 중 3학년 1학기- 2학년 2학기- 2학년 1학기 순서로 교과성적 환산평균 고득점자순(검정고시 합격자는 응시과목 평균점수 활용)

마. 위의 기준으로 동점자가 사정이 되지 않는 경우 입학전형위원회의 회의에 의해 결정한다.

6. 합격 배제 조건

실기고사 성적이 다음에 해당하는 경우 합격에서 제외한다.

가. 일반전형
1) 무용·미술과 : 실기고사 성적이 만점(300점)의 60%(180점) 미만
2) 음악과 : 실기고사 성적이 만점(300점)의 80%(240점) 미만

나. 특수교육대상자전형
1) 무용·미술과 : 실기고사 성적이 만점(300점)의 55%(165점) 미만
2) 음악과 : 실기고사 성적이 만점(300점)의 75%(225점) 미만

▣ 서울체육고등학교 입학 전형

1. 모집 인원

가. 정원 내 : 4학급 남·여(120)명

나. 정원 외 : 국가유공자자녀 정원의 3%, 특례입학자 정원의 2% 범위 내에서 선발

2. 모집단위 : **전국**

3. 모집 종목별 인원

<table>
<tr><th colspan="2">종목</th><th>인원</th><th>남녀별</th><th colspan="2">종목</th><th>인원</th><th>남녀별</th><th colspan="2">종목</th><th>인원</th><th>남녀별</th></tr>
<tr><td rowspan="5">육상</td><td>단거리</td><td>6</td><td>남·여</td><td colspan="2">태권도</td><td>8</td><td>남·여</td><td colspan="2">자전거</td><td>4</td><td>남</td></tr>
<tr><td rowspan="2">중장거리</td><td rowspan="2">7</td><td rowspan="2">남·여</td><td colspan="2" rowspan="2">근대5종</td><td rowspan="2">5</td><td rowspan="2">남·여</td><td colspan="2" rowspan="2">조정
(싱글, 더블)</td><td>4</td><td>남</td></tr>
<tr><td>2</td><td>여</td></tr>
<tr><td>도약</td><td>4</td><td>남·여</td><td colspan="2">역도</td><td>3</td><td>남·여</td><td colspan="2">유도</td><td>8</td><td>남·여</td></tr>
<tr><td>투척</td><td>4</td><td>남·여</td><td colspan="2">레슬링</td><td>8</td><td>남·여</td><td rowspan="3">펜싱</td><td>플로레</td><td>2</td><td>남</td></tr>
<tr><td rowspan="2">체조</td><td rowspan="2">여자</td><td rowspan="2">4</td><td rowspan="2">여</td><td rowspan="5">사격</td><td rowspan="2">공기소총</td><td rowspan="2">4</td><td rowspan="2">남·여</td><td>에뻬</td><td>2</td><td>남</td></tr>
<tr><td>사브르</td><td>3</td><td>여</td></tr>
<tr><td rowspan="7">수영</td><td rowspan="2">경영</td><td>4</td><td>남</td><td rowspan="3">공기권총</td><td rowspan="3">4</td><td rowspan="3">남·여</td><td colspan="2" rowspan="3">양궁</td><td>2</td><td>남</td></tr>
<tr><td>4</td><td>여</td><td rowspan="2">3</td><td rowspan="2">여</td></tr>
<tr><td rowspan="2">핀</td><td>2</td><td>남</td></tr>
<tr><td>2</td><td>여</td><td colspan="2" rowspan="2">배드민턴</td><td rowspan="2">5</td><td rowspan="2">남</td><td colspan="2" rowspan="4">컬링</td><td rowspan="4">2</td><td rowspan="4">남</td></tr>
<tr><td rowspan="2">다이빙</td><td>2</td><td>남</td></tr>
<tr><td>2</td><td>여</td><td colspan="2" rowspan="2">복싱</td><td rowspan="2">6</td><td rowspan="2">남</td></tr>
<tr><td>수구</td><td>4</td><td>남</td></tr>
</table>

4. 지원 자격

전국 단위로 지원 가능하며, 중학교 졸업(예정)자 또는 중학교를 졸업한 자와 동등 이상의 학력이 있다고 인정된 자

5. 제출 서류

가. 입학 원서 1부(학교장 직인, 작성 교사 날인)

나. 학교생활기록부Ⅱ 1부

다. 해당 경기단체 발행 경기입상실적증명서 1부(사본일 경우 원본대조필)

※ 해당자에 한함

라. 자기소개 및 진로계획서(해당 서식, 반드시 제출)

마. 신체검사서(공무원 채용 신체검사서) 1부

바. 개인정보활용동의서 1부

사. 검정고시 합격자는 합격증(점수가 기재된 자료 포함) 사본 1부

아. 국가유공자녀는 교육보호대상자 확인서(국가보훈처 발행)

6. 선발(전형) 방법

가. 특별전형

1) 자격 : 전국규모 대회 개인전(컬링 제외) 1, 2, 3위 입상자

2) 인원 : (60)명 이내

3) 선발기준

구분	입상실적	내신 성적					계
		교과성적			출결	봉사	
		국어	수학	영어			
배점	140점	20점	20점	20점	10점	10점	220점

4) 특기사항

가) 서류전형(입상실적과 내신 성적)으로만 선발한다.

나) 탈락자는 일반전형으로 전환된다. 단, 입학 원서는 접수한 사이트에서 다시 출력하여 예비소집일에 제출하여야 한다(기타 증빙 서류는 다시 제출하지 않음).

나. 일반전형

1) 자격 : 경기실적 소지자 또는 해당 종목에 운동 소질이 있는 자

2) 인원 : (60)명 이상

3) 선발 기준

구분	실기고사			내신 성적					계
	전문기능검사 (경기입상실적)	체력 검사	체격 및 적성검사	교과성적			출결	봉사	
				국어	수학	영어			
배점	140점	80점	20점	20점	20점	20점	10점	10점	320점

4) 특기사항

가) 종목을 선택하여 지원하여야 한다.

나) 경기입상실적이 없는 학생도 지원할 수 있다.

다) 경기입상실적 증명서를 제출하지 않거나, 경기입상실적이 있는 종목과 상이한 종목을 선택하여 지원할 경우에는 해당 종목 전문기능검사를 받아야 한다.

7. 내신 성적 산출 방법

가. 졸업(예정)자

1) 교과성적

- 졸업예정자는 3학년 1학기 교과성적 중 3과목(국어·수학·영어)의 과목별 성취도를 교과성적 산출 기준표(표1)에 의거 점수화하여 반영한다.

〈표1〉 교과성적 산출 기준표

과목	성취도				
	A	B	C	D	E
국어	20점	18점	16점	14점	12점
수학	20점	18점	16점	14점	12점
영어	20점	18점	16점	14점	12점

2) 출결사항(10점)

- 전 학년(3개 학년) 미인정 결석 일수를 산출하여 출석 점수를 적용하고 미인정 지각·조퇴·결과는 전 학년(3개 학년) 합산하여 3회를 결석 1회로 하며(2회 이하는 버림), 기타 및 질병으로 인한 결석·지각·조퇴·결과는 결석 일수 계산에 포함하지 않는다.

※ 생활기록부 출결 특기사항란 기준일 명시

〈표2〉 출결사항 점수 산출 기준표(2022년 9월 30일 기준)

등급	1	2	3	4	5
결석 일수	0일	1~2일	3일~4일	5일~6일	7일 이상
점수	10점	9점	8점	7점	6점

3) 봉사활동 점수(10점)

- 봉사활동 성적 총점은 10점(학년 당 5점)으로 1, 2학년 시간만 반영한다.

〈표3〉 봉사활동 점수 산출 기준표

연간 시간	15시간 이상	12시간~14시간	0시간~11시간
점수	5점	4점	3점

※ 예시) 1학년 13시간(4점) + 2학년 15시간(5점) = 9점

나. 검정고시 출신자

- 검정고시 출신자 내신 성적은 국어, 수학, 영어 교과의 평균점수로 반영하여 급간 적용한다(봉사활동 및 출석점수는 별도 산출하지 않는다).

〈표4〉 검정고시 출신자 내신 성적 산출 기준표

3과목 평균점수	(국어+수학+영어)÷3 = 평균점수				
	90점 이상	80점~89점	70점~79점	60점~69점	0~59점
내신 성적 환산점수	80점	72점	64점	56점	48점

8. 합격자 선발

가. 특별전형 : 종목별 구분 없이 고득점자순으로 선발한다(단, 수영(경영)은, 남녀 세부종목별 각 1위자를 선발함. 미달 시 우선 선발종목 기준에 따라 선발).

나. 일반전형 : 각 종목별 고득점자순으로 선발한다.

9. 특례입학자 · 보훈자 자녀

- 일반 지원자와 동일한 기준을 적용하여 합격한 경우에만 선발한다.

10. 동점자 처리 기준

가. 특별전형

- 제 1순위 : 입상실적 점수 우수자
- 제 2순위 : 전국소년체육대회 1, 2, 3위 다수자
- 제 3순위 : 전국규모대회 1위 다수자
- 제 4순위 : 전국규모대회 2위 다수자
- 제 5순위 : 전국규모대회 3위 다수자
- 제 6순위 : 내신 성적 점수 우수자

나. 일반전형

- 제 1순위 : 전문기능검사 점수 고득점자
- 제 2순위 : 체력검사 점수 고득점자
- 제 3순위 : 내신 성적 점수 우수자

11. 합격 배제 조건

가. 실기고사 성적 총점 50% 미만인 자

※ 경기입상실적 소지자 및 특례입학자와 국가유공자녀도 동일하게 적용된다

나. 신체적·정신적으로 운동수행에 지장이 있다고 판단된 자

다. 실기고사 미 응시자

라. 자기소개 및 진로계획서 미제출자

마. 부정입학자(대리시험, 경기입상실적 위조, 내신 성적 위조 등)

바. 기타 선발위원회의 결정에 따라 결격 사유가 있다고 판단된 자

12. 기타 유의사항

- 본교를 포함하여 과학계열고, 예술계열고, 서울미술고, 마이스터고, 특성화고, 관악예술과 전문계 등 전기고에 지원하고자 하는 자는 1개 학교만 지원할 수 있습니다.
- 본교 합격자는 전국 시·도교육청 시행 2023학년도 전·후기 고등학교 신입생 선발전형에 응시할 수 없습니다(단, 불합격자는 후기고등학교 신입생 전형에 응시 가능함).
- 종목별로 선택하여 지원하여야 합니다.

*경기입상실적과 다른 종목에 응시할 경우 경기입상실적을 인정하지 않습니다.